Marlies Lehmann-Brune

LLOYD'S OF LONDON

Marlies Lehmann-Brune

LLOYD'S OF LONDON

Kriege, Krisen, Katastrophen –
ein Kaffeehaus macht Geschichte

Umschau Verlag Frankfurt am Main

CIP-Titelaufnahme der Deutschen Bibliothek
Lehmann-Brune, Marlies:
Lloyd's of London : Kriege, Krisen, Katastrophen –
e. Kaffeehaus macht Geschichte / Marlies Lehmann-Brune.
Frankfurt am Main : Umschau Verl., 1988
ISBN 3-524-69072-6

Umschlaggestaltung: Kreativ-Design Gerd Aumann
Gesamtherstellung: Brönners Druckerei Breidenstein GmbH, Frankfurt am Main · Printed in Germany

Inhalt

I **EDWARD LLOYD, DER »COFFEE-MAN« VON DER TOWER STREET**
ein ganz gewöhnliches Kaffeehaus begründete Lloyd's Ruhm als Weltbörse der Versicherung

Kaffee, die »muntere Seuche« 9
Der »Coffee-man« von der Tower Street 15
Lloyd's Coffee-House – Neuigkeitenbörse und Auktionslokal 21
LLOYD'S NEWS – eine Zeitung, die ihrer Zeit voraus war 29

II **VON MESOPOTAMIEN BIS ZUM MOND**
Versicherungen, ein Geschäft mit Vergangenheit und Zukunft

Der Codex Hammurabi 39
Das »Schwindel-Gesetz« von 1720 – ein Meilenstein in Lloyd's Geschichte 44
»Wettfieber« bei Lloyd's 49

III **LLOYD'S LIST – seit 250 Jahren aktuell**

Edward Lloyds Erben 57
Das Ohr, das einen Krieg provozierte 60
Schiffe unter schwarzer Flagge 63
Terra australis incognita 69
Die Ware Mensch 75
Die Macht der Handelsgesellschaften: Hudson Bay und East India Company 79

IV **GRÜNDUNG DER SOCIETY OF LLOYD'S** 87

V **ZEITEN DER KRIEGE UND KRISEN**

Der amerikanische Unabhängigkeitskrieg und seine Folgen für Lloyd's 101
Napoleons Weltmachtstreben 106
Nelsons Siege 110
»Who was who?« – Prominenz bei Lloyd's 119

VI **DAS JAHRHUNDERT DER QUEEN**
Feuer in der Royal Exchange! ... 129
Lloyd's »im Exil« ... 136
Die Industrielle Revolution ... 140
»Einzeln sind wir Underwriter – gemeinsam sind wir Lloyd's« ... 148
Der Siegeszug der Telegraphie ... 154

VII **TRADITION UND TRAGÖDIEN**
Die Glocke der LUTINE ... 165
Das Buch der Verluste ... 173

VIII **EIN WELTZENTRUM FÜR RISIKOVERSICHERUNGEN**
Das Erdbeben von San Francisco ... 183
Cuthbert Eden Heath, »Vater des neuen Lloyd's« ... 188
Die »Selbstbeweglichen« – neue Chancen für den Versicherungsmarkt ... 192

IX **GEISTERSCHIFFE UND SCHATZWRACKS**
»Als vermißt gemeldet ...« ... 197
Die modernen Piraten ... 203
Gold auf dem Meeresgrund ... 209
Von der Feder zum Computer – Lloyd's Register of Shipping ... 217

X **DAS RISIKO WÄCHST MIT DER ENTFERNUNG ZUR ERDE**
Die Eroberung der Luft ... 223
Der Flug ins All ... 234

XI **SOGAR DAS UNGEHEUER VOM LOCH NESS ...**
Ungewöhnliche Versicherungsfälle ... 239

XII **LLOYD'S AUFBRUCH INS DRITTE JAHRTAUSEND**
Unterwasser-Kriege ... 247
Room ohne Raum ... 254
Risiko-Zentrum Room ... 259
Ein Haus für die Zukunft mit einer 300jährigen Vergangenheit ... 265

Literatur ... 275

Bildquellenverzeichnis ... 277

Namen- und Sachregister ... 278

I

EDWARD LLOYD, DER »COFFEE-MAN« VON DER TOWER STREET

Ein ganz gewöhnliches Kaffeehaus begründete Lloyd's Ruhm als Weltbörse der Versicherung

Kaffee, die »muntere Seuche«

Es begann mit dem Kaffee.

Die Geschichte der größten Versicherungsbörse der Welt wäre unvollständig erzählt, ohne eine kirschähnliche rote Frucht gleich am Anfang zu erwähnen – den Kaffee.

Er trat zur Zeit Edward Lloyds (1648–1713) seinen Siegeszug über den europäischen Kontinent an. Ein Kaffeehaus in der Londoner Tower Street ist die Wiege des Weltimperiums der Versicherung. Es ist vielleicht zuviel gesagt, den Kaffee als »Geburtshelfer« von Lloyd's zu bezeichnen. Und doch – ohne die gerade zu jener Zeit in Mode gekommenen Kaffeehäuser wäre Lloyd's nicht Lloyd's, nicht eine Institution mit dieser Tradition, die den unbedingten Service des Kaffeehausbesitzers zum beherrschenden Geschäftsprinzip erhob.

Wie bei vielen Pflanzen, die geheimnisvolle, das Bewußtsein beeinflussende Wirkungen haben, verbanden die Menschen auch die Entdeckung des Kaffees, um das Unbegreifliche verständlich zu machen, mit unzähligen Legenden. War es Allah selbst, der der Menschheit diesen »Muntermacher« bescherte?

Er soll den heilenden Trank gegen schwere Schlafsucht durch den Erzengel Gabriel seinem Propheten Mohammed kredenzt haben. Das schwarze Gebräu wirkte Wunder. Nicht allein, daß Mohammed gesundete. Es machte ihn auch fähig, 40 Reiter aus dem Sattel zu heben und 40 Jungfrauen die Liebe zu lehren.

Diese, wie viele andere Legenden und Erzählungen, die sich um die Wunderwirkung der roten Beeren ranken, haben alle einen wahren Kern: der Kaffee ist in der islamischen Kultur eine Droge gewesen. Das Wort »Kaffee« weist jedoch nicht auf die abessinische Provinz Kaffa hin, sondern hat seinen Ursprung in dem altarabischen »qahwe«, das Wein bedeutet.

Man geht heute davon aus, daß das abessinische Hochland die Urheimat des Kaffees gewesen ist. Dort wurde um 970 n. Chr. aus den Früchten des weißblühenden, süßduftenden Kaffeestrauches ein Getränk gewonnen. Der berühmte persische Arzt und Philosoph Avicenna (arab. Ibn Sina, um

980–1037) »Fürst der Wissenschaft« genannt, soll die belebende Wirkung des Koffeins schon 1015 erkannt und es als Heilmittel verwendet haben. Um 1410 wurde im arabischen Mocha (Mokka) Kaffee angebaut. Die Nomadenstämme Arabiens und Persiens machten den rabenschwarzen Trank aus den gebrannten Früchten des Kaffeestrauchs dann im gesamten Vorderen Orient bekannt. Anfangs wurde der Kaffee zur Anregung bei den Gebetsstunden in den Moscheen getrunken. In Verbindung mit den Pilgerfahrten zur Kaaba in Mekka entstanden dort im 15. Jahrhundert die ersten Kaffeeschenken, die sich »Schulen der Weisheit« oder »Schulen der Erkenntnis« nannten. Als diese »Kaffeehöhlen« an den heiligsten Stätten des Islam in Mekka und Medina aber immer mehr überhandnahmen, erregten sie das Mißfallen der strenggläubigen Moslems. Der »Teufelstrank«, der einen dem Alkohol ähnlichen Rausch erzeugte, wurde als nicht gottgefälliges Getränk vom Koran verboten, die Kaffeehäuser geschlossen. Aber der verketzerte Trank hatte schon zu viele Anhänger unter den Moslems gefunden. Es kam zu wahren Straßenschlachten für und wider den Kaffee. Da selbst der Sultan in Kairo der Kaffee-Sucht verfallen war, wurden die Koran-Gelehrten aufgefordert, ihr Verbot noch einmal zu überdenken. Nach langen Beratungen hatten sie die Erleuchtung, daß Mohammed den berauschenden Wein in weiser Voraussicht verboten hatte, weil der »qahwa« einst der »Wein« des Islam werden sollte. So war die »muntere Seuche« nun nicht mehr aufzuhalten.

Die Türken übernahmen den »Kahwe« von den Arabern zusammen mit der Lehre des Propheten. 1554 wurde in Konstantinopel das erste Kaffeehaus eröffnet. Man erhob den heißen süßen Kaffeeschlamm zum Nationalgetränk. Das Osmanische Weltreich ging unter, der türkische Kaffee blieb.

Reisende, Händler und Kaufleute brachten den Kaffee 1615 mit nach Venedig, dem damaligen Zentrum des Orienthandels. Dort wurde 1640 das erste Kaffeehaus Europas eröffnet. Kaffeefreunde gab es bald überall. Europa wurde »süchtig«. Der »schwarze Treibstoff der Gedanken« macht seinen Anhängern die Köpfe heiß. Alle Revolutionen hätten im Kaffeehaus begonnen, wird behauptet. In Paris und Madrid wurden sie dort wirklich ausgeheckt. So gesehen, bekommen die Kaffeehäuser eine völlig neue Bedeutung – als »Wiege der Nation«.

England verdankt die Einführung des Kaffees dem Erzbischof von Canterburry, William Laud, der 1645 wegen Hochverrats im Londoner Tower geköpft wurde. Laud setzte sich für die aus den islamischen Mittelmeerländern geflohenen Christen ein. Zu seinen Schützlingen gehörte auch ein Gelehrter von der Insel Kreta, Nathanial Canopius, dem er die Zulassung an die Universität von Oxford verschaffte. Canopius erfreute sich bald großer

Beliebtheit, weil er einen schwärzlichen Trank zu brauen verstand, der kochendheiß aus kleinen henkellosen Tassen geschlürft wurde. Die Seuche des Kaffeetrinkens griff auch hier schnell um sich. Über dieser zeitraubenden Zeremonie vernachlässigten die Studenten ihr Studium. Canopius wurde später von der Universität verwiesen, aber er hatte seinen »Samen gesät«. Oxford verdankt ihm den Ruf, das erste Kaffeehaus in England gehabt zu haben, das *Angel Coffee-house.* Es wurde 1650 von einem jüdischen Einwanderer aus der Türkei eröffnet. Mochten die Professoren noch soviel gegen das Kaffeetrinken wettern, das »heiße Lustgetränk« wurde immer mehr Mode und überschwemmte bald auch London.

Im Jahre 1952 enthüllte der Bürgermeister von London in der St. Michael's Alley eine Gedenktafel zur Erinnerung an das älteste Londoner Kaffeehaus. 300 Jahre zuvor, hatte hier der Grieche Pasqua Rosée seinen Kaffeeausschank nahe der Königlichen Börse eröffnet. Andere waren seinem Beispiel gefolgt. Bald schossen überall in London die Kaffeehäuser wie Pilze aus dem Boden. »Penny University« wurden sie im Volksmund genannt, denn für einen Penny konnte der Gast eine Tasse »Kauffee« haben, am Feuer sitzen, die Zeitung lesen und nach Herzenslust palavern.

Die »Kaffeehöhlen« hatten natürlich auch hier ihre Verleumder. So wurde 1657 James Farr, der Besitzer des berühmten *Rainbow Coffee-house* in der Fleet Street verklagt: *»Nicht nur verursacht der Unhold eine Belästigung seiner Nachbarn durch den üblen Gestank seines Gebräus, sondern unterhält auch zwecks Bereitung des Getränks Tag und Nacht ein Feuer, welches große Gefahr birgt und die gesamte Nachbarschaft in namenlosem Schrecken hält.«* Die Gerichte sahen sich einer wahren Flut aller nur möglichen Beschwerden ausgesetzt.

Die Alkohol-Lobby wehrte sich mit Pamphleten gegen die Konkurrenz, in denen die Männer gewarnt wurden: »Der süße Trank macht unfruchthar.« Der englische Philosoph und Politiker Francis Bacon (1561–1626) pries dagegen als einer der ersten in England den türkischen Kaffee als »gehirn- und herzstärkende sowie verdauungsfördernde Arznei«. Für den königlichen Leibarzt William Harvey (1578–1657), den Entdecker des großen Blutkreislaufs, war er die »Quelle von Glück und Geist«.

In dem Buch des Engländers William H. Ukers über den Kaffee heißt es:

> *»Das Interessanteste in der Geschichte des Kaffees ist, daß er überall, wo er eingeführt wurde, Revolutionen hervorgebracht hat. Er ist der radikalste Trank, und seine Funktion war immer, das Volk denken zu machen. Und wenn das Volk beginnt zu denken, wird es Tyrannen und Gegnern der Freiheit gefährlich.«*

Szene in einem Londoner Kaffeehaus Anfang des 18. Jahrhunderts

Diese Gefahr erkannte auch der englische König Charles II. (1630–1685). 1675 ließ er die Kaffeehäuser als »Brutstätten der Revolution« schließen. Es hagelte Proteste von allen Seiten. Die Unruhe unter der Bevölkerung nahm bedrohliche Ausmaße an. Schon sechzehn Tage später gab der König nach. Das »hitzige Mohrengetränk« durfte wieder ausgeschenkt werden. Der Kampf gegen die Kaffeehäuser ging dennoch weiter. Eine ganze Armee empörter Ehefrauen soll vor dem Parlament aufmarschiert sein und mit Protestplakaten die erneute Schließung der »Lasterhöhlen« gefordert haben. Die Frauen versuchten, sich auf diese Art Gehör zu verschaffen, denn ihre Männer verbrachten die ganze Freizeit in den Kaffeehäusern, ihren Fluchtburgen vor der lästigen Familie, und vernachlässigten ihre ehelichen Pflichten.

Trotz all dieser Proteste wurden die Kaffeehäuser immer mehr zu Zentren des gesellschaftlichen Lebens. Sie waren alles zugleich: politische Debattierstube, Börse, Redaktion der ersten Zeitungen, Stellenvermittlung ... Man ließ sich seine Briefe dorthin adressieren. Ärzte und Scharlatane empfingen dort ihre Patienten.

»Der Eingang war oft dunkel, der Raum niedrig, es wurde aus langen Tonpfeifen geraucht, das ganze Lokal stank wie eine Schiffskajüte«, so schilderte es ein Zeitgenosse. Frauen waren in dieser illustren Männergesellschaft nicht zugelassen. Genauso wie die Clubs, die sich aus den Kaffeehäusern entwickelten, bis heute frauenfeindlich blieben.

Mit der Zeit begannen sie sich zu spezialisieren. Kaufleute, Politiker, Schriftsteller, Künstler und Gelehrte fanden sich zu eigenen Kaffee-Stammtischen zusammen. Im *Turk's Head* versammelte sich ein Literatenkreis um den Schriftsteller Dr. Samuel Johnson. Die Ärzte waren bei *Batson's* in Cornhill anzutreffen. Bei den Kaufleuten wurde es üblich, die Geschäfte am Kaffeetisch abzuwickeln. Ihr bevorzugter Treffpunkt war *Garraway's*, das allgemein als Ursprung der London Stock Exchange bezeichnet wird. Die Wertpapier-Börse gehört heute zu den bedeutendsten der Welt. Auch Londons ältester Club, *White's*, einer der vornehmsten und exklusivsten, älter als die Bank von England, war ehemals ein Kaffeehaus.

1688 erwarb ein gewisser Edward Lloyd an der Tower Street eine unscheinbare Kaffeebude, in der Schiffsmakler, Händler, Kapitäne und anderes seefahrendes Volk verkehrten. Um diese Zeit gab es in London schon an die 3000 Kaffeehäuser. Worin unterschied sich Edward Lloyds Coffeehouse von ihnen? Wie konnte aus einem primitiven Kaffeeausschank der größte Versicherungsmarkt der Welt hervorgehen?

Die sogenannten „Kaffeehaus-Politiker“

Der »Coffee-man« von der Tower Street

Lloyds of London, Coffeehouse,
Tower Street
London
England

So lautete die Anschrift eines Briefes, den die Post 1965 ordnungsgemäß zustellte.

Die Adresse stimmte zu der Zeit schon seit 274 Jahren nicht mehr. Inzwischen hatte Lloyd's nicht nur seinen Sitz mehrfach gewechselt, sondern sich auch zu einem Hauptbrennpunkt des Versicherungsgeschäftes entwikkelt. Dennoch ist jenes Coffee-house von Edward Lloyd auch heute noch weltweit ein Begriff.

Wer hätte das voraussehen können, als im Jahre 1688 der Name Lloyd zum ersten Mal in der englischen Geschichte auftauchte. In einer Anzeige der *London Gazette* vom 18. Februar 1688 meldete ein gewisser Edward Bransby aus Derby den Diebstahl von fünf wertvollen Uhren und setzte einen großzügigen Finderlohn von einer Guinea für Informationen aus, die zur Wiedererlangung seines Besitzes führen würden. Neben seiner eigenen Adresse gab er die von »Mr. Edward Lloyd's Coffee-house in Tower Street« an.

Wenn ein Uhrmacher in Derby, mehr als eine Tagesreise von London entfernt, von den annähernd 3000 Londoner Kaffeehäusern ausgerechnet dieses eine auswählt, muß man annehmen, daß der Name Lloyd in der Stadt schon bekannt und in den Midlands ebenfalls nicht mehr unbekannt war.

Nur wenig wurde überliefert von dem Mann, der dem weltberühmten Versicherungs-Imperium seinen Namen gab. Trotz aller erdenklichen Recherchen reichen die Fakten nicht einmal für eine kurze Biographie. Bei einigen Daten ist man auf reine Vermutungen angewiesen, so etwa bei seinem Geburtsjahr. Um 1648 müßte es gewesen sein, denn in einer Darstellung seiner zweiten Heirat 1698 wird er als etwa fünfzigjährig beschrieben. Während der 65 Jahre seines Lebens spielte sich ein wechselvolles Kapi-

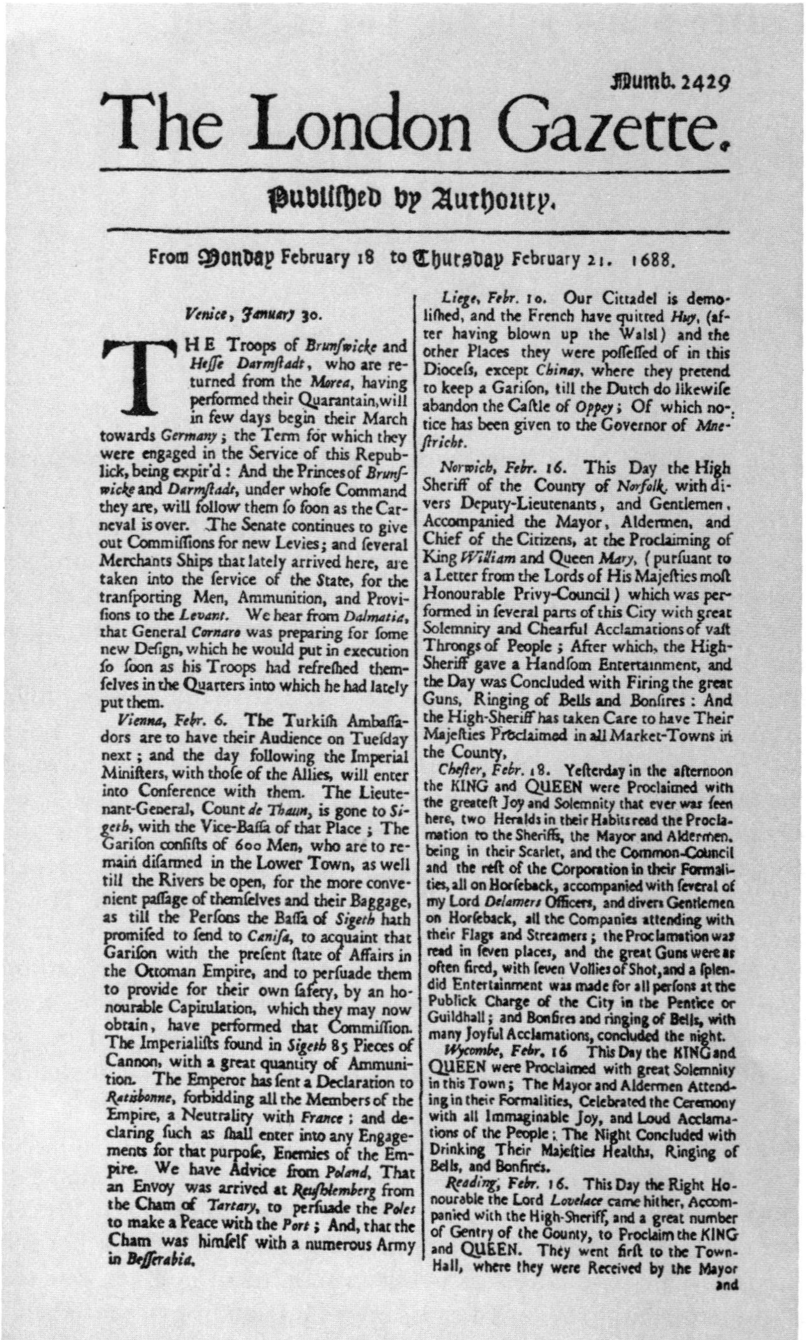

Numb. 2429

The London Gazette.

Publiſhed by Authority.

From Monday February 18 to Thursday February 21. 1688.

Venice, January 30.

THE Troops of *Brunſwicke* and *Heſſe Darmſtadt*, who are returned from the *Morea*, having performed their Quarantain, will in few days begin their March towards *Germany*; the Term for which they were engaged in the Service of this Republick, being expir'd: And the Princes of *Brunſwicke* and *Darmſtadt*, under whoſe Command they are, will follow them ſo ſoon as the Carneval is over. The Senate continues to give out Commiſſions for new Levies; and ſeveral Merchants Ships that lately arrived here, are taken into the ſervice of the State, for the tranſporting Men, Ammunition, and Proviſions to the *Levant*. We hear from *Dalmatia*, that General *Cornaro* was preparing for ſome new Deſign, which he would put in execution ſo ſoon as his Troops had refreſhed themſelves in the Quarters into which he had lately put them.

Vienna, Febr. 6. The Turkiſh Ambaſſadors are to have their Audience on Tueſday next; and the day following the Imperial Miniſters, with thoſe of the Allies, will enter into Conference with them. The Lieutenant-General, Count *de Thaun*, is gone to *Sigeth*, with the Vice-Baſſa of that Place; The Gariſon conſiſts of 600 Men, who are to remain diſarmed in the Lower Town, as well till the Rivers be open, for the more convenient paſſage of themſelves and their Baggage, as till the Perſons the Baſſa of *Sigeth* hath promiſed to ſend to *Caniſa*, to acquaint that Gariſon with the preſent ſtate of Affairs in the Ottoman Empire, and to perſuade them to provide for their own ſafety, by an honourable Capitulation, which they may now obtain, have performed that Commiſſion. The Imperialiſts found in *Sigeth* 85 Pieces of Cannon, with a great quantity of Ammunition. The Emperor has ſent a Declaration to *Ratisbonne*, forbidding all the Members of the Empire, a Neutrality with *France*; and declaring ſuch as ſhall enter into any Engagements for that purpoſe, Enemies of the Empire. We have Advice from *Poland*, That an Envoy was arrived at *Reuſblemberg* from the Cham of *Tartary*, to perſuade the *Poles* to make a Peace with the *Port*; And, that the Cham was himſelf with a numerous Army in *Beſſarabia*.

Liege, Febr. 10. Our Cittadel is demoliſhed, and the French have quitted *Huy*, (after having blown up the Walsl) and the other Places they were poſſeſſed of in this Dioceſs, except *Chinay*, where they pretend to keep a Gariſon, till the Dutch do likewiſe abandon the Caſtle of *Oppey*; Of which notice has been given to the Governor of *Maeſtricht*.

Norwich, Febr. 16. This Day the High Sheriff of the County of *Norfolk*, with divers Deputy-Lieutenants, and Gentlemen, Accompanied the Mayor, Aldermen, and Chief of the Citizens, at the Proclaiming of King *William* and Queen *Mary*, (purſuant to a Letter from the Lords of His Majeſties moſt Honourable Privy-Council) which was performed in ſeveral parts of this City with great Solemnity and Chearful Acclamations of vaſt Throngs of People; After which, the High-Sheriff gave a Handſom Entertainment, and the Day was Concluded with Firing the great Guns, Ringing of Bells and Bonfires: And the High-Sheriff has taken Care to have Their Majeſties Proclaimed in all Market-Towns in the County.

Cheſter, Febr. 18. Yeſterday in the afternoon the KING and QUEEN were Proclaimed with the greateſt Joy and Solemnity that ever was ſeen here, two Heralds in their Habits read the Proclamation to the Sheriffs, the Mayor and Aldermen, being in their Scarlet, and the Common-Council and the reſt of the Corporation in their Formalities, all on Horſeback, accompanied with ſeveral of my Lord *Delamers* Officers, and divers Gentlemen on Horſeback, all the Companies attending with their Flags and Streamers; the Proclamation was read in ſeven places, and the great Guns were as often fired, with ſeven Vollies of Shot, and a ſplendid Entertainment was made for all perſons at the Publick Charge of the City in the Pentice or Guildhall; and Bonfires and ringing of Bells, with many Joyful Acclamations, concluded the night.

Wycombe, Febr. 16 This Day the KING and QUEEN were Proclaimed with great Solemnity in this Town; The Mayor and Aldermen Attending in their Formalities, Celebrated the Ceremony with all Immaginable Joy, and Loud Acclamations of the People; The Night Concluded with Drinking Their Majeſties Healths, Ringing of Bells, and Bonfires.

Reading, Febr. 16. This Day the Right Honourable the Lord *Lovelace* came hither, Accompanied with the High-Sheriff, and a great number of Gentry of the County, to Proclaim the KING and QUEEN. They went firſt to the Town-Hall, where they were Received by the Mayor and

Erste Erwähnung von Lloyd's Coffee-House in einer Anzeige in der „London-Gazette" aus dem Jahre 1688

tel englischer Geschichte ab. Charles I. (Sohn James I. und Enkel Mary Stuarts), der die Forderungen des Parlaments mißachtete, das Unterhaus auflöste und das Land in den Bürgerkrieg führte, wird im Januar 1649 auf Veranlassung Cromwells vor Whitehall Palace hingerichtet. Unter Cromwell als Lordprotektor entwickelt sich England zu einer führenden Seehandelsmacht. 1660 wird mit der Thronbesteigung Charles II. das Königtum der Stuarts wiederhergestellt. Im Parlament bilden sich zwei Parteien heraus, die konservativen Tories und die Liberalen und antikatholischen Whigs. Der Übertritt James II. (Bruder und Nachfolger Charles II.) zum Katholizismus versetzt der Vormacht der anglikanischen Staatskirche einen schweren Schlag. Die unblutige »glorreiche Revolution« beendet 1688 seine Willkürherrschaft – gewissermaßen ein »Familien-Komplott«. Es ist der Schwiegersohn James II., der Mann seiner protestantischen Tochter Mary, William III. von Oranien, der ihn mit Hilfe des Parlaments stürzt und nach Frankreich ins Exil schickt. William III. folgt Königin Anne als letzte Stuart auf den Thron. Unter ihrer Regierung entsteht 1707 aus England und Schottland das Vereinigte Königreich von Großbritannien. Sie stirbt 1714, ein Jahr nach Edward Lloyd.

Weit schlimmere Auswirkungen als Krieg und Verfolgung hatten Brände und Seuchen für die Menschen der damaligen Zeit. So wurde London im Abstand von nur einem Jahr zweimal von verheerenden Katastrophen heimgesucht. 1665 forderte die »Große Pest« 90 000 Tote. Ein Großfeuer, der erste »Große Brand von London«, legte 1666 etwa vier Fünftel der Stadt in Asche. Die City, mit Ausnahme des Towers, wurde restlos zerstört.

Für die zunehmende Bedeutung von Edward Lloyds Coffee-House mag, abgesehen von seiner Geschäftstüchtigkeit, auch der allgemeine Aufschwung der englischen Wirtschaft ausschlaggebend gewesen sein. Das freie Unternehmertum wird gefördert und dehnt sich immer mehr aus. Ebenso sind die Gründung der East India Company 1600 und der Hudson Bay Company 1670 sicher günstige Voraussetzungen für die Ausweitung vor allem seines Schiffahrtsgeschäftes gewesen. Ende des 17. Jahrhunderts gewinnt die Londoner Börse durch Gründung zahlreicher Aktiengesellschaften an Einfluß, die Bank von England wird gegründet (1694), unter Cromwell entwickelt sich der Kapitalismus (Merkantilismus).

Was für ein Mensch mag er gewesen sein, dieser Edward Lloyd? In welchen familiären Verhältnissen hat er gelebt?

Wie schon sein Vater, gehörte auch er der Zunft der Schiffsbauer an. Als »Frame-work knitter«, was soviel wie Spantenzieher bedeutet, wird er 1687/88 in der offiziellen Liste der Gastwirte mit Schankerlaubnis geführt. Ob er allerdings in dem Handwerk ausgebildet wurde, ist nicht bekannt.

Man vermutet, daß er als Junge zur See gefahren ist, was sein lebenslanges Interesse an Schiffen und Seefahrern erklären würde. Wie so viele Inhaber von später berühmt gewordenen Kaffeehäusern, arbeitete auch Edward Lloyd einige Jahre als Kellner, bevor er sich selbständig machte.

1680 muß er mit Frau und mindestens zwei Kindern im Pfarrbezirk von All Hallow's-by-the-Tower gelebt haben. Dort wurde sein Sohn Edward in jenem Jahr beerdigt. Seine Tochter Mary ist im November 1680 und sein Sohn Hugh im Dezember 1681 in dieser Kirche getauft worden. Die Familie besaß ein Haus in der Red Cross Alley, später Red Cross Court benannt, einer kleinen Querstraße der Tower Street. Der Wohnraum muß sehr beschränkt gewesen sein, denn die jährlichen Abgaben betrugen nur wenige Pence.

1682 zog Lloyd mit Frau und Kindern in ein besseres und zentraler gelegenes Haus in der Tower Street im Pfarrbezirk von St. Dunstan-in-the-East. Hier wurde im Oktober desselben Jahres der kleine Hugh beerdigt. Innerhalb der nächsten zehn Jahre sind vier weitere Kinder zur Welt gekommen und in St. Dunstan getauft worden. Von 1691 an wohnte die Familie dann in einem der neugebauten Häuser in der Lombard Street, im Herzen der Geschäftswelt.

Edward Lloyd verbrachte Tag für Tag in seinem verräucherten Kaffeehaus hinter dem Schanktisch. Sonntags aber ging er gewöhnlich in die Kirche. In seinem zuständigen Pfarrbezirk St. Mary Woolnoth, wo er Kirchenvorsteher war, sammelte er regelmäßig die Kollekte ein. Es ist auch überliefert, daß er neben seinen eigenen sieben Kindern ein Findelkind aufnahm, das vor seiner Haustür ausgesetzt worden war. Lloyd ist demnach nicht nur der »clevere Coffee-man« gewesen, als den man ihn noch heute kennt, sondern auch ein guter Christ, der es mit der Nächstenliebe ernst nahm.

Aufgrund einer Handschriftenprobe auf einer Rechnung, hat eine deutsche Graphologin aus Berlin, Heidi-Marie Wolff, versucht, Schlußfolgerungen über Lloyds Aussehen und Charakter zu ziehen. Sie schildert ihn als untersetzten, muskulösen Mann mit starker Persönlichkeit, dessen erstaunlich moderne Handschrift erkennen läßt, daß er sehr viel gebildeter war als allgemein angenommen wird.

Die graphologische Studie verrät außerdem Selbstbewußtsein, schnelle Auffassungsgabe, Ehrgeiz und Geschäftstüchtigkeit, wobei dem redlichen Kaufmann zuweilen auch eine gewisse Skrupellosigkeit zuzutrauen ist. Nach diesem Gutachten könnte man sich ihn so vorstellen: Ein einfallsreicher, etwas eingebildeter Mensch, weder impulsiv noch besonders freigiebig, der genau weiß, was er will und dem sich nichts und niemand in den Weg stellen kann. Zugleich ist er aber auch kontaktfreudig, eine ausgegli-

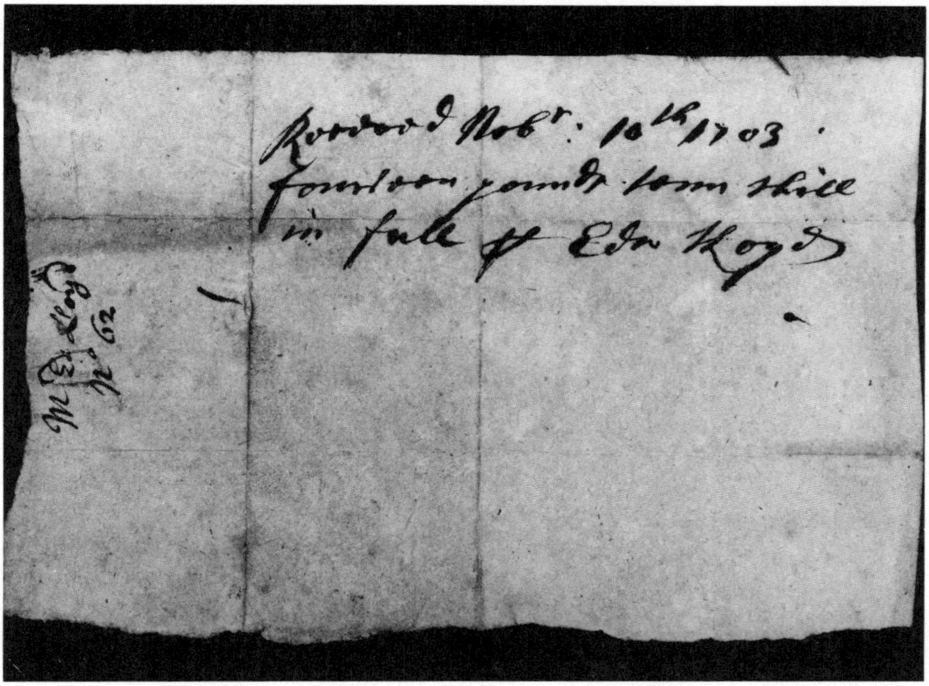

Received Novbr: 10th 1703.
fourteen pounds tenn shill
in full ℘ Edw Lloyd

Eine von Edward Lloyd quittierte Rechnung

chene, gewinnende Persönlichkeit, die Vertrauen einflößt und es genießt, im Mittelpunkt zu stehen.

Etliche Wesenszüge mögen richtig gezeichnet sein, inwieweit diese Charakterstudie aber der Wirklichkeit entspricht, muß offenbleiben. Zumindest trägt sie dazu bei, unser heutiges Bild von Edward Lloyd abzurunden.

In den letzten Jahren seines Lebens überstürzen sich die Ereignisse, vor allem aber sind sie überschattet von Krankheit und Tod. Im Oktober 1711 verliert er seine zweite Frau, Elizabeth, heiratet aber bereits im November des folgenden Jahres wieder. Seine dritte Frau heißt Martha. Er erlebt noch am 30. Januar 1713 die Trauung seiner Tochter Handy mit seinem Oberkellner William Newton. Vierzehn Tage später, am 15. Februar 1713, stirbt Edward Lloyd im Alter von 65 Jahren. Er hinterläßt seiner Familie ein ansehnliches Vermögen und seinem Schwiegersohn das Coffee-House.

Ebenso wie viele Fragen über sein Leben offengeblieben sind, rätselt man auch über den Verbleib seiner sterblichen Überreste. Fest steht, daß er zunächst in St. Mary Woolnoth beigesetzt wurde. 1892 sollen seine Gebeine dann aber mit denen der anderen Toten aus der Kirche in ein Gemeinschaftsgrab auf dem Ilford Cemetery umgebettet worden sein. Dem widerspricht, daß St. Mary Woolnoth bereits 1716–1727 umgebaut wurde. Dabei mußten große Erdmassen im Grabgewölbe unter der Kirche bewegt werden. So weiß heute niemand, wo die letzte Ruhestätte des Mannes zu suchen ist, von dem die Initialzündung für Lloyd's of London kam, und der sich damit unbewußt selbst ein bleibendes Denkmal gesetzt hat.

Edward Lloyd war unzweifelhaft ein Londoner seiner Zeit, doch in mancher Hinsicht war er zeitlos. Er hätte ebenso gut im 20. Jahrhundert zu Hause sein können, als Unternehmer, Gastwirt oder Versicherungsagent. Vielleicht hätte er sich sogar bei Lloyd's of London einen Namen gemacht.

Lloyd's Coffee-House – Neuigkeitenbörse und Auktionslokal

Sie lagen nicht weit voneinander entfernt, die Bank von England, im Volksmund als »The Old Lady of Threadneedle Street« bezeichnet, und Lloyd's Coffee-House in der Lombard Street. 1694, im Gründungsjahr der Bank, bestand Lloyd's schon sechs Jahre. Nichts deutete zu jener Zeit darauf hin, daß ausgerechnet dies eine der vielen Londoner Kaffeehäuser einmal nicht weniger bekannt sein würde als seine berühmte Nachbarin. Der Bank von England wurde von Beginn an eine große Zukunft vorausgesagt, während man Lloyd's höchstens achtzig Jahre gab. Die Fülle von Daten und Dokumenten im einen und die wenigen Fakten im anderen Fall sind der beste Beweis dafür. Dieser Kontrast ist der Schlüssel zur Geschichte von Lloyd's.

Immerhin hatte Edward Lloyd zu der Zeit, drei Jahre nach seinem Umzug in die Lombard Street, zumindest in Seemanskreisen schon einen Namen und gab bereits ein Nachrichtenblatt heraus. Wie bescheiden waren dagegen die ersten Anfänge in der Tower Street im Osten Londons gewesen. In einer frühen Beschreibung der Stadt heißt es über diese, nach dem »Großen Brand« neuerstandene Hauptdurchgangsstraße zwischen Wapping und dem Themse-Ufer, sie sei ». . . ausgedehnt, gut gebaut und bewohnt von tüchtigen Geschäftsleuten«. Es war eine bevorzugte Gegend für Seeleute, die am St. Katharine's und »Galley Key« nahe der Tower Bridge anlegten. Ihr erster Weg führte sie meist zum Coffee-House am westlichen Ende der Great Tower Street. Lloyds Gäste waren also vorwiegend seefahrendes Volk oder Leute, die mit dem Seehandel zu tun hatten.

Edward Lloyd hatte seine Chance bald erkannt. Er bot seinen Kunden einen besonderen Service, indem er sie mit zuverlässigen Schiffsnachrichten versorgte. Eine spezielle Ecke hielt er immer für die Kapitäne reserviert. Viele von ihnen waren für die East India Company als Mitreeder gefahren. Niemand kannte die Gefahren besser als sie. Ihre Erfahrungen auf den Handelsrouten befähigten sie, die Risiken für ein Schiff und die Reise, die es machen würde, zu beurteilen. Ob zu dieser Zeit schon Seetransport-Versicherungen bei Lloyd abgeschlossen worden sind, ist nicht bekannt. Edward Lloyd selbst soll sich nie am Versicherungsgeschäft beteiligt haben.

Ein typisches Kaffeehaus des 18. Jahrhunderts

Lloyds Nachrichten-Service und seine guten Beziehungen zu Kaufleuten, Kapitänen und Schiffseignern sicherten ihm bei seinem Umzug in die Lombard Street im Jahre 1691 von Anfang an ein Stammpublikum, das die Hauptstütze seines Geschäfts werden sollte. Er war nun schon gut genug bekannt, um in Zeitungsinseraten einfach auf »Mr. Lloyd« verweisen zu können.

Die Verlegung seines Kaffeehauses war in jeder Hinsicht gut durchdacht. Abgesehen von der zentralen Lage Ecke Lombard Street und Abchurch Lane, nicht weit von der Post entfernt, befanden sich in der Umgebung so berühmte Kaffeehäuser wie *Garraway's, Jonathan's* und *John's*, die sich rund um die Royal Exchange gruppierten. Hier trafen sich vor allem die Kaufleute höherer Klassen.

Schon ein Jahr später beweist eine Anzeige in der *London Gazette* Lloyds wachsenden Erfolg. Darin wird die Versteigerung von drei in Plymouth liegenden Schiffen samt Inventar angekündigt: »*. . . Interessenten sind aufgefordert, zu Lloyd's Coffee-house in der Lombard Street zu kommen, wo auch die Inventar-Verzeichnisse einzusehen sind . . .*«

Lloyds Vorgänger in der Lombard Street 16 war *Pontack's Head,* eines der beliebtesten und teuersten Speisehäuser in London. Es wurde gerühmt wegen seines erstklassigen Rotweins, den der Inhaber, Monsieur Le Roche, von Bordeaux herüberbrachte. Das neue *Pontack's Head* befand sich nur einige Häuser weiter.

Die Skizze eines Grundrisses, die an einem Dokument von 1773 befestigt war, gibt eine Vorstellung von Größe und Anordnung der Räume. Das Kaffeehaus lag in der ersten Etage, ein großer, ziemlich kahler Raum, der *Room,* mit Stühlen, die rund um eine Feuerstelle gruppiert waren, einer Reihe Tische und Bänke, sowie einem Schanktisch. Wie in den Kaffeehäusern üblich, waren die Tische »sehr sauber und blank poliert wie die Schuhe eines Ratsherrn . . .«, so ist es in einer alten Beschreibung zu lesen. Ein Gedicht aus dem Jahre 1700, in dem das tägliche Leben eines wohlhabenden Kaufmanns beschrieben wird, läßt vermuten, daß die Kaufleute fast jeden Tag im Kaffeehaus anzutreffen waren:

»Now to Lloyd's Coffee-house; he never fails
To read the letters and attend the sales . . .«

Lloyd's beschäftigte zwei Kellner und zwei bis drei Mädchen. Sie servierten den Gästen aber nicht nur Kaffee sowie andere Getränke und Speisen, sondern brachten ihnen auch Tinte und Papier. Die Kunden, die in ihren Boxen saßen, jeder auf seinem bevorzugten Platz, wurden zudem laufend

Kaufmann auf dem Weg zu einer „Candle Auction“

unten rechts und links: Ankündigungen von Versteigerungen in Lloyd’s Coffee-House

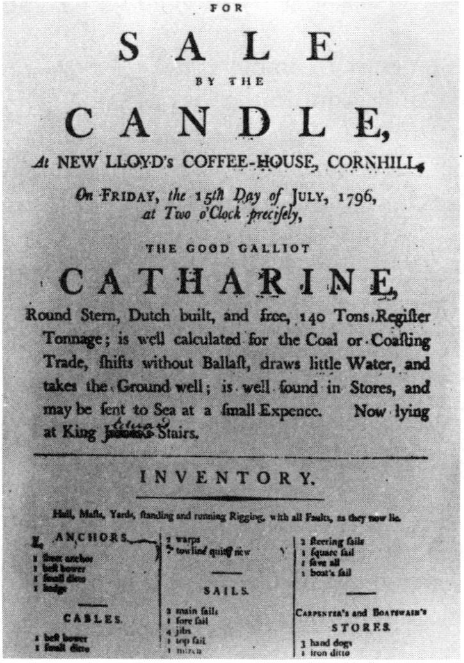

FOR

SALE

BY THE

CANDLE,

At NEW LLOYD’s COFFEE-HOUSE, CORNHILL,

On FRIDAY, *the* 15*th Day of* JULY, 1796, *at Two o’Clock precisely,*

THE GOOD GALLIOT

CATHARINE,

Round Stern, Dutch built, and free, 140 Tons Register Tonnage; is well calculated for the Coal or Coasting Trade, shifts without Ballast, draws little Water, and takes the Ground well; is well found in Stores, and may be sent to Sea at a small Expence. Now lying at King Edward Stairs.

INVENTORY.

Hull, Masts, Yards, standing and running Rigging, with all Faults, as they now lie.

ANCHORS.
1 stream anchor
1 best bower
1 small ditto
1 kedge

CABLES.
1 best bower
1 small ditto

2 warps
7 towline quite new

SAILS.
2 main sails
1 fore sail
4 jibs
1 top sail
1 mizen

2 steering sails
1 square sail
1 save all
1 boat’s sail

CARPENTER’S and BOATSWAIN’S STORES.
3 hand dogs
1 iron ditto

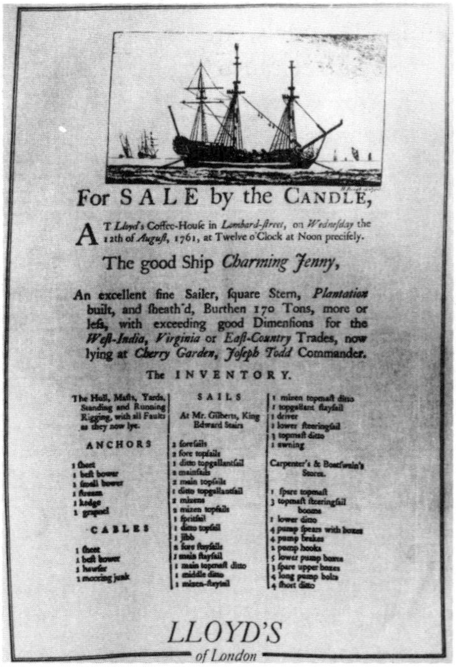

For SALE by the CANDLE,

AT *Lloyd’s* Coffee-House in *Lombard-street*, on *Wednesday* the 12th of *August*, 1761, at Twelve o’Clock at Noon precisely.

The good Ship *Charming Jenny*,

An excellent fine Sailer, square Stern, *Plantation* built, and sheath’d, Burthen 170 Tons, more or less, with exceeding good Dimensions for the *West-India*, *Virginia* or *East-Country* Trades, now lying at *Cherry Garden*, *Joseph Todd* Commander.

The INVENTORY.

The Hull, Masts, Yards, Standing and Running Rigging, with all Faults as they now lye.

ANCHORS
1 sheet
1 best bower
1 small bower
1 stream
1 kedge
1 grapnel

CABLES
1 sheet
1 best bower
1 hawser
1 mooring junk

SAILS
At Mr. Gilberts, King Edward Stairs
2 foresails
2 fore topsails
1 ditto topgallantsail
2 mainsails
2 main topsails
1 ditto topgallantsail
2 mizens
2 mizen topsails
1 spritsail
1 ditto topsail
1 jibb
2 fore staysails
1 main staysail
1 main topmast ditto
1 middle ditto
1 mizen-staysail

1 mizen topmast ditto
1 topgallant staysail
1 driver
1 lower steeringsail
3 topmast ditto
1 awning

Carpenter’s & Boatswain’s Stores.
1 spare topmast
3 topmast steeringsail booms
1 lower ditto
4 pump spears with boxes
4 pump brakes
2 pump hooks
5 lower pump boxes
3 spare upper boxes
4 long pump bolts
4 short ditto

LLOYD’S
of London

mit Schiffsinformationen versorgt. Es war Aufgabe des *Waiters,* die Neuigkeiten an einem Brett anzuschlagen oder herumzutragen. Diese *regulars* wurden gewissermaßen die Prototypen des modernen Versicherers oder *Underwriter* mit seinen Computern und Fotokopierern. Während die meisten Stammkunden in dieser Art ihre Geschäfte tätigten, gab es auch andere, die nur herkamen, um ihre Zeit totzuschlagen, zu klatschen, Witze zu erzählen, Zeitung zu lesen und, zum Mißfallen der Nichtraucher, den Raum mit dem Qualm aus ihren langen Pfeifenrohren zu verpesten. Lloyd verstand es aber immer, diesen unterschiedlichen Bedürfnissen seiner Kunden gerecht zu werden und jedem das Gefühl zu geben, ein gerngesehener Gast zu sein. So schaffte er es im Lauf der Zeit, sein Coffee-House zu einem Zentrum des Seehandelsgeschäfts zu machen.

Im 17. Jahrhundert war es allgemein üblich, Auktionen »by an inch of candle« abzuhalten. Diese Art Versteigerung lief folgendermaßen ab: Ein Stift wurde etwa einen Zoll unterhalb des Dochtes in eine Kerze gesteckt. Nun durfte so lange geboten werden, bis die Flamme den Stift erreichte. Wer das letzte Angebot gemacht hatte, bevor der Stift in den Kerzenhalter fiel, galt als Käufer. Manchmal wurden diese »Candle auctions« auch variiert. In diesem Fall war die Kerze nur etwa einen Zoll lang. Den Zuschlag erhielt, wer als letzter vor Erlöschen der Flamme geboten hatte.

> *»Wir trafen uns alle im ›Office‹ zu einer Versteigerung von zwei Schiffen ›by an inch of candle‹. Das erste Mal, daß ich etwas Derartiges sah. Ich beobachtete, wie sie sich gegenseitig ermunterten, und wie sie schließlich alle schrien. Wir mußten sehr aufpassen, um sagen zu können, wer zuletzt geschrien hatte. Die INDIAN wurde für £ 1300 und die HALF MOONE für £ 830 verkauft«,*

schilderte Samuel Pepys (1633–1703) eine solche Auktion und erklärte bei einer anderen Gelegenheit auch den Trick, der beim Ersteigern Erfolg versprach:

> *»Ich beobachtete einen Mann, der gerissener wirkte als die anderen und sicher war, als letzter zu bieten. Als ich ihn nach dem Grund fragte, erklärte er mir, kurz bevor die Flamme ausginge, würde der Rauch nach unten ziehen. Darum wüßte er immer genau, wann er bieten müßte...«*

Die in selbsterfundener Kurzschrift verfaßten Tagebücher des erfolgreichen Marine-Sekretärs Pepys, die ursprünglich nicht für die Veröffentlichung gedacht waren, überliefern uns ein anschauliches Bild jener Zeit. Aber auch aus den Londoner Zeitungen von 1698–1712 geht hervor, daß die »Candle auctions« in Lloyd's Coffee-House ein regelmäßiges Ereignis waren. Es wurden dort nicht nur Schiffe versteigert. In einer Anzeige vom Juni 1703 werden 53 Fässer französischen Rotweins angeboten. Bei anderen Auktionen kamen Kaffee, Käse, wertvolle englische Bücher und viele andere Dinge zur Versteigerung. Auch für alle Arten von alkoholischen Getränken war Lloyd's Coffee-House ein Hauptumschlagplatz.

Einem ehrgeizigen Geschäftsmann wie Edward Lloyd reichte es natürlich nicht, nur das zu bieten, was auch anderswo üblich war. Anfang des 18. Jahrhunderts ließ er sich etwas Neues einfallen: Die Auktionskanzel, ein Vorläufer des späteren *Rostrums.* Von diesem Podium aus verlas der »Kidney« oder *Caller* die Ankündigungen. Zu gewissen Tageszeiten war das Coffee-House so gedrängt voll von lärmenden Leuten, daß sich der Ausrufer nur von der Auktionskanzel aus verständlich machen konnte.

Einer der damaligen Gäste schilderte in der Zeitung *The Tattler* vom 26. Dezember 1710 den neuen Brauch:

> *»... Dieses Kaffeehaus ist mit einer Kanzel ausgestattet zugunsten der Auktionen, die hier häufig vorkommen. Es ist bei uns Brauch, nach dem Eintreffen der ersten Nachrichten einen jungen Mann, der als ›Kidney‹ des Kaffeehauses fungiert, anzuweisen, auf die Kanzel zu steigen und jede Neuigkeit mit lauter und deutlicher Stimme zu lesen, während das Publikum an seinen Getränken nippt ...«*

Edward Lloyd hatte seine Hände überall im Spiel. In seinem Coffee-House wurden alle Arten von Geschäften durchgeführt. Es entwickelte sich aber auch immer mehr zu einer Art Neuigkeitenbörse und wurde bald eine wichtige Institution in der City. Ebenso gewann der Schiffsverkauf mit Beginn des 18. Jahrhunderts an Bedeutung. 1711 waren es bereits 15 Schiffe, die bei Lloyd's versteigert wurden. Mehr als 200 Anzeigen innerhalb eines Zeitraums von fünfzehn Jahren belegen die sprunghafte Entwicklung zu Londons führendem Versteigerungslokal.

Die zunehmende Beschäftigung mit Schiffen und Schiffsladungen verriet aber auch deutlich, in welche Richtung Lloyd tendierte. Mag es sein angeborener Hang zur Seefahrt gewesen sein oder kaufmännischer Weitblick – vielleicht auch beides. Sein Hauptbestreben war, zuverlässige Schiffsinformationen zu beschaffen. Sie allein sind die Grundlage für ein erfolgreiches Versicherungsgeschäft, wie er damals wohl schon erkannte. Nur auf Grund dieser Kombination von Kaffeehaus und Nachrichtenquelle, die Edward Lloyds persönliche Erfindung ist, konnte sich sein Coffee-House zu einem anerkannten Platz für den Abschluß von Seetransport-Versicherungen entwickeln. Damit ist sein Lebenswerk aber noch nicht ausreichend beschrieben. Er gab außerdem ein eigenes Neuigkeiten-Blatt heraus: LLOYD'S NEWS.

Numb. 20.

LLOYD's NEWS.

London, *October* 15. 1696.

Ghent, *October* 17. *The French Troops under the Mareschal Villeroy have plundered all the Churches near Bruges, carried away the Bells, broke all the Windows, and cut down all the Hedges and Trees in the open Countrey; and the Damage they have done to the Churches as also to the Cloisters in the Abby of Oudenburgh, is computed at* 10000 *Gilders. On Sunday and Monday last* 9 *Regiments of Horse came into Garrison here. The Elector of Bavaria hath refused to grant Pasports to divers Ships bound to this Countrey with Wine and other French Commodities.*

Amsterdam, October 19. *Letters of the* 11*th instant from Arch-Angel Advise, That* 7 *English Ships arrived there, who upon Notice that several French Men of War were Cruising about Shotland, changed their Course and steered between Shotland and the Orchades. Letters of the* 6*th instant from St. Maloe advise, That the main reason of the hasty return of Monsieur Renault with his Squadron from the West-Indies was because he had lost about half his Men by a Sickness which raged among them, and most of the rest were sick; so that if he had tarried longer he must have left his Ships behind him for want of Men to bring them home; besides which Squadron there are* 3 *Men of War come to an Anchor in the Road of Rochell, which are believed to be the Ships of Monsieur de Genes from the South Sea.*

Rome, September 29. *The Pope hath privately ordered Troops and Arms to be sent to the Frontiers of the Ecclesiastick State, that he may be provided against all that may happen in case a Neutrality should not be accepted of or finished in Italy. The Resident of Savoy had this Week another Audience of the Pope, who received him with all the marks of an extraordinary Affection; and declared himself extreamly pleased with the Conduct of the Duke his Master, who had already obliged Italy with the dawnings of a Peace.*

Falmouth, October 10. *On the* 28*th past put into this Port the Duke of Bavaria, of and for Ostend, and sailed again this Morning for Cork. Yesterday His Majesties Ship Trident arrived here with* 2 *Coasters under her Convoy from Plimouth; as also His Majesties Ship Dunwich in* 5 *days from Milford, where she left the* 10 *sail of Ships that arrived there from Berbadoes, with the Childs-Play their Convoy. Last Night sailed hence His Majesties Ship Jolly, with* 3 *or* 4 *Coasters for Mounts-Bay. The Groin Pacquet-Boat is just now going to sail for Corunna.*

Plimouth, October 11. *Yesterday the Mercury Advice-Boat sailed hence to Cruise on the French Coast, and the Intelligence-Brigantine to the Westward. On the* 9*th arrived here the Chester-Frigate with* 2 *Mast-Ships for our Docks.*

Cowes, October 12. *Yesterday and this Morning several of the outward-bound Ships which lay in this Road sailed for Spithead to join their Convoys, being advised they will sail suddenly. This Morning came into this Road His Majesties Ship Pendennis, Capt. Arden Commander, from Norway; whence he*

came

LLOYD'S NEWS Nummer 20

LLOYD'S NEWS – eine Zeitung, die ihrer Zeit voraus war

Edward Lloyd kannte seine Kundschaft. Er wußte, was für Seefahrer und Kaufleute gleichermaßen wichtig war. Dieses Gespür für kommerziell interessante Projekte war der Schlüssel zu seinem Erfolg. Geschickt nutzte er seine vielseitigen Beziehungen und baute vermittels von Korrespondenten in den Haupthäfen Englands und des Kontinents ein Nachrichtennetz auf. Dank dieser *Port Letters* (Hafen-Briefe) erhielt er in für damalige Verhältnisse kürzester Zeit Kenntnis von allen wichtigen Schiffsbewegungen und anderen, die Schiffahrtswelt interessierenden Neuigkeiten.

Diese Informationen kamen nun aber nur den Gästen seines Kaffeehauses zugute. Lloyd sann über eine Möglichkeit nach, den Kreis seiner Kunden zu erweitern. Warum nicht ein eigenes Nachrichtenblatt herausgeben? Für den unternehmungsfreudigen Kaffeehausbesitzer eine faszinierende Idee, die seiner Vorliebe, sich zu exponieren, sehr entgegenkam. Die Zeit schien günstig. Zwar gab es schon einige Blätter, wie *The Flying Post*, *The Protestant Mercury* oder *The Post-Man*, aber Lloyd wollte einen ganz anderen Leserkreis ansprechen.

Die erste Ausgabe von LLOYD'S NEWS erschien wahrscheinlich im September 1696. Wie andere zeitgenössische Blätter wurde sie in Kursivschrift auf schlechtem, beidseitig bedrucktem Papier herausgegeben. Die Zeitung enthielt sowohl regelmäßige Mitteilungen von nahegelegenen Häfen der Britischen Inseln, als auch periodisch wiederkehrende Notizen von erstaunlicher Reichweite aus Orten in Italien, Griechenland, der Türkei und sogar aus Ägypten.

Bis 1697 kamen 76 Nummern von LLOYD'S NEWS heraus. Die ersten sieben ausgenommen, sind sie erhalten geblieben und werden in der Bibliothek von Oxford aufbewahrt.

Am 12. Januar 1696 erschien in der Nr. 58 eine Meldung, die auf den Herausgeber ein recht mysteriöses Licht warf. Sie gibt auch heute noch Anlaß zu allen möglichen Spekulationen. Die gesamte erste Seite nahm der Abdruck der wortgetreuen Wiedergabe eines Erlasses ein, der kurz zuvor auf der Insel Barbados veröffentlicht worden war. Er bestimmte, daß ein jeder, der einen christlichen Dienstboten im Alter von 16 bis 40 Jahren auf die Insel brächte, eine Pauschale von 18 Pfund bekommen sollte. Voraussetzung sei, daß sich der Dienstbote in gutem Gesundheitszustand befinde, von englischer, walisischer oder schottischer Nationalität sei und sich für wenigstens vier Jahre vertraglich zum Bleiben verpflichte. Neben Kost und Logis sollte er jährlich drei Paar Unterhosen, zwei Jacken und vier Paar Schuhe bekommen sowie ein Gehalt von einem Pfund und fünf Shilling.

Dieser als »weiße Sklaverei« (auch »Indentured Labour« oder »Christian Servants«) bekannte Handel florierte in der zweiten Hälfte des 17. Jahrhunderts, wurde aber nach und nach von der Neger-Sklaverei abgelöst, die für die Plantagenbesitzer einträglicher war.

Die Zahl der von 1640 bis 1700 vor allem nach den Westindischen Inseln, aber auch nach Virginia und New England exportierten weißen Dienstboten war beträchtlich, ihre »Qualität« und Herkunft sehr unterschiedlich. Die englische Strafjustiz verschiffte jährlich 800 bis 1000 Gefangene in die Kolonien. Auch Männer und Frauen, die ein zügelloses oder ordnungswidriges Leben führten, schob man auf gerichtliche Anordnung dorthin ab. Mit Hilfe der vom Bürgermeister verfügten sogenannten »Preßpatrouillen« konnten Obdachlose, verwahrloste Kinder und Bettler auf den Straßen aufgegriffen, an Bord der Schiffe getrieben und als Plantagenarbeiter in den Kolonien eingesetzt werden. Es kam auch vor, daß sich Eltern auf diese Art und Weise ihrer Kinder entledigten. Einer großen Anzahl Männer und Frauen, die sich zum Auswandern entschlossen hatten, erschien dies die günstigste Gelegenheit. Viele andere, den »amtlichen Preßpatrouillen« entkommen, fielen Handelskapitänen in die Hände und wurden gewaltsam angeheuert.

Das sogenannte »Spiriting« war gut organisiert. Agenten, die »Spirits«, betrieben geschickt Flüsterpropaganda: Man könne sich seinen Lebensunterhalt damit verdienen, Dienstboten abzuwerben und an die Schiffskapitäne auszuliefern. In der Bevölkerung löste dieser Menschenhandel regelrechte Panik aus. So konnte ein Vorübergehender auf einer Londoner Straße zu jeder Zeit einen beträchtlichen Aufruhr hervorrufen, wenn er auf eine männliche oder weibliche Person zeigte und sie als »common spirit« bezeichnete. Unter dem Druck der öffentlichen Meinung schuf die Regierung ein Registrierungssystem, das dieses Kidnapping unmöglich machen sollte. Der Versuch schlug fehl. Selbst eine Geldstrafe in Höhe von 20 Pfund muß die Kidnapper wohl nicht abgeschreckt haben, denn ab 1670 stand auf Menschenraub sogar die Todesstrafe, ein sicheres Zeichen dafür, daß alle bisherigen Maßnahmen wirkungslos geblieben sein müssen.

Wenn die exportierten Männer, Frauen und Kinder ihren Bestimmungsort erreichten, hatten sie genaugenommen den Status vertraglicher Arbeiter. Die Wirklichkeit aber sah anders aus. In den meisten Fällen wurden sie wie Leibeigene gehalten, die jederzeit weiterverkauft werden konnten.

Die Greueltaten, die in Verbindung mit dem Export afrikanischer Sklaven verübt worden sind, sind bekannt. Aus diesem »schmutzigen Geschäft mit schwarzer Haut« zogen zur damaligen Zeit nicht allein die Engländer ihren Nutzen. Auch andere europäische Staaten wußten das »schwarze Elfenbein« zu schätzen. Was die weißen Sklaven zu erleiden hatten, dürfte aber den Qualen der Schwarzen kaum nachstehen: So konnten sie für Faulheit und Disziplinlosigkeit von ihrem Herrn nackt ausgepeitscht werden. In einigen Kolonien wurden ihnen jahrelang Hand- oder Fußschellen angelegt. Die Besitzer durften ihre Leibeigenen ungestraft hängen, erschießen, oder aufs Rad flechten. Einige Sklaven sollen lebendig verbrannt worden sein.

In Virginia galt es als schweres Verbrechen, wenn ein christlicher Dienstbote ohne Genehmigung seines Herrn heiratete. Er wurde dafür mit einer Verlängerung seiner Arbeitsverpflichtung bestraft. Außerehelicher Verkehr wurde offiziell mißbilligt. Ein illegitimes Kind konnte sofort für 21 Jahre verpflichtet und die Arbeitsverträge der Eltern über den festgesetzten Termin hinaus verlängert werden. Diese Regelung hatte zur Folge, daß die Plantagenbesitzer die Unmoral eher noch begünstigten, weil sie einträglich war. Nach außen hin wurde jedoch der Schein gewahrt. So war auch der Besuch des Sonntags-Gottesdienstes für alle Dienstboten Pflicht.

Schlüsselfiguren der »weißen Sklaverei« waren die Handelskapitäne. So kann wohl auch kaum ein Zweifel daran bestehen, daß die Veröffentlichung des Barbados-Erlasses in LLOYD'S NEWS ein Tip für die Seefahrer unter Lloyds Kunden sein sollte, wie sie durch den Export »weißer Ware« ihr Geld machen konnten. Edward Lloyd, der sich als Kirchenvorsteher von St. Mary Woolnoth's gern mit dem Nimbus eines guten Christen umgab, dürfte an diesem profitreichen Unternehmen also nicht ganz unbeteiligt gewesen sein.

Als Zeitungsverleger war dem sonst so cleveren Geschäftsmann kein Erfolg beschieden. LLOYD'S NEWS Nr. 76 vom 23. Februar 1697 sollte die letzte Ausgabe werden. Ein auf den ersten Blick harmlos wirkender kleiner Artikel wurde ihm zum Verhängnis. Es handelte sich um den Beschluß des *House of Lords*, das Tragen aller aus indischer Seide gefertigten Kleidungsstücke einzuschränken, was einem Einfuhrverbot gleichkam. Edward Lloyd wurde vor das Unterhaus geladen und aufgefordert, diese Meldung in seiner nächsten Ausgabe als unbegründet und falsch zu widerrufen. Lloyd ließ sich von Ihren Lordschaften jedoch keineswegs einschüchtern. Der Drucker habe den Anstoß erregenden Artikel ohne sein Wissen hinzugesetzt, entgegnete er und erklärte, daß es weder einen Widerruf der Meldung noch eine nächste Nummer von LLOYD'S NEWS geben werde.

Sein Stolz ließ es wohl nicht zu, in eine so falsche Position gebracht und für den Fehler eines anderen verantwortlich gemacht zu werden. Vielleicht fürchtete er auch Wiederholungen ähnlicher Art in der Zukunft. Eine freimütige Berichterstattung war unter diesen Voraussetzungen nicht mehr denkbar. Wie es aber auch gewesen sein mag, so vermittelt uns doch die selbstbewußte, etwas aufsässig wirkende Persönlichkeit des Coffee-man vor dem Unterhaus noch 300 Jahre später den Eindruck eines unerschrokkenen Individualisten, der lieber die Produktion seiner Zeitung einstellt, als sich dem Druck von oben zu beugen.

Möglicherweise haben ihn aber auch andere Überlegungen veranlaßt, auf ein weiteres Erscheinen seiner Zeitung zu verzichten. Die Konkurrenz wuchs. Das allgemeine Interesse an LLOYD'S NEWS war ebenfalls geringer als er es erhofft hatte. Vor allem aber, er bekam zu wenig Inserate, um Aufwand und Kosten von Produktion und Papier zu rechtfertigen. Für eine allgemeine Zeitung war LLOYD'S NEWS zu laienhaft gemacht und zu rückständig. Lloyds ursprüngliche Idee jedoch, ein spezielles Nachrichtenblatt für die Schiffahrt auf den Markt zu bringen, war ihrer Zeit zu weit voraus. Die Schiffsmeldungen kamen nicht regelmäßig genug und waren noch zu ungenau. Sie reichten oft nicht aus für eine Zeitung, die zwei- bis dreimal wöchentlich erschien. Auf Lloyds Anweisung mußte der Drucker die Lücken mit allen möglichen Nachrichten schließen, je nachdem, wie sie sich gerade ergaben. Auf diese Weise zusammengestückelt konnte LLOYD'S NEWS niemals die wichtigste Voraussetzung eines jeden Handelsblattes erfüllen: unentbehrlich zu sein.

Edward Lloyd gab den Gedanken, seinen Kunden Schiffsinformationen anzubieten, die sie in seinem Coffee-House lesen konnten, jedoch nicht auf. So druckte er nun von Zeit zu Zeit und wenn sich genügend Neuigkeiten angesammelt hatten, Schiffslisten in Form loser Blätter, in denen sämtliche Schiffsbewegungen erfaßt waren.

Aus den Jahren 1701 und 1702 sind zwei dieser Schiffslisten überliefert: *»Eine Liste der Schiffe, die von England nach Ostindien und China gesegelt sind, und die nicht zurückkamen oder in England als verlorengegangen gemeldet wurden, und wem sie gehören.«* Die beiden Dokumente geben Auskunft über die Namen der Schiffe und ihrer Kapitäne, Schiffsgröße, Anzahl der Kanonen und Mannschaften, ihren Bestimmungsort und das Datum des Auslaufens. Einige der 59 Schiffe, die 1702 aufgeführt waren, hatten bereits 1698 den Hafen verlassen. Seitdem war nichts mehr über ihr Schicksal bekanntgeworden.

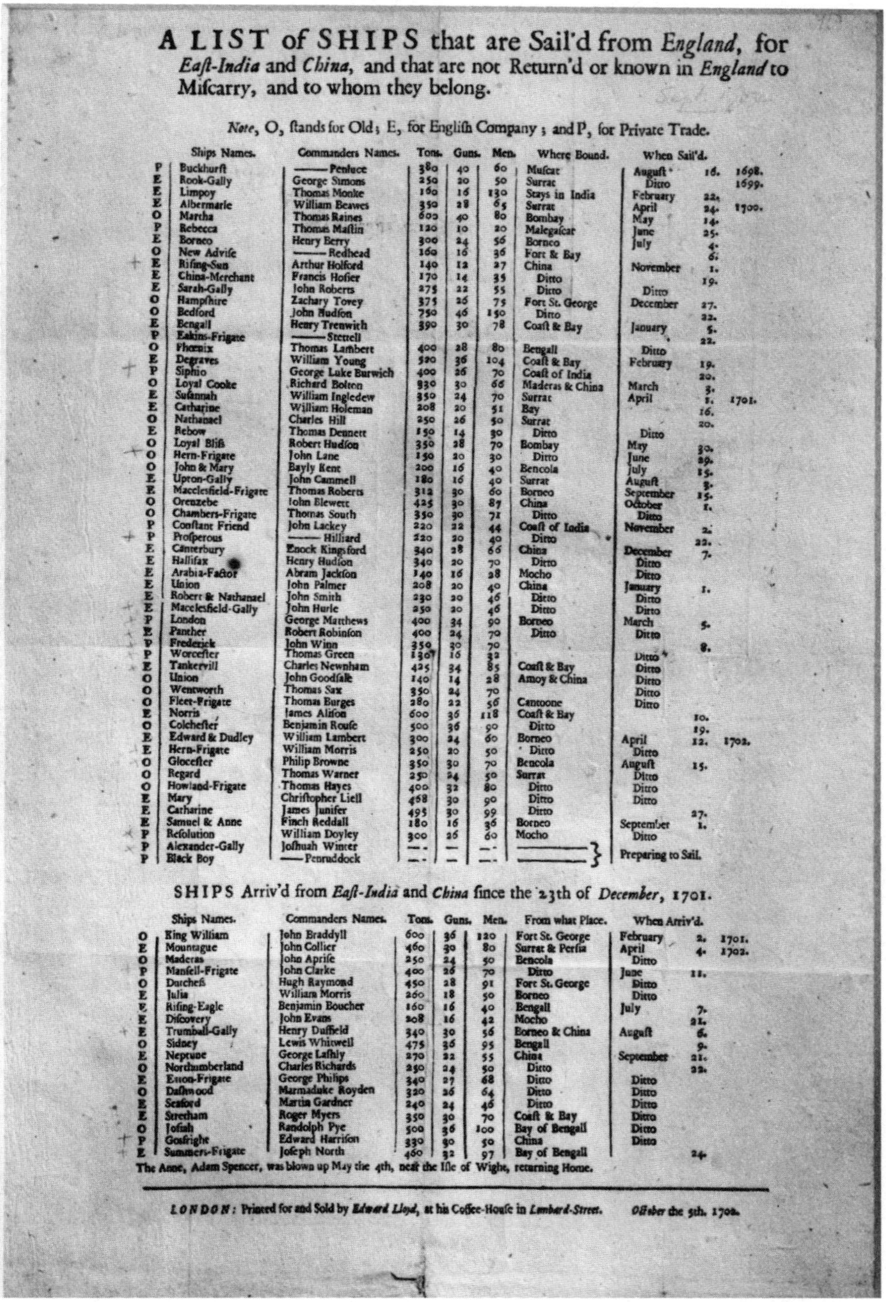

A LIST of SHIPS that are Sail'd from *England*, for *Eaſt-India* and *China*, and that are not Return'd or known in *England* to Miſcarry, and to whom they belong.

Note, O, ſtands for Old; E, for Engliſh Company; and P, for Private Trade.

	Ships Names.	Commanders Names.	Tons.	Guns.	Men.	Where Bound.	When Sail'd.		
P	Buckhurſt	——— Penluce	380	40	60	Muſcat	Auguſt	16.	1698.
E	Rook-Gally	George Simons	250	20	50	Surrat	Ditto		1699.
E	Limpoy	Thomas Monke	160	16	130	Stays in India	February	22.	
E	Albermarle	William Beawes	350	28	65	Surrat	April	24.	1700.
O	Martha	Thomas Raines	600	40	80	Bombay	May	14.	
P	Rebecca	Thomas Maſtin	120	10	20	Malegaſcar	June	25.	
E	Borneo	Henry Berry	300	24	56	Borneo	July	4.	
O	New Adviſe	——— Redhead	160	16	36	Fort & Bay		6.	
E	Riſing-Sun	Arthur Holford	140	12	27	China	November	1.	
E	China-Merchant	Francis Hoſier	170	14	35	Ditto		19.	
E	Sarah-Gally	John Roberts	275	22	55	Ditto	Ditto		
O	Hampſhire	Zachary Tovey	375	26	75	Fort St. George	December	27.	
O	Bedford	John Hudſon	750	46	150	Ditto		22.	
E	Bengall	Henry Trenwith	390	30	78	Coaſt & Bay	January	5.	
P	Eakins-Frigate	——— Stettell						22.	
O	Phoenix	Thomas Lambert	400	28	80	Bengall	Ditto		
E	Degraves	William Young	520	36	104	Coaſt & Bay	February	19.	
P	Siphio	George Luke Burwich	400	26	70	Coaſt of India		20.	
O	Loyal Cooke	Richard Bolton	830	30	66	Maderas & China	March	3.	
E	Suſannah	William Ingledew	350	24	70	Surrat	April	1.	1701.
E	Catharine	William Holeman	208	20	51	Bay		16.	
O	Nathanael	Charles Hill	250	26	50	Surrat		20.	
E	Rebow	Thomas Dennett	150	14	30	Ditto	Ditto		
O	Loyal Bliſs	Robert Hudſon	350	28	70	Bombay	May	30.	
O	Hern-Frigate	John Lane	150	20	30	Ditto	June	29.	
O	John & Mary	Bayly Kent	200	16	40	Bencola	July	15.	
E	Upton-Gally	John Cammell	180	16	40	Surrat	Auguſt	3.	
E	Macclesfield-Frigate	Thomas Roberts	312	30	60	Borneo	September	15.	
O	Orenzebe	John Blewett	425	30	87	China	October	1.	
O	Chambers-Frigate	Thomas South	350	30	71	Ditto	Ditto		
P	Conſtant Friend	John Lackey	220	22	44	Coaſt of India	November	2.	
P	Proſperous	——— Hilliard	220	20	40	Ditto		22.	
E	Canterbury	Enock Kingsford	340	28	66	China	December	7.	
E	Hallifax	Henry Hudſon	340	20	70	Ditto	Ditto		
E	Arabia-Factor	Abram Jackſon	140	16	28	Mocho	Ditto		
E	Union	John Palmer	208	20	40	China	January	1.	
E	Robert & Nathanael	John Smith	230	20	46	Ditto	Ditto		
E	Macclesfield-Gally	John Hurle	250	20	46	Ditto	Ditto		
P	London	George Matthews	400	34	90	Borneo	March	5.	
E	Panther	Robert Robinſon	400	24	70	Ditto	Ditto		
P	Frederick	John Winn	350	30	70			8.	
P	Worceſter	Thomas Green	130	16	32		Ditto		
E	Tankervill	Charles Newnham	425	34	85	Coaſt & Bay	Ditto		
O	Union	John Goodſale	140	14	28	Amoy & China	Ditto		
O	Wentworth	Thomas Sax	350	24	70		Ditto		
O	Fleet-Frigate	Thomas Burges	280	22	56	Cantoone	Ditto		
E	Norris	James Aliſon	600	36	118	Coaſt & Bay		10.	
O	Colcheſter	Benjamin Rouſe	500	36	90	Ditto		19.	
E	Edward & Dudley	William Lambert	300	24	60	Borneo	April	12.	1702.
E	Hern-Frigate	William Morris	250	20	50	Ditto	Ditto		
O	Gloceſter	Philip Browne	350	30	70	Bencola	Auguſt	15.	
O	Regard	Thomas Warner	250	24	50	Surrat	Ditto		
O	Howland-Frigate	Thomas Hayes	400	32	80	Ditto	Ditto		
E	Mary	Chriſtopher Liell	468	30	90	Ditto	Ditto		
E	Catharine	James Junifer	495	30	99	Ditto		27.	
E	Samuel & Anne	Finch Reddall	180	16	36	Borneo	September	1.	
P	Reſolution	William Doyley	300	26	60	Mocho	Ditto		
P	Alexander-Gally	Joſhuah Winter	—-	—	—-	———	Preparing to Sail.		
P	Black Boy	—— Penruddock	—-	—	—-	———			

SHIPS Arriv'd from *Eaſt-India* and *China* ſince the 23th of *December*, 1701.

	Ships Names.	Commanders Names.	Tons.	Guns.	Men.	From what Place.	When Arriv'd.		
O	King William	John Braddyll	600	36	120	Fort St. George	February	2.	1701.
E	Mountague	John Collier	460	30	80	Surrat & Perſia	April	4.	1702.
O	Maderas	John Apriſe	250	24	50	Bencola	Ditto		
P	Manſell-Frigate	John Clarke	400	26	70	Ditto	June	11.	
O	Dutcheſs	Hugh Raymond	450	28	91	Fort St. George	Ditto		
E	Julia	William Morris	260	18	50	Borneo	Ditto		
E	Riſing-Eagle	Benjamin Boucher	160	16	40	Bengall	July	7.	
E	Diſcovery	John Evans	208	16	42	Mocho		21.	
E	Trumball-Gally	Henry Duffield	340	30	56	Borneo & China	Auguſt	6.	
O	Sidney	Lewis Whitwell	475	36	95	Bengall		9.	
E	Neptune	George Laſhly	270	22	55	China	September	21.	
O	Nordumberland	Charles Richards	250	24	50	Ditto		22.	
E	Eston-Frigate	George Philips	340	27	68	Ditto	Ditto		
O	Daſhwood	Marmaduke Royden	320	26	64	Ditto	Ditto		
E	Seaford	Martin Gardner	240	24	46	Ditto	Ditto		
E	Stretham	Roger Myers	350	30	70	Coaſt & Bay	Ditto		
O	Joſiah	Randolph Pye	500	36	100	Bay of Bengall	Ditto		
P	Gosfright	Edward Harriſon	330	30	50	China	Ditto		
E	Summers-Frigate	Joſeph North	460	32	97	Bay of Bengall		24.	

The Anne, Adam Spencer, was blown up May the 4th, near the Iſle of Wight, returning Home.

LONDON: Printed for and Sold by *Edward Lloyd*, at his Coffee-Houſe in *Lombard-Street*. *October* the 5th. 1702.

Der Vorläufer von LLOYD'S LIST – Eine Liste nicht nach England zurückgekehrter Schiffe

Diese Mitteilungen fanden allgemein großen Anklang. So stand Lloyds Lieblingsidee, ein spezielles Blatt für Schiffahrtsneuigkeiten zu drucken, gewissermaßen Pate, als 1734 LLOYD'S LIST aus der Taufe gehoben wurde.

Welches Ansehen Lloyd als Schiffsexperte hatte, beweist ein Brief, der 1697 von einem Regierungsbeamten an den englischen Bevollmächtigten in Holland geschrieben worden ist. Anlaß war, den Bevollmächtigten über die Bewegungen der englischen Flotte auf dem laufenden zu halten:

> *»Die auf der Heimreise befindliche Strait's Flotte... hat endlich die Downs (Hügelland in Südengland) erreicht. In London liegt eine Meldung vor, daß die Virginia Flotte in Irland eingetroffen ist. Diese Nachricht kommt von Lloyd, der ein Kaffeehaus betreibt. Er gibt vor, einen Bericht davon vorliegen zu haben, will mir aber nicht sagen, wie er dazu gekommen ist. Die letzten Briefe von Dublin berichten nichts darüber.«*

Ein Allroundman wie Lloyd ließ sich keine Gelegenheit entgehen, die Profit versprach. Nur so ist es wohl zu erklären, daß er sich unter anderem auch als Reise-Agent und -Berater betätigte. In Kriegszeiten war für Auslandsreisen ein Paß erforderlich. Der Antragsteller mußte der Paßbehörde aber eine entsprechende Empfehlung vorweisen können. Es existiert noch eine Liste aus den Jahren 1703/04 mit den Namen der Reisenden, die die Genehmigung erhielten, England zu verlassen, und den Namen ihrer Fürsprecher. Kein Name erscheint darin so oft wie der von Edward Lloyd. Von März bis Dezember taucht er fünfzehnmal in Verbindung mit über dreißig Reisen darin auf. Alle diese Frauen und Männer erhielten ihre Pässe allein auf seine Fürsprache hin. Wenn auch nicht absolut sicher ist, daß es sich um den Kaffeehausbesitzer handelt, so sprechen doch alle Fakten dafür. Es ist kein anderer Mann dieses Namens bekannt, der zur damaligen Zeit über ähnliche Kontakte und Beziehungen zu Kapitänen und Schiffseignern, bis nach Übersee, verfügte.

1931 gelangten einige Papiere in den Besitz des *Committee of Lloyd's.* Sie stammen aus der Hinterlassenschaft von Kapitän Bowrey, einem Londoner Kaufmann und Schiffseigner, der zur selben Zeit wie Edward Lloyd lebte. Darunter befindet sich auch eine Rechnung, die Lloyd 1703 für Bowrey ausstellte, dessen Schiff, die RISEING SUN, nach Ostindien auslaufen sollte:

1703		Cpt Bowrey zur Last			
Oct.	5	Ein Schutzbrief für einen Schiffsoffizier und einen Bootsmann für Cpt Wyborg	00	10	00
	11	für einen Kaperbrief	11	00	00
		ein Schutzbrief für all seine Leute	03	04	06
			14	14	06

Die Rechnung wurde bezahlt am 10. November:

Erhalten 10. Nob[r] 1703
vierzehn Pfund vier Shilling
im vollen Betrag — Edward Lloyd

Dieser Vorgang bestätigt Lloyds Vermittlerrolle bei der Paßbeschaffung. Der Kaffeehausbesitzer war demnach nicht nur bei der Vorbereitung von Seereisen behilflich, sondern vermochte auch Schutzbriefe gegen die gefürchtete »Preßpatrouille« auszustellen. Etwas rätselhaft bleibt in diesem Zusammenhang allerdings der Bowrey mit 11 Pfund berechnete »Kaperbrief«.

Mögen auch die vielen Aktivitäten, die Lloyd seit den frühesten Anfängen seines Kaffeehauses entfaltet hat, auf den ersten Blick noch so unterschiedlich wirken, so liefen doch alle darauf hinaus, Kaufleute und Schiffseigner als Kunden zu gewinnen. Auch die Handelsverbindungen seines Hauses mit Übersee ergaben sich nicht zufällig, sondern waren genau geplant.

Die Seetransport-Versicherungen machten zu der Zeit zwar nur einen geringen Teil seiner Geschäfte aus, aber ohne Lloyds Weitblick und besonnenes Handeln hätte die Geschichte des britischen Versicherungsmarktes wohl einen ganz anderen Verlauf genommen. Auch LLOYD'S NEWS, obgleich ein Fehlschlag, mag dazu beigetragen haben, dieses Netz vielfältiger Beziehungen zu knüpfen. Als Edward Lloyd 1713 starb, hinterließ er seinen Nachkommen ein anerkanntes und gut etabliertes Zentrum für Schifffahrtsgeschäfte.

Edward Lloyd, ein Mann, der seiner Zeit immer um eine Nasenlänge voraus war, der Mann des Anfangs. Grund genug, sich nach 300 Jahren ausführlich mit ihm zu beschäftigen. Männer wie er haben Geschichte gemacht. Die nach ihm kamen, setzten fort, was er begonnen hatte. Ein Werk vieler, in dem der einzelne Name immer mehr an Bedeutung verlor. Sie alle bauten an diesem Weltimperium der Versicherung, in dessen weitverzweigtes System der Außenstehende nur mit Mühe Einblick gewinnt.

II

VON MESOPOTAMIEN BIS ZUM MOND

Versicherungen, ein Geschäft mit Vergangenheit und Zukunft

Der Codex Hammurabi

»Der Mensch greift nach den Sternen« – sichert sich aber auf der Erde ab. Als sich die Menschen aufmachten, den Weltraum zu erobern, hatte das auch für Lloyd's neue Risiken zur Folge. So wurde die Rückversicherung für das Mondmobil der Apollo-Astronauten bei Lloyd's abgeschlossen.

Das menschliche Bedürfnis nach Sicherheit ist so alt wie die Menschheit selbst. Schon zur Zeit der Babylonier kannte man Versicherungen. Das beweist die Inschrift auf einer 1902 in Susa, Mesopotamien ausgegrabenen Stele, die als *Codex Hammurabi* bekannt wurde und zu den ältesten Gesetzessammlungen der Welt zählt. Hammurabi, sechster König der 1. Dynastie von Babylon (um 1728–um 1686 v. Chr.) ging als »der große Gesetzgeber« in die Geschichte ein. In den Dioritblock, der im Pariser Louvre aufbewahrt wird, sind 282 Klauseln eingemeißelt, die unter anderem bekunden, daß man dort bereits vor vier Jahrtausenden eine Art Versicherung praktizierte, die später als »Bodmerei« (niederdeutsch) auch in Europa bekannt wurde. Zur Zeit Hammurabis verstand man darunter im Grunde nur die Verpfändung des Schiffsrumpfs: der Schiffseigner wurde entschädigt, falls sein Schiff verlorenging. Hatte es aber seinen Bestimmungsort sicher erreicht, mußte er einen wesentlichen Anteil seines Gewinns abtreten.

Auch die Phönizier und Griechen sicherten sich in dieser Weise gegen Verluste auf See ab. Bodmerei war noch im vorigen Jahrhundert üblich. In neuester Zeit ist dieses seerechtliche Darlehensgeschäft allerdings bedeutungslos geworden. Es handelt sich dabei um einen Darlehensvertrag, den der Kapitän eines Seeschiffes in Notfällen eingehen darf. Er verpfändet Schiff und Ladung und stellt dem Darleiher einen Bodmereibrief aus, auf Grund dessen er Anspruch auf eine Prämie hat, die nach Ankunft des Schiffes zusammen mit der Hauptsumme fällig wird.

Ein ähnliches System der Bodmerei, das vermutlich von den Etruskern stammte, kannten die Römer. Von Plutarch ist eine sarkastische Bemerkung über Marcus Cato (Cato der Zensor 234–149 v.Chr.), einen großen Geldverleiher, überliefert: »... Die übelste Art von Spekulation ist das Versichern von Schiffen ...« Cato hätte auch Geld in den Sklavenhandel investiert, fügt er hinzu. Dies scheint Plutarch jedoch wenig gestört zu haben. Die von den Römern praktizierte Art, Schiffe zu versichern, wurde im 8. Jahrhundert von den Zünften in Flandern und England, vor allem aber von den italienischen Stadtstaaten des Mittelalters übernommen. Besonders versiert auf dem Gebiet der Seeversicherung, die ihren Ursprung 1182 in der Lombardei hatte, waren die Italiener. Ohne Zweifel galt Italien von den Kreuzzügen bis zur Entdeckung Amerikas als dominierende Wirtschaftsmacht der westlichen Welt. Den übrigen Staaten um Jahrhunderte voraus, entwickelte sich schon im 15. Jahrhundert auf italienischem Boden ein modernes Städtewesen mit kommunaler Selbstverwaltung und neuartigen Formen des Handels-, Banken- und Versicherungswesens.

Im Jahre 1384 wurde in Pisa der erste Seeversicherungsvertrag der Welt aufgesetzt. Er kennt bereits die Vorauszahlung der Prämien in bestimmter Höhe.

Unter den Dokumenten eines Florentiner Kaufmanns befanden sich ungefähr 400 Versicherungs-Policen, die beweisen, wie weitverbreitet Seetransport-Versicherungen schon im 14. Jahrhundert gewesen sind. Allerdings waren die Versicherer wohl auch damals schon nicht immer vertrauenswürdig. Ein Kaufmann beklagt sich darüber in einem Brief an seine Frau: *»Wenn sie eine Versicherung abschließen, nehmen sie mit Vergnügen das Geld; passiert aber ein Unglück, so ist es anders, dann dreht einem jeder den Rücken zu und ist bestrebt, nicht zu bezahlen.«*

Das italienische Vorbild machte schon bald Schule, nicht nur in Spanien und seinen Kolonien, sondern auch in den Niederlanden einschließlich Belgiens und Luxemburgs. Brügge, als Bindeglied zwischen dem nordosteuropäischen und südeuropäischen Handelsnetz, war nicht nur ein berühmtes Wollhandelszentrum, es hatte auch als erster Seehafen eine Versicherungskammer *(Chamber of Insurance).* Auf dem Ter Beurse-Platz vor dem Haus der Patrizierfamilie van der Beurse hielten die lombardischen Geld- und Wechselhändler seit 1409 regelmäßig ihre Versammlungen ab. Hier hat der Begriff Börse seinen Ursprung.

Die Kaufleute der Hanse übten ebenfalls schon den Brauch, sich gegen Schadensfälle auf See finanziell abzusichern. Henry III. hatte ihnen im 13. Jahrhundert in der Londoner City am Themseufer einen bevorzugten Platz für ihr Kontor *Stalhof* gegeben. Wenn Gefahr drohte, übernahmen sie sogar einen Teil der Stadtverteidigung. Das Hanse-Kontor in London war, genau wie die in Bergen und Nowgorod, ein umhegtes, gewissermaßen exterritoriales Gebiet mit eigener Kirche, hanseatischer Verwaltung und Gerichtsbarkeit. Im Hanse-Krieg gegen den aufstrebenden Territorialstaat England im Jahre 1469 wurde der *Stalhof* geschlossen, die Waren beschlagnahmt und die Kaufleute gefangengenommen. 1473 erhielt die Hanse aber nicht nur ihre Privilegien in England zurück, sondern der *Stalhof* wurde sogar hansisches Eigentum. Erst 1598, zur Regierungszeit von Königin Elizabeth I., ist die überragende Stellung der Hanse in England für immer zusammengebrochen.

Sicher waren es aber nicht nur die Kaufleute der Hanse, sondern mehr noch die italienischen Wechselhändler und Pfandleiher, *Pope's Merchants* oder *Lombards*, die die Versicherungen in England einführten. Bis zum Ausgang des Mittelalters waren die Geldgeschäfte ihr alleiniges Monopol. Sie prägten nicht nur das Vokabular des Finanzwesens, auch die berühmte »Straße des Geldes«, die Lombard Street, verdankt den Lombarden ihren Namen.

Die frühesten englischen Versicherungspolicen folgten dem Wortlaut der Verfügung von Florenz aus dem Jahre 1523. Auch die heutige Formulierung der Policen von Lloyd's spiegelt noch dieses italienische Vorbild wider:

> *». . . Und wir, die Versicherer, sind uns einig, daß diese Abfassung der Versicherungspolice von soviel Rechtskraft und Gültigkeit sein soll, wie das sicherste Schriftstück, das je in Lombard Street, der Königlichen Börse oder sonstwo in London angefertigt worden ist.«*

Das Wort Police ist abgeleitet von dem italienischen »polizza« und bedeutet Versprechen oder Verpflichtung. Die früheste Ausfertigung einer Police wird im Archiv der Admiralität aufbewahrt. Sie datiert vom 20. September 1547 und wurde in Italien ausgestellt. Das Versicherungsgeschäft war zu jener Zeit für Kaufleute und Geldverleiher mehr eine Nebenbeschäftigung, der sie als Privatleute nachgingen – bis eine verheerende Katastrophe im Jahre 1666 die Menschen zum Umdenken veranlaßte. In jener unseligen Septembernacht stand Samuel Pepys, der getreue Chronist seiner Zeit, auf dem Kirchturm von All Hallows-by-the-Tower (jener Kirche, in der zwei Kinder von Edward Lloyd fast zwanzig Jahre später getauft und einer seiner Söhne begraben wurde) und beobachtete den gewaltigsten Brand, den London je erlebte. Über 13 000 Häuser und 89 Kirchen wurden in der City zerstört. Pepys hatte das Gefühl, als umzüngelten die Flammen schon seine Füße. In aller Eile brachte er sich in Sicherheit. All Hallows brannte ab, doch den Turm erreichte das Feuer nicht mehr. Kurz vor dem Tower von London konnte es aufgehalten werden.

Diese Schreckensnacht hatte zur Folge, daß die Menschen sich nun gegen Feuer abzusichern begannen. Der Phönix, der aus der Asche wieder aufsteigt, oder die Sonne waren die ersten Sinnbilder der neuartigen Feuerversicherung. Die *Sun Insurance* aus dem Jahre 1710 besteht noch. Wie manche der frühen Feuerversicherungen betrieb sie eine eigene Feuerwehr. Sie wurde allerdings beschuldigt, daß ihre Feuerwehrleute ausschließlich Gebäude löschten, die mit der Blechmarke »Goldene Sonne auf blauem Felde« gekennzeichnet seien und ungerührt nach Hause gingen, wenn ein nichtversichertes Haus abbrannte.

Die 1706 gegründete älteste Londoner Lebensversicherung, die *Amicable or Perpetual Assurance*, hatte den bekannten Astronomen Halley als Berater gewonnen. Seine »Breslau Table of Mortality«, eine Sterbetafel, der die statistischen Beobachtungen des Breslauer Pfarrers Caspar Neumann als Unterlage dienten, wurde zur wissenschaftlichen Grundlage der Versicherungsmathematik.

Der große Brand von London 1666

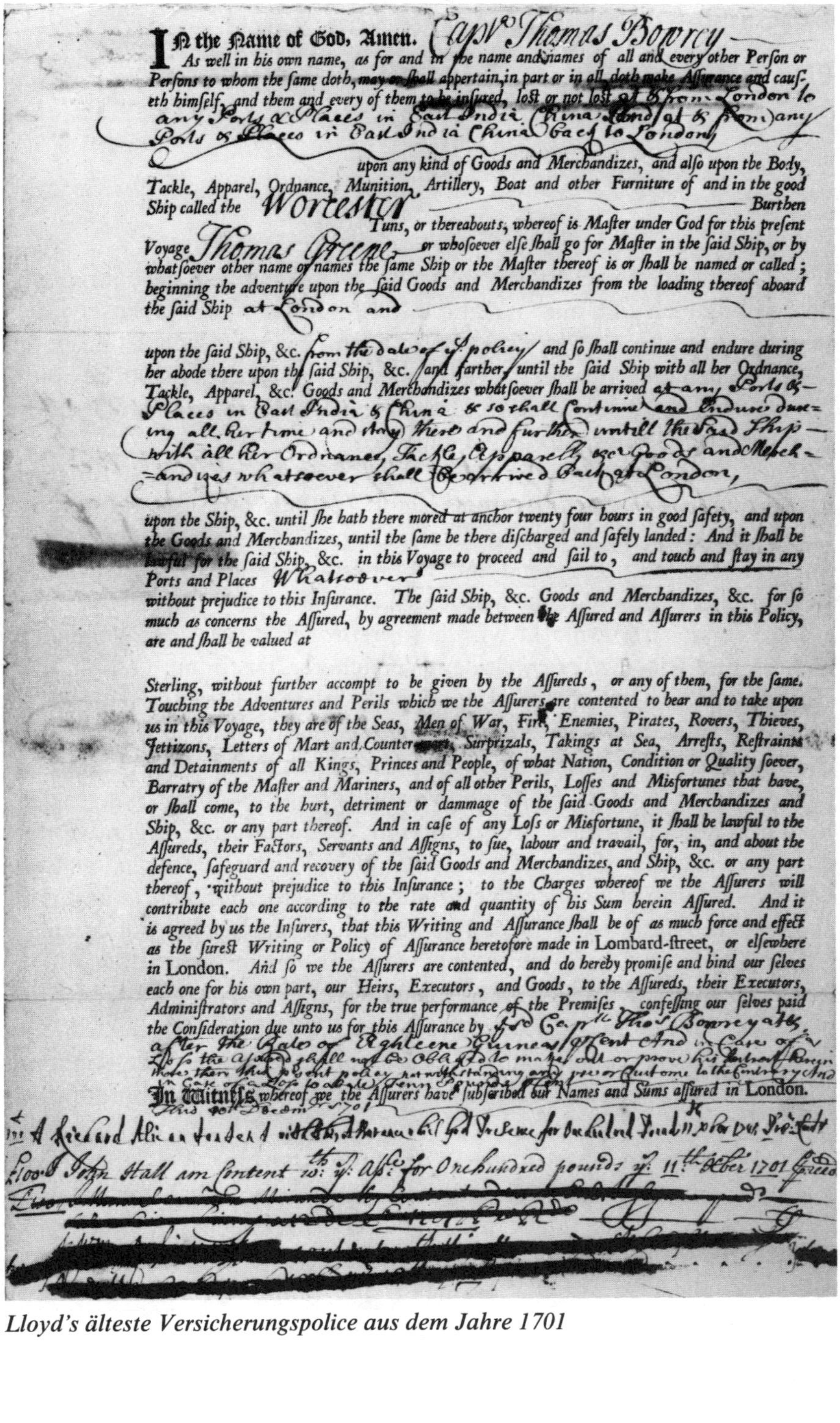

In the Name of God, Amen. Capt. Thomas Bowrey

As well in his own name, as for and in the name and names of all and every other Person or Persons to whom the same doth, may or shall appertain, in part or in all, doth make Assurance and causeth himself, and them and every of them to be insured, lost or not lost at & from London to any Ports & Places in East India, China, Persia &c. & from any Ports & Places in East India, China back to London

upon any kind of Goods and Merchandizes, and also upon the Body, Tackle, Apparel, Ordnance, Munition, Artillery, Boat and other Furniture of and in the good Ship called the Worcester Burthen Tuns, or thereabouts, whereof is Master under God for this present Voyage Thomas Greene, or whosoever else shall go for Master in the said Ship, or by whatsoever other name or names the same Ship or the Master thereof is or shall be named or called; beginning the adventure upon the said Goods and Merchandizes from the loading thereof aboard the said Ship at London and

upon the said Ship, &c. from the date of this policy and so shall continue and endure during her abode there upon the said Ship, &c. and farther, until the said Ship with all her Ordnance, Tackle, Apparel, &c. Goods and Merchandizes whatsoever shall be arrived at any Ports & Places in East India & China & so shall continue and endure during all her time and stay there and further untill the said Ship with all her Ordnance, Tackle, Apparell, &c. Goods and Merchandizes whatsoever shall be arrived back at London,

upon the Ship, &c. until she hath there mored at anchor twenty four hours in good safety, and upon the Goods and Merchandizes, until the same be there discharged and safely landed: And it shall be lawful for the said Ship, &c. in this Voyage to proceed and sail to, and touch and stay in any Ports and Places Whatsoever without prejudice to this Insurance. The said Ship, &c. Goods and Merchandizes, &c. for so much as concerns the Assured, by agreement made between the Assured and Assurers in this Policy, are and shall be valued at

Sterling, without further accompt to be given by the Assureds, or any of them, for the same. Touching the Adventures and Perils which we the Assurers are contented to bear and to take upon us in this Voyage, they are of the Seas, Men of War, Fire, Enemies, Pirates, Rovers, Thieves, Jettizons, Letters of Mart and Countermart, Surprizals, Takings at Sea, Arrests, Restraints and Detainments of all Kings, Princes and People, of what Nation, Condition or Quality soever, Barratry of the Master and Mariners, and of all other Perils, Losses and Misfortunes that have, or shall come, to the hurt, detriment or dammage of the said Goods and Merchandizes and Ship, &c. or any part thereof. And in case of any Loss or Misfortune, it shall be lawful to the Assureds, their Factors, Servants and Assigns, to sue, labour and travail, for, in, and about the defence, safeguard and recovery of the said Goods and Merchandizes, and Ship, &c. or any part thereof, without prejudice to this Insurance; to the Charges whereof we the Assurers will contribute each one according to the rate and quantity of his Sum herein Assured. And it is agreed by us the Insurers, that this Writing and Assurance shall be of as much force and effect as the surest Writing or Policy of Assurance heretofore made in Lombard-street, or elsewhere in London. And so we the Assurers are contented, and do hereby promise and bind our selves each one for his own part, our Heirs, Executors, and Goods, to the Assureds, their Executors, Administrators and Assigns, for the true performance of the Premisses, confessing our selves paid the Consideration due unto us for this Assurance by said Capt. Thos. Bowrey at the Rate of Eighteene Guineas p Cent [illegible]

In Witness whereof we the Assurers have subscribed our Names and Sums assured in London.

[illegible]

[illegible] John Hall am content [illegible] for One hundred pounds [illegible] 11th Octber 1701 [illegible]

[redacted]

Lloyd's älteste Versicherungspolice aus dem Jahre 1701

Das »Schwindel-Gesetz« von 1720 – ein Meilenstein in Lloyd's Geschichte

Lloyd's und Seetransport-Versicherungen sind seit fast 200 Jahren ein Synonym. Obgleich sich aber nahezu alle Ereignisse in der wechselvollen Geschichte von Lloyd's zeitlich einigermaßen fixieren lassen, ist ausgerechnet über den genauen Beginn des Versicherungsgeschäftes nichts bekannt. Der Grund dafür ist wohl hauptsächlich in der komplizierten Struktur des Londoner Versicherungsmarktes zu suchen.

Soweit überliefert, war Edward Lloyd selbst nie an Versicherungen beteiligt. Wenngleich sein Kaffeehaus schon 1710 als Londons führendes Handels-, Verkaufs- und Auktionslokal galt, gibt es keinerlei Beweise, daß zu seinen Lebzeiten dort irgendeine bedeutende Summe für Seetransport-Versicherungen abgeschlossen worden ist.

Der Versicherungsmarkt wurde vom *Broker*, das ist der Versicherungsmakler, und vom *Underwriter*, dem Versicherer, bestimmt. Der Underwriter ging das Risiko ein, während der Broker, als Beauftragter seines Kunden, die Bedingungen mit beiden Parteien vereinbarte. Danach wurde ein Versicherungsschein aufgesetzt, den der Underwriter mit seinem Namen und dem Anteil, den er im Fall eines Verlustes tragen wollte, unterschrieb. Ein Risiko konnte aber auch von mehreren Versicherern getragen werden, die dann »einer unter dem anderen ihren Namen und den Anteil schrieben«, den sie sich im Schadensfall verpflichteten zu übernehmen. War das Risiko abgedeckt, händigte der Broker seinem Auftraggeber die Police aus.

Obgleich also das Geschäft der Broker früher im wesentlichen dasselbe wie heutzutage war, zogen sie es dennoch vor, sich »Office-keeper« zu nennen. Die Bezeichnung Broker war zur damaligen Zeit suspekt. Sie wurde nicht nur als Deckmantel für fragwürdige Praktiken benutzt, sondern man verwandte sie auch für Hehler und brachte sie sogar in Verbindung mit Taschendieben.

Die Office-keeper hatten sich ganz auf Seetransport-Versicherungen spezialisiert, einen Ganztags-Job, der ein Büro erforderlich machte. Für die meisten Underwriter dagegen waren Versicherungen nur eine Nebenbeschäftigung. Auch Samuel Pepys unterschrieb gelegentlich Policen. Der berühmte englische Journalist Daniel Defoe ruinierte sich als Underwriter, weil er zuwenig vom Versicherungsgeschäft verstand. Da sich der Versicherungsmarkt anfangs noch auf keinen festen Platz konzentrierte, waren die Office-keeper gezwungen, in den Kaffeehäusern rund um die Royal Exchange, oft sogar in der ganzen City nach Leuten zu suchen, die bereit waren, ein Risiko einzugehen. Wer eine Police unterschrieb, riskierte sein Vermögen. Für diese Art von Geschäften gab es weder Schutz noch Kontrolle. Der Handel stand jedem offen, sofern der Office-keeper ihn für sicher befand. So war es möglich, daß selbst völlig ungeeignete Personen jegliches Risiko, egal in welcher Höhe, unterzeichnen konnten. Alles hing vom Urteilsvermögen der Office-keeper ab. Ihre Pflicht gegenüber den Klienten war es nicht nur, günstige Bedingungen auszuhandeln, sondern auch, die Verträge mit vertrauenswürdigen Underwriters abzuschließen, deren Vermögen die Deckung eventuell entstehender Forderungen gewährleistete. Trotzdem kam es immer wieder vor, daß sich Versicherer später als »Strohmänner« entpuppten, die über keinerlei Kapital verfügten.

Welche Risiken mit dem Seetransport-Versicherungsgeschäft verbunden waren, wurde 1693 durch die Smyrna-Katastrophe deutlich. Kaperkrieg war damals eine der Hauptwaffen in den politischen Auseinandersetzungen. Während des Krieges mit Frankreich, der der Thronbesteigung Williams III. folgte, überfielen die Franzosen in der Bucht von Lagos den Smyrna-Konvoi. Etwa 100 der über 400 englischen und niederländischen Handelsschiffe wurden von ihnen gekapert oder zerstört. Die Millionen-Verluste trafen den Londoner Markt besonders hart.

»Eine unglaubliche Anzahl der besten Kaufleute des Königreiches brachen unter der Last zusammen«, schrieb Defoe, der selbst zu den Geschädigten gehörte.

Eine Folge dieses Debakels war die Idee, eine konzessionierte Versicherungsgesellschaft zu gründen, um die privaten Underwriter vom Markt zu verdrängen. Dieses Bestreben gipfelte 1717 schließlich in einer regelrechten Kampagne gegen die Underwriter. Öffentliche Erklärungen wurden abgegeben, Bittgesuche eingereicht und Gutachten eingeholt, um eine Reform auf dem Versicherungsmarkt zu erreichen. In Wahrheit waren die Antragsteller jedoch wohl weniger an einer allgemeinen Verbesserung des britischen Marktes interessiert, sondern spekulierten vielmehr auf günstigere Bedingungen für sich selbst.

In all diesen jahrelangen Kontroversen tauchte der Name Lloyd nicht ein einziges Mal auf. Lloyd's Coffee-House spielte demnach zu der Zeit noch keine wesentliche Rolle im Seetransport-Versicherungsgeschäft. Es war eines von vielen Kaffeehäusern, wie *Garraway's* oder andere, in denen man Underwriter antreffen konnte.

Zeitgenössische Karikatur des sogenannten „Südsee-Schwindels"

Zuviel Reichtum und Müßiggang hatten in den ersten Regierungsjahren George I. (1714–1727) zu nachlassender Disziplin unter den Kaufleuten geführt. Wilde Spekulationen nahmen überhand. Schwindelgeschäfte und Phantasiegründungen, die das bekannte »Börsenfieber« erzeugten, waren an der Tagesordnung. Fragwürdige Gesellschaften blähten sich unversehens auf, um über Nacht wie Seifenblasen zu zerplatzen.

Das *London Journal* kommentierte, daß dieser Run auf Schwindel-Spekulationsgeschäfte um sich gegriffen hätte wie nie zuvor:

> *». . . Man tut nichts anderes, als von Kaffeehaus zu Kaffeehaus zu laufen und zu unterschreiben, ohne zu wissen, um was für Angebote es sich handelt. Das ständige Motto heißt: ›Um Gottes Willen, laßt uns etwas unterschreiben, egal, was es ist!‹«*

Versicherungen wurden Mode, denn sie boten eine gute Chance für Spekulationen und versprachen hohe Gewinne. Man konnte sich versichern gegen Hausabbruch und Straßenräuberei, gegen Tod durch zuviel Gingenuß, Reitunfälle und vieles mehr. Es gab sogar eine »Versicherung der weiblichen Keuschheit«. Die Prämiensätze dafür sind leider nicht bekannt.

Die »South Sea Bubble« von 1720 war der spektakulärste all dieser Auswüchse. Um die durch den Krieg entstandene Schuldenlast zu verringern, hatte die Regierung eine private Handelsgesellschaft, die South Sea Company, veranlaßt, gegen Überlassung eines Handelsmonopols für Südamerika 30 Millionen Pfund der Staatsschuld zu übernehmen. Die Aussichten schienen verlockend. Der Name Südamerika weckte im Volk Erinnerungen an Männer wie John Hawkins und Francis Drake, an Schiffe, die einst mit Gold und Schätzen beladen in Plymouth eingelaufen waren, signalisierte Reichtum. Nicht nur Spekulanten, sondern auch Männer und Frauen mit bescheideneren Mitteln erhofften sich eine Chance. Die Inhaber von Kriegsanleihen, die ihr Geld schon abgeschrieben hatten, tauschten ihre Forderungen in Aktien um. Ein solcher Sturm auf die Südsee-Aktien setzte ein, daß der Kurs sprunghaft in die Höhe schnellte – um dann plötzlich ins Bodenlose zu fallen. Der Zusammenbruch verursachte eine Panik. Zu den Tausenden, die betroffen waren, gehörte auch Georg Friedrich Händel. Er verlor einen Teil des ansehnlichen Vermögens, das er sich mit seinen Londoner Opern erworben hatte.

Der Skandal brachte die Regierung in Gefahr und das Land in Aufruhr. Das war Sir Robert Walpoles große Stunde. Er, der zufällig nicht, wie der Hof, in das Schwindelgeschäft verwickelt war, gewährte den Betrogenen ein Drittel Entschädigung, rettete den Hof und die Regierung. Dieses Meisterstück trug mit dazu bei, daß er 1721 in das höchste Amt berufen wurde. Er war der erste, den man als »Premierminister« bezeichnete.

Die Spekulationswelle, die die Londoner Geschäftswelt verunsicherte, begünstigte einen erneuten Vorstoß der Befürworter konzessionierter Versicherungsgesellschaften. Diesmal ging die Interessentengruppe aufs Ganze. In einer Zeit, da Korruption als ein Mittel der Macht gepflegt wurde, hatte auch der König eine offene Hand für Nebeneinnahmen. 300 000 Pfund machten es möglich. Am 4. Mai 1720 sandte George I. eine königliche Botschaft an das Parlament, in der die Gründung von zwei Gesellschaften für Seetransport-Versicherung »von deren Arbeit alle anderen Gesellschaften und Zusammenschlüsse ausgeschlossen sind«, als von großem Vorteil für den Handel dargestellt wurde.

Die Intervention des Monarchen gab den Ausschlag. Am 10. Juni 1720 erwirkte Henry Pelham (ab 1743 Erster Lord im Schatzamt) formal die königliche Zustimmung für den »Bubble Act«. Der Zusatz »Schwindel« sollte lediglich daran erinnern, daß dieses Gesetz verabschiedet wurde, als der

»Südsee-Schwindel« seinen Höhepunkt erreichte. Zwölf Tage später wurden die *Royal Exchange Assurance* und die *London Assurance Corporation* offiziell gegründet. Allen anderen Gesellschaften und Geschäfts-Partnerschaften war es von nun an verboten, Seetransport-Versicherungen abzuschließen. Private Underwriter dagegen, wie z. B. die Stammgäste von Lloyd's Coffee-House, konnten ihre Geschäfte auch weiterhin abwickeln. Im Gegensatz zu Gesellschaften und Partnerschaftsgruppen verpflichteten sich private Underwriter »jeder für sich selbst und nicht für andere« zu haften, wenn sie ein Risiko übernahmen. Sie verpfändeten sogar ihr ganzes privates Vermögen, um einen Versicherungsanspruch zu befriedigen. Aus diesem Grund schloß das Gesetz bewußt, »private und besondere Personen« von dem Verbot aus. Man kann wohl mit Recht behaupten, daß Lloyd's sein Weiterbestehen dieser Ausnahme verdankt.

Was zunächst also das Ende für die privaten Underwriter zu bedeuten schien, brachte sie, entgegen aller Erwartung, in eine stärkere und bessere Position als je zuvor. Wenn sie mit der *Royal Exchange Assurance* und der *London Assurance Corporation* konkurrieren wollten, mußten sie aber professioneller werden. Sie mußten bessere Möglichkeiten bieten und zumindest gleiche Sicherheit. Zunächst war es jedoch wichtig, sich einen gemeinsamen Treffpunkt zu suchen. Nirgendwo konnten sie idealere Voraussetzungen für ihre Zwecke finden als in Edward Lloyds Coffee-House. Sie erwählten es zu ihrem Versammlungslokal.

Wie sich mit der Zeit herausstellen sollte, war die Konkurrenz weniger gefährlich als zunächst befürchtet. Beide Gesellschaften standen anfangs vor finanziellen Problemen und hatten Schwierigkeiten, erfahrene Underwriter sowie Manager zu finden. Sie tendierten mehr dazu, sich auf Feuer- und Lebensversicherungen zu konzentrieren, während sich ihre Anteile auf dem Seeversicherungsmarkt bald auf weniger als 10% verminderten.

Dementsprechend vergrößerte sich der Einfluß der Männer, die sich bei Lloyd's versammelten. Binnen einer Generation konnte niemand mehr daran zweifeln, daß sie das Seetransport-Versicherungsgeschäft beherrschten. Lloyd's Coffee-House war ihre Hochburg. Immer aber blieb das eigentliche Geschäft in den Händen von individuellen Underwriters.

»Wettfieber« bei Lloyd's

»Die Jungen und Mädchen sitzen mit dem gleichen feierlichen Ernst an den Whist-Tischen wie früher die Dozenten«, äußerte eine Dame der Gesellschaft Mitte des 18. Jahrhunderts gegenüber ihrer Freundin. Es sei eine lächerliche und zugleich beschämende Aussicht, meinte sie, sich vorzustellen, daß Glücksspiele die Hauptbeschäftigung der Nation für alle von 15 bis 80 werden könnten.

Diese Sucht, das Glück im Spiel zu versuchen, hatte Menschen aller Altersgruppen und Bevölkerungsschichten erfaßt. Sie spielten Whist und Pikket, Hazard, Pharao, L'hombre, Loo und viele andere Spiele, die heute teilweise kaum noch bekannt sind. Nach dem düsteren, von Religionskriegen erschütterten 17. Jahrhundert gab sich das 18. nun um so leichtlebiger.

Es war das »England des Dr. Johnson«, den der langjährige ehemalige Programmleiter des BBC, Dr. Carl Brinitzer, als »ausgesprochenste Verkörperung dieses klassischen Zeitalters« sieht:

> *»Dr. Samuel Johnson regierte ungefähr von 1740 bis 1780. Er war einunddreißig Jahre alt, als er zur Herrschaft gelangte. Neben ihm regierten allerdings noch George II. und George III. Aber das hing mit der ›hannoverschen Erbfolge‹ zusammen. Es war nicht so wichtig . . . «*

Johnson, der die englische Sprache durch sein *Dictionary of the English Language* entscheidend prägte, und der mindestens so oft zitiert wird wie Shakespeare, ist in Deutschland fast nur den berufsmäßigen Anglisten vertraut. Dabei machte sich gerade zu seiner Zeit Englands Einfluß auf den Kontinent stärker bemerkbar als je in einer anderen Epoche der europäischen Kulturgeschichte.

Der Siebenjährige Krieg hatte den Wohlstand des Inselstaates keineswegs geschmälert. Im Gegenteil, Kaufleute und Händler verdankten ihm ein wachsendes Vermögen. Der Earl of Bute, der nach der Thronbesteigung Georges III. Premierminister geworden war, hatte von Politik keine Ahnung. Sonst hätte er kaum einen ungeeigneteren Mann als Schatzkanzler einsetzen können als Sir Francis Dashwood, dessen Leben von Trunk und sinnlichen Ausschweifungen geprägt war. Dashwood hatte exotische Clubs wie den *Diwan*, eine Art männlichen Harem, gegründet. In einem anderen orgiastischen Club, der Bruderschaft der *Franciskaner*, pflegte er »als eine Art Hohepriester aufzutreten«. Wie ein zeitgenössischer Beobachter berichtet, traf sich diese lasterhafte blasphemische Gesellschaft »für alle Zwecke der Wollust und der Ruchlosigkeit«.

Auch viele der Peers, als Repräsentanten des Oberhauses für die Geschicke des Landes mitverantwortlich, führten ein leichtfertiges Leben. Sie zogen es vor, mit ihren Familien auf ihren Landsitzen zu wohnen und nur während der *Seasons* nach London zu kommen. In ihren Stadthäusern in Mayfair lebten sie im Luxus und gaben prunkvolle Gesellschaften.

Diese allgemeine Lust, sich zu amüsieren, fand auch in dem ersten Londoner Vergnügungspark *Vauxhall* ihren Ausdruck, für den Georg Friedrich Händel viele seiner berühmten Konzertstücke komponierte.

Über das »Dolce vita« jener Jahre haben viele Zeitgenossen berichtet. John Macky schrieb darüber in seiner *Reise durch England*:

> *»Wir stehen um 9 Uhr auf und jene, die häufig am Lever der Fürstlichkeiten teilnehmen, werden von 10 bis 11 empfangen. Gegen 12 trifft sich die ›Schöne Welt‹ in verschiedenen Kaffee- oder Schokoladen-Häusern. Wir werden in Sänften dorthin gebracht. Falls das Wetter gut ist, machen wir einen Spaziergang durch den Park bis 2, wenn wir zum Dinner gehen. Im allgemeinen ist es üblich, sich einer Party im Kaffeehaus anzuschließen, dann in einer Taverne zu essen, wo wir bis 6 sitzenbleiben. Falls wir nicht zur Tafel bei einer prominenten Persönlichkeit geladen werden, gehen wir ins Theater. Danach pflegt die gute Gesellschaft im allgemeinen in ›Tom's‹ oder ›Will's‹ Coffee-house zu gehen, wo sie bis Mittternacht Picket spielt und sich gut unterhält.«*

Wie schon zur Zeit des »Südsee-Schwindels«, führten Überfluß und Mangel an Aufgaben auch jetzt zu einem Verfall der Moral. Der üblichen Belustigungen überdrüssig, verlangte es die Londoner nach immer neuem Nervenkitzel. Sie fanden ihn im Glücksspiel und im Wetten. Ein regelrechtes »Wettfieber« brach aus. In jedem Club und Kaffeehaus, sogar in den Gemeinschaftsräumen der Universitäten, wurden dicke Wettbücher geführt. Die Clubs waren damals zunächst Wett- und Spielhöllen, in denen große Summen umgesetzt wurden. So schlossen die Mitglieder von *White's* Wetten auf das lange Leben ihrer Freundinnen oder die Fruchtbarkeit ihrer

Frauen ab. Das Wettbuch dieses ersten Clubs berichtet aktenmäßig über fabulöse und skandalöse Wettgeschichten aus zwei Jahrhunderten. In einem seiner berühmten Briefe erzählt der Schriftsteller Horace Walpole, ein Sohn des Premiers, wie ein Mann an der Tür von *White's* tot zusammenbrach:

> *»... Er wurde hineingetragen. Man wettete im Club sofort, ob er tot oder noch am Leben wäre. Als sie versuchten, ihn zur Ader zu lassen, intervenierte die Partei, die auf seinen Tod gesetzt hatte, und erklärte, das sei nicht fair und würde den Ausgang der Wette behindern.«*

Im Laufe der Zeit verfügte auch der Mittelstand über mehr Geld und stellte eine gewisse Prunksucht zur Schau. Daniel Defoe betrachtete diese Entwicklung mit Unbehagen und ließ sich über die jungen Ladenbesitzer aus, die nun sogar begannen, Säbel und lange Perücken zu tragen, Pferde hielten und auf die Jagd ritten. Auch Trunkenheit war nicht mehr das Privileg der Oberschicht.

Unter solchen Umständen ist es nicht verwunderlich, daß lasterhafte Lebensgewohnheiten sogar in den soliden Bereich von Lloyd's vordrangen. Bis 1769 stand das Kaffeehaus jedermann offen. Die einträglichen Versicherungsprofite während des Siebenjährigen Krieges hatten es zu einem Anziehungspunkt für Spekulanten werden lassen, die schnell ihr Glück zu machen hofften. Sie wurden zwangsläufig enttäuscht, als der Friede die hohen Kriegsprämien zusammenbrechen ließ und damit die Underwriting-Profite minderte. Die Folge hiervon waren Versicherungsabschlüsse, die mit Seetransport-Versicherungen nichts mehr zu tun hatten. Geld war frei verfügbar, die Möglichkeit, es anzulegen, begrenzt. Das Wetten um Versicherungsrisiken bedeutete »nichts anderes als ein besonderes Spiel, eine etwas ernsthaftere Art von Hasard«, wie es Horace Walpole, selbst ein Spieler, ausdrückte.

Nach und nach wurde Lloyd's Coffee-House zu einer Art Wettbüro degradiert. Seite an Seite mit den Versicherern von Schiffsladungen saßen nun Männer, die gegen jeden nur denkbaren Vorfall Wetten abschlossen. So wetteten sie zum Beispiel, daß ein kränkelnder Politiker innerhalb kurzer Zeit sterben würde. Während Schiffe seit 1746 nicht mehr Gegenstand von Spekulationen sein durften, wurden Wetten auf das Leben Prominenter immer populärer. Die Spekulanten von *Jonathan's* und die Kaufleute von Lloyd's prangerte man wegen ihres verantwortungslosen Benehmens gegenüber »diesen unglücklichen Gentlemen« öffentlich an. Es wurde so-

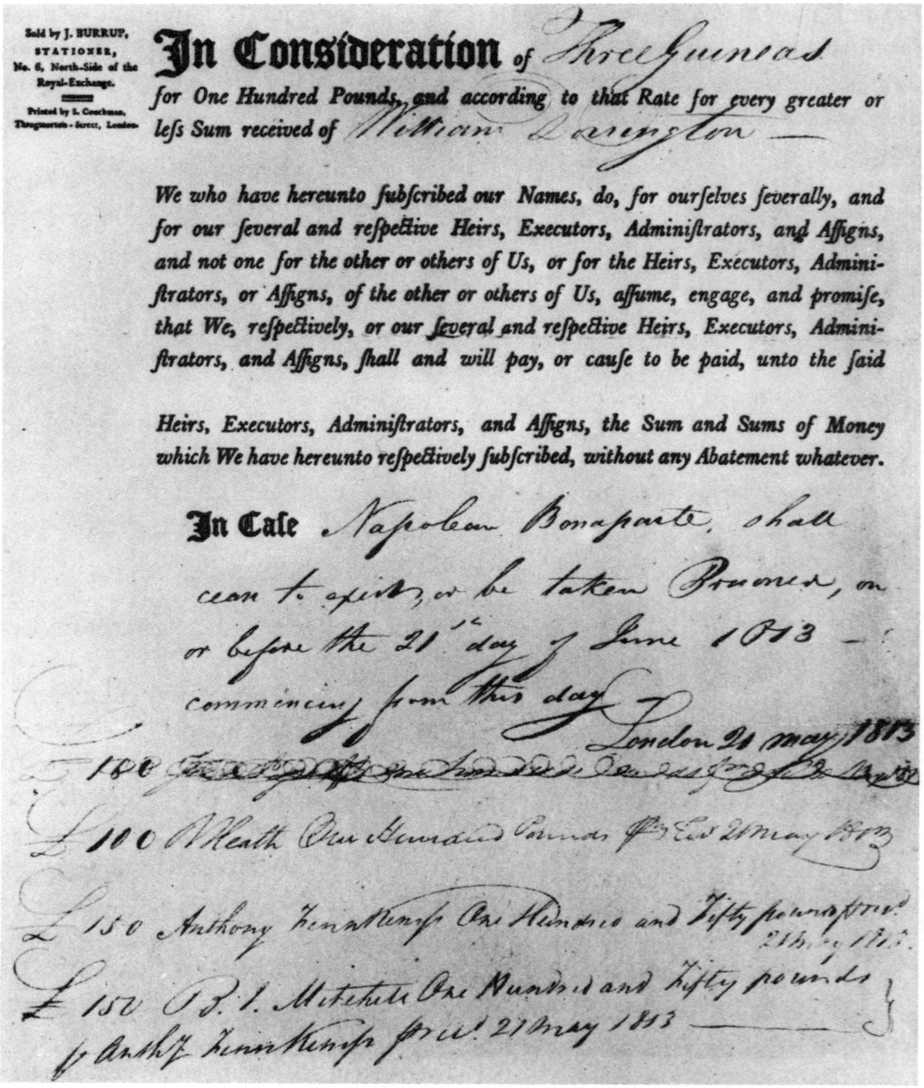

Sold by J. BURRUP, STATIONER, No. 6, North-Side of the Royal-Exchange.
Printed by S. Couchman, Throgmorton-Street, London.

In Consideration of Three Guineas for One Hundred Pounds, and according to that Rate for every greater or less Sum received of William Darrington —

We who have hereunto subscribed our Names, do, for ourselves severally, and for our several and respective Heirs, Executors, Administrators, and Assigns, and not one for the other or others of Us, or for the Heirs, Executors, Administrators, or Assigns, of the other or others of Us, assume, engage, and promise, that We, respectively, or our several and respective Heirs, Executors, Administrators, and Assigns, shall and will pay, or cause to be paid, unto the said

Heirs, Executors, Administrators, and Assigns, the Sum and Sums of Money which We have hereunto respectively subscribed, without any Abatement whatever.

In Case Napoleon Bonaparte shall cease to exist, or be taken Prisoner, on or before the 21st day of June 1813 — commencing from this day

London 21 May 1813

£ 100 [illegible]

£ 100 W. Heath One Hundred Pounds [illegible] 21 May 1813

£ 150 Anthony [illegible] One Hundred and Fifty pounds [illegible] 21 May 1813

£ 150 P. J. I. Mitchell One Hundred and Fifty pounds [illegible] Anth. [illegible] 21 May 1813 —

Wettpolice auf das Leben Napoleons I. beziehungsweise seine Gefangennahme am oder vor dem 21. Juni 1813

gar Buch geführt über erkrankte Persönlichkeiten. 90 Prozent der Wetten besagten, daß sie nicht genesen würden. Nicht einmal der eigene König war vor der Wettlust seiner Untertanen sicher. Als George II. 1743 während des Österreichischen Erbfolgekrieges mit seinen Truppen in Dettingen kämpfte, wurden 25 Guineen gegen seine Rückkehr gewettet.

1768 veröffentlichte der *London Chronicle* einen kritischen Leitartikel über »Die Einführung und den unglaublichen Fortschritt von gesetzwidrigen Wetten in Lloyd's Coffee-House ...« Es heißt darin:

> *»Obgleich Wetten in solchem Grade ... die ursprüngliche und nützliche Gestalt des Kaffeehauses verdirbt, mag es bis zu einem gewissen Maße verzeihlich sein, über die folgenden Gegenstände zu spekulieren ... Aber wenn Policen aufgesetzt werden, die besagen, daß zwei der ersten Peers in Britannien ihre Köpfe verlieren werden ... und das gegenwärtige Parlament sich innerhalb eines Jahres ... auflösen wird, ist es sicher Zeit für die Obrigkeit, einzugreifen und ... dem ein Ende zu machen.«*

Offensichtlich war die Obrigkeit gegen diese makabre Art von Glücksspiel aber auch weiterhin machtlos. Das beweist eine Wettpolice aus dem 19. Jahrhundert, die keinen Geringeren als den Kaiser der Franzosen zum Spekulationsobjekt machte. Die Wette lautete, daß Napoleon am oder vor dem 21. Juni 1813 sein Leben verlieren oder gefangengenommen werden würde. Der Versicherer verlor mit einer Differenz von zwei Jahren.

Die Wettbüro-Atmosphäre brachte Lloyd's Coffee-House allgemein in Mißkredit. Die seriösen berufsmäßigen Underwriter und Kaufleute unter den Kunden distanzierten sich von den Hasadeuren. Als sich kein Ende dieser negativen Entwicklung abzeichnete, entschlossen sich eine Reihe von ihnen, das Kaffeehaus in der Lombard Street zu verlassen, um in der nahegelegenen Pope's Head Alley ein Konkurrenzunternehmen zu gründen. Das *New-Lloyd's Coffee-House* sollte nun einzig und allein der Seetransport-Versicherung vorbehalten bleiben.

III

LLOYD'S LIST – SEIT 250 JAHREN AKTUELL

LLOYD's LIST. Nº 560

FRIDAY, January 2. 1740.

THIS List, which was formerly publiſh'd once a Week, will now continue to be publiſh'd every *Tueſday* and *Friday*, with the Addition of the Stocks Courſe of Exchange, *&c.*——Subſcriptions are taken in at Three Shillings per Quarter, at the Bar of *Lloyd's* Coffee-Houſe in *Lombard-Street.*

Such Gentlemen as are willing to encourage this Undertaking, ſhall have them carefully deliver'd according to their Directions.

London *Exchanges* on	
Amſt.	34 11 a 10
Ditto Sight	34 $7\frac{1}{2}$a8
Rott.	35 a 1
Antw.	35 11 a 36
Hamb:	33 10 2Ua11 $2\frac{1}{2}$
Paris —	$32\frac{5}{8}$
Ditto at 2U	$32\frac{3}{8}$
Bourdeaux } Ufance }	$32\frac{5}{8}$
Cadiz —	$42\frac{5}{8}$
Madrid	$42\frac{3}{4}$
Bilboa	$41\frac{5}{8}$
Leghorn	$51\frac{1}{4}$
Genoa	55
Venice	$51\frac{3}{4}$
Liſbon	5 $4\frac{7}{8}$a5
Oporto	5 $4\frac{1}{2}$
Dublin	8

Aids in the Exchequer		*Given for*	*Paid off*
18th 2 Shilling	1739	1000000	926800
18th 4 Ditto	1740	2000000	482600
Malt——	1739	750000	501014
Salt——	1734	1000000	910500

Gold in Coin - - - -		3	18	1
Ditto in Barrs - - -		3	18	
Ps of Eight Pillar large - - -		0	5	$7\frac{1}{2}$
Ps of Eight Ditto Small - -	per Oz	0	5	$6\frac{1}{2}$
Ps of Eight Mexico large - -		0	5	$7\frac{1}{2}$
Ps of Eight Ditto Small - -		0	5	$6\frac{5}{8}$
Silver in Barrs - - -		0	5	$7\frac{5}{8}$

Annuities

14*l.* per Cent at $22\frac{1}{2}$ Years Purchaſe
1704 to 1708 Incluſive $24\frac{1}{2}$ ditto
$3\frac{1}{2}$ per Cent. 1 per Cent. præm.
3 per Cent. $5\frac{1}{4}$ Diſc.

Cochineal 20s 0d per. lb. *Diſcount* 00s per Cent.

Lottery 1710.

Prizes for 3 Years from *Michaelmas* laſt are in courſe of Payment
Blanks for 3 Years from *Michaelmas* laſt 1l. 10s *per* Set.

—*Price* of **Stocks**.—	*Wedneſday*	*Thurſday*	*Friday*
Bank Stock - - - - -	$138\frac{1}{2}$a$\frac{3}{8}$		$138\frac{1}{2}$
Eaſt India- - - - - - -		156	156a$56\frac{1}{4}$
South Sea - - - - -	$98\frac{3}{4}$		$98\frac{1}{4}$
Ditto Anuity Old	$110\frac{1}{2}$a10	$110\frac{1}{8}$	$110\frac{1}{8}$
Ditto———New	$110\frac{1}{2}$a$\frac{3}{8}$	$110\frac{1}{4}$	$110\frac{1}{4}$
3 *per* Cent. } 1726 Annuity - } 1731			$99\frac{1}{4}$
Million Bank - - -	113	113	113
Equivalent - - - - - -	112	112	112
R. Aſſ. 100l paid in			
L: Aſſ. 13l paid in	$10\frac{1}{4}$	$10\frac{1}{4}$	$10\frac{1}{4}$
7 per Cent Em. Loan	98	98	98
5 per Cent. Ditto	$74\frac{3}{4}$	$74\frac{1}{4}$	75
Bank Circulation	2l 10s 0d	2l 10s 0d	2l 10s 0d
Lottery Tickets	5l 16s 0d	5l 17s 0d	6l 00s 0d

India Transfer Books open the 19th of January

Royal Aſſurance the 20th of January

South Sea New Annuity the 22d of January, 3 per Cent Annuities the 21ſt and 22d of January

South Sea Stock the 4th of February

The 5 per Cent Emperor's Loan, ſells as above without the ſix Months Intereſt of 2 and a quarter per Cent, and 5 per Cent. part of the Principal to be paid of both, are now paying at the Bank

The India Dividend will be paid the 29th of January, South Sea New Annuities the 29th ditto, and the S. Sea Stock the 6th and 7th of February,

Navy and Victualling Bills to the 30th June laſt are in courſe of Payment.

—*Intereſt per Cent*	*Wedneſday*	*Thurſday*	*Friday*	
3 India Bonds new	79	80	80	Shill:
4 Salt Tallies	$\frac{1}{4}$ a $\frac{3}{4}$	$\frac{3}{4}$ a $\frac{3}{4}$	$\frac{1}{4}$ a $\frac{3}{4}$	Præm:

Edward Lloyds Erben

April 1734. Ein nach der neuesten Mode gekleideter Herr betritt Lloyd's Coffee-House in der Lombard Street. Seinen langen Gehrock schmückt ein Spitzen-Halstuch. Er trägt Bundhosen und seidene Strümpfe. Der Waiter erkennt in dem Gast sogleich einen der zahlreichen Underwriter, die sich regelmäßig hier im Kaffeehaus treffen, um Versicherungsgeschäfte abzuschließen und sich über die letzten Neuigkeiten zu informieren. Am Schanktisch bezahlt der Kaufmann das übliche Vierteljahres-Abonnement von 3 Shilling und nimmt dann in einer der Boxen Platz. Während er an dem Kaffee nippt, den ihm der Waiter gebracht hat, vertieft er sich in ein neu erschienenes Nachrichtenblatt – LLOYD'S LIST.

In einer Zeit, da die Übermittlung einer Nachricht von der Schnelligkeit eines Pferdes oder der Laune des Windes abhing, kam einem Blatt wie LLOYD'S LIST große Bedeutung zu. Das Kaffeehaus, das seinen Kunden diesen besonderen Service bot, hatte nach Edward Lloyds Tod dreimal innerhalb von vierzehn Jahren den Besitzer gewechselt, jedes Mal in Verbindung mit einer Heirat. Edward Lloyds Schwiegersohn, William Newton, der das Kaffeehaus nach dessen Tod 1713 übernommen hatte, folgte seinem früheren Chef nur 18 Monate später und wurde ebenfalls in St. Mary Woolnoth's beigesetzt. Der Tod ereilte ihn vermutlich unerwartet, da er kein Testament hinterließ. Die 21jährige Handy hielt es wie bei den Lloyds üblich, ihre Trauer dauerte nur kurz. Der Glückliche, der dank ihrer Zuneigung auch neuer Besitzer des Kaffeehauses wurde, war ein Nachbar. Sie heiratete Samuel Sheppard acht Monate nach dem Tod ihres Mannes, am 16. April 1715, fünf Jahre später starb sie. Als ihr zweiter Mann ihr nach sieben Jahren, im Februar 1727, ins Grab folgte, ging das Kaffeehaus in den Besitz seiner Schwester Elizabeth über, der Frau von Thomas Jemson.

Jemson war an einer Schiffbau-Gesellschaft beteiligt. Das Geschäft seiner Frau muß ihm aber sehr viel lohnender erschienen sein, denn in Kirchenurkunden aus dem Jahre 1728 wird er als »Master of Lloyd's Coffee-House« bezeichnet. Schon kurz darauf wurde er in einen Streit zwischen den Kaffeehausbesitzern und der Presse verwickelt. Die »Coffeemen von London und Westminster« klagten gegen die »Clique der Zeitungsschreiber«, daß sie unter großem Kostenaufwand gezwungen seien, jede Zeitung zu führen. Die in den Zeitungen enthaltenen Informationen seien aber zumeist in ihren eigenen Kaffeehäusern gesammelt worden. Oft würden sie sogar noch entstellt wiedergegeben. Da die Anzeigen zudem vom Umsatz in den Kaffeehäusern abhingen, würden die Zeitungsherausgeber zweimal bezahlt, einmal von den Inserenten und zum anderen von den Kaffeehausbesitzern, die die Zeitungen kaufen müßten. Das sei genau dasselbe, wie jeden Tag eine gute Mahlzeit zu bekommen und noch dafür bezahlt zu werden, sie aufzuessen.

Warum also nicht eine Konkurrenz-Zeitung, ein spezielles Handelsblatt auf den Markt bringen? Thomas Jemson von Lloyd's gehörte zu den elf »Managern«, die diese Idee der Kaffeehausbesitzer aufgriffen. Unter dem Vorsitz von William Fielden von *John's* gingen sie daran, das Projekt zu realisieren. Geplant waren eine Morgen- und eine Abendausgabe, deren Inhalt ganz auf die Bedürfnisse des Kaffeehaus-Publikums zugeschnitten sein sollte. Die Zeitungsschreiber, nach damaliger Ansicht eine übel beleumdete Gesellschaft, die sich den ganzen Tag in den Kaffeehäusern herumdrückte, machten sich ihrerseits über die schwerfälligen Möchtegerne lustig. Diese Dummköpfe wollten nichts anderes als bewiesene Tatsachen drucken. Wer möchte denn aber immer nur die Wahrheit lesen? Das Projekt scheiterte schließlich an den Schwierigkeiten der Organisation.

Einige Jahre später nahm jedoch Thomas Jemson den Plan wieder auf. Er wollte eine eigene Zeitung herausgeben – er alleine. Die Verwirklichung seiner Lieblingsidee sollte er indes nicht mehr erleben. LLOYD'S LIST erschien erst nach seinem Tod, im April 1734. Der Herausgeber hieß Richard Baker. Er war ein Neffe von Jemsons Frau und der neue »Master of Lloyd's Coffee-House«.

LLOYD'S LIST erinnerte in mancher Hinsicht an die von Edward Lloyd ins Leben gerufene LLOYD'S NEWS. Sie war ihr ähnlich in Format und Aussehen. Anfangs bestand sie nur aus einem einzelnen Blatt von 30 × 19 cm und erschien einmal wöchentlich. Etwa ab 1737 wurde sie dann regelmäßig jeden Dienstag und Freitag publiziert. Die ersten Ausgaben sind beim Brand der Royal Exchange im Jahre 1838 verlorengegangen. Nr. 560, das älteste noch erhaltene Exemplar, datiert vom 2. Januar 1740. Sämtliche Zeitungen, von zwei Ausgaben abgesehen, werden in der Bibliothek von Lloyd's aufbewahrt.

Die Titelseite brachte wichtige Finanz- und Wirtschafts- Informationen, beispielsweise die Umrechnungskurse in London und Dublin sowie vierzehn Städten auf dem Kontinent und die jeweils gültigen Preise für Gold und Silber in Münzen und Barren. Die Notierung für eine Unze Gold schwankte so am 2. Januar 1740 zwischen £3.18.1d und £3.18.4 d. Die erste Seite informierte aber auch über die Hochwasserzeiten an der London Bridge und die Windrichtungen in Deal während der letzten drei Tage.

Die Rückseite war den Schiffsnachrichten vorbehalten. Dabei handelte es sich meistens um kurze Meldungen über die Abfahrt und Ankunft der Schiffe in verschiedenen Häfen und über Verluste und Havarien. Diese Schiffsliste auf der letzten Seite der später zwei- und mehrseitigen Ausgabe war der Ursprung aller LLOYD'S LIST Schiffs- und Verlustmeldungen. Sie reichten schon damals von New York bis Ostindien. Insgesamt war die Nachrichtenübermittlung von den englischen Häfen zu Lloyd's recht günstig. So dauerte sie von Southampton ein oder zwei, von Bristol zwei bis drei Tage. Von schottischen Häfen benötigten die Meldungen dagegen schon zehn bis vierzehn Tage, während sie von Lissabon in nur acht Tagen zu Lloyd's gelangten. Welchen Informationswert konnte aber nach unseren heutigen Begriffen eine »Neuigkeit« haben, die von New York mindestens zwei Monate unterwegs war.

Die Postgebühren empfand man auch derzeit schon als zu hoch. Da die Underwriter auf die aktuellen Informationen aus wenigstens zwei Dutzend englischen und ausländischen Häfen angewiesen waren, wären die Kosten sowohl für den einzelnen als auch für ein Blatt wie LLOYD'S LIST unerschwinglich gewesen. Einer der Master of Lloyd's Coffee-House, vermutlich Jemson, fand eine glänzende Lösung. Zwischen der Postbehörde und Lloyd's wurde vereinbart, daß die mit dem Vermerk »Lloyd's« versehenen Berichte der Hafenkorrespondenten künftig gegen eine jährliche Pauschale von 200 Pfund gebührenfrei befördert werden sollten. Da sich Post und Kaffeehaus in derselben Straße befanden, bedeutete diese Regelung, daß Lloyd's die Sendungen nicht nur billiger, sondern auch schneller als durch die normale Postzustellung erhielt.

Abgesehen davon, daß sich das Kaffeehaus inzwischen zum Hauptzentrum für Seetransport-Versicherungen entwickelt hatte, war dieses Postprivileg einer der Hauptgründe für den Erfolg der Zeitung. Somit wurde LLOYD'S LIST ein Meilenstein in der Geschichte von Lloyd's. Die Sonderregelung mit der Post war auch der Auftakt eines konstruktiven Austauschs von Schiffsneuigkeiten mit der Regierung, die das Kaffeehaus ihrerseits über jeden großen Sieg der Flotte informierte.

Das Ohr, das einen Krieg provozierte

Im März 1739 brachte LLOYD'S LIST eine Sensationsmeldung:

> *»Mr. Baker, Master of Lloyd's Coffee-House in der Lombard Street, überbrachte Sir Robert Walpole die Neuigkeit, daß Admiral Vernon Porto Bello eingenommen habe. Dies war die erste Meldung darüber, und sie beruhte auf Wahrheit ...«*

Sir Robert Walpole soll über den Sieg so erfreut gewesen sein, daß er Baker ein großzügiges Geschenk machte.

Begebenheiten wie diese zeigen nicht nur, wie ausgedehnt Lloyd's Informationsnetz war. In ihnen spiegelt sich auch das Weltgeschehen von mehr als 200 Jahren. In LLOYD'S LIST zu blättern ist wie ein Streifzug durch die Geschichte.

Neunzehn Jahre lang hatte es Sir Robert Walpole verstanden, sein Land aus einem Krieg mit Regierungen des Kontinents herauszuhalten. 1734 konnte er Königin Caroline noch stolz erklären: »Madam, in diesem Jahr sind in Europa 50 000 Mann getötet worden, aber nicht ein einziger Engländer.« Ein Ohr sollte seine Friedenspolitik zunichte machen.

Freier Handel und hemmungsloser Wettbewerb hatten zur Gründung neuer Kolonien in Asien und Südamerika geführt und neue Märkte erschlossen. Diese Entwicklung mußte britische Schiffe unweigerlich auf Kollisionskurs mit den Spaniern bringen, von denen die südamerikanischen Handelswege beherrscht wurden. Die Botschaft, daß britische Schiffe, die in Übersee Handel trieben, von der spanischen Küstenwache durchsucht und britische Seeleute in Ketten ins Gefängnis geschleppt worden seien, rief im Volk große Empörung hervor. 1739 sorgte Kapitän Robert Jenkins dann dafür, daß sich die allgemeine Wut zur Hysterie steigerte und ein Krieg praktisch nicht mehr zu vermeiden war.

Der Kapitän erschien mit einem Pappkarton vor dem Parlament. Der Inhalt war mehr als ungewöhnlich – ein Ohr! Jenkins erklärte, spanische Zollbeamte in Havanna hätten es ihm abgehauen. Als Gefangener der Spanier, so fügte er hinzu, habe er seine Seele Gott und seine Sache seinem

Häuser in der Lombard Street Ende des 18. Jahrhunderts

Lande empfohlen ... Der Effekt dieses von der Kriegspartei in Szene gesetzten Auftritts auf die öffentliche Meinung war groß. Die meisten glaubten ihm. Im Gemeinschaftsraum der Universität Oxford munkelte man allerdings, es sei nicht sein Ohr gewesen, sondern ein intimeres Körperteil ...

Vergeblich bemühte sich Walpole, den Kriegshetzern klarzumachen, daß friedliche Verhandlungen besser seien, als mit einer Nation Krieg zu führen, deren Handelswege für England von größter Bedeutung wären. Als der Krieg nicht mehr zu umgehen war, ja allgemein sogar begeistert begrüßt wurde, sagte Walpole resigniert: *»They are ringing the bells now, soon they will be wringing their hands.«* (Nun läuten sie die Glocken, aber bald werden sie die Hände ringen.) Der durch Jenkins Ohr provozierte Krieg eskalierte bald von einem zunächst auf die südamerikanische Küste begrenzten Konflikt in den Österreichischen Erbfolgekrieg, in dem England auf Seiten Österreichs gegen Spanien und Frankreich kämpfte. Ihm folgte der Siebenjährige Krieg, der eigentlich schon als eine Art Erster Weltkrieg bezeichnet werden kann.

»Die großen Linien der Menschheitsentwicklung schneiden sich letzten Endes immer auf den Weltmeeren.«

Dieses Zitat des Vizeadmirals Adolf von Trotha (1868–1940) bezeugt so mancher Krieg, der allein durch die Vorherrschaft auf See entschieden wurde. Der Siebenjährige Krieg gab eines der besten Beispiele dafür, wie groß der Einfluß der Seemacht auf die Geschichte ist. Englands Kriege spielten sich immer schon in der Hauptsache auf See oder auf anderen, oft weit entfernten Kontinenten ab. Die bis zum heutigen Tag letzte Schlacht auf englischem Boden wurde im April 1746 bei Culloden geschlagen, wo der gefährlichste Aufstand der Jakobiten, der Anhänger der Stuart-Prätendenten, endgültig zum Erliegen kam.

Seekriege betrafen aber in besonderem Maße die Underwriter und somit Lloyd's Coffee-House, das diese zu ihrem Hauptquartier erwählt hatten. In den ersten Jahren nach Ausbruch des Krieges gab es so manche alptraumhafte Situation, wenn feindliche Kreuzer und Kaperschiffe in den Kanal schwärmten und sich in Sichtweite der Küste britischer Schiffe bemächtigten. Die Prämien der Seeversicherungen kletterten so hoch, daß es sich kaum noch lohnte, Waren über den Ärmelkanal zu verschiffen. Auch der Handel mit Amerika und Westindien war fast zum Erliegen gekommen. Mit großer Sorge studierte man bei Lloyd's die lange Liste gekaperter Schiffe und Ladungen, denn 90 Prozent der verlorenen Tonnage war bei den Underwriters gedeckt.

Viele Ausgaben der LLOYD'S LIST während der Jahre von 1740–1748 enthalten Verlustmeldungen. Die Nr. 589 vom 24. April 1741 nennt eine ganze Reihe britischer Schiffe, die vom Feind gekapert worden sind. Die Verluste nahmen weiter zu. So waren es während des Österreichischen Erbfolgekrieges 1744 allein 307 Schiffe, 1747 sogar 457. Den größten Teil dieser Verluste hatten die Underwriter von Lloyd's zu tragen. Praktisch deckte jede Police, die sie unterschrieben, das Risiko, das Schiff durch Seeräuber zu verlieren. Der wachsende Wohlstand im Land läßt vermuten, daß England als Ganzes und die Underwriter als Gruppe aber dennoch recht gut davonkamen.

Sowohl Verluste, als auch Regierungskrisen konnten Englands Aufstieg zur größten Seehandelsmacht der Welt nicht mehr aufhalten. Mit der Royal Navy besaß es die größte Kriegsflotte. Sein überseeisches Imperium begann sich immer weiter auszudehnen. Der Titel, den sich die Insel selbst verliehen hatte, bewahrheitete sich – »Beherrscherin der Meere« (Mistress of the Seas).

Schiffe unter schwarzer Flagge

Krieg, Handel und Piraterie,
dreieinig sind sie, nicht zu trennen.

Goethe 1831

Piraterie ist immer schon das große Wagnis der Seefahrer gewesen. Daran hat sich auch in unserer Zeit nicht viel geändert, wie LLOYD'S LIST vom 14. Februar 1983 beweist. Sie enthält eine Warnung vor »bewaffneten Marodeuren in den Gewässern des Fernen Ostens«, die den Seeräubern vergangener Zeiten vergleichbar seien.

Zedlers Universallexikon von 1732 gibt folgende Definition:

»Die Kapers sind des Krieges Recht teilhaftig, auch ist zwischen ihnen und denen See-Räubern ein großer Unterschied, als welche letztern durch eigenmächtiges Unternehmen sich auf das See-Kreuzen legen, auch deswegen, wenn sie ertappt werden, aufgehangen werden.«

Die Piraten, die im 18. Jahrhundert die Meere unsicher machten, waren verständlicherweise empört, daß man unterschied zwischen dem Entern eines Schiffes durch »amtliche Kaperkapitäne«, *Privateers,* denen irgendeine einflußreiche Persönlichkeit in Europa einen Kaperbrief ausgestellt hatte, und ihren eigenen Überfällen. Sie waren alle eine Art privater Kriegsschiffe, befehligt von tollkühnen Seefahrern, die handeltreibend oder raubend die Weltmeere unsicher machten. Piraterie ist eines der größten Abenteuer, die die Geschichte der Menschheit kennt.

Die Royal Navy war ständig im Einsatz. Das geht aus Berichten von Lloyd's Agenten hervor, die in den Protokollbüchern der Vereinigung von Lloyd's überliefert sind. Aber selbst die mächtigste Kriegsflotte konnte nicht alle sieben Weltmeere gleichzeitig überwachen und die Sicherheit der Handelsschiffe vor den Raubzügen der Piraten garantieren.

In LLOYD'S LIST erschienen Nachrichten über Schiffsverluste, in die Seeräuber verwickelt waren, bis Mitte des 19. Jahrhunderts meist nur als knappe Meldung im Seenachrichtenteil. Für Kaufleute und Reeder machte es keinen Unterschied, ob sich diejenigen, die ihre Schiffe enterten, Piraten- oder Kaperschiffe nannten.

Viele Staatsmächte bedienten sich der Kaperschiffe. Ein Kaperbrief des Königs berechtigte zu bewaffnetem Seeraub und machte aus einem friedlichen Handelsschiff einen Privateer.

Eines der berühmtesten Beispiele war Francis Drake, der mit seiner GOLDEN HIND spanische Städte und Schiffe entlang der gesamten südamerikanischen Westküste überfiel und ausraubte. Er brachte den reichsten Schatz heim, den ein englischer Seefahrer je erbeutet hat. Dafür wurde er, den Philipp II. von Spanien als den »größten Dieb der bekannten Welt« bezeichnet hatte, 1581 von Königin Elizabeth I. zum Ritter geschlagen. Sie hatte auch keine Hemmungen, den Hauptteil der Beute entgegenzunehmen. Die Königin vermietete sogar ihre Kriegsschiffe an die Freibeuter und ließ ihnen immer wieder freie Hand gegen spanische Schiffe und Kolonien.

Geadelt oder gehenkt – die Palette der Piraten-Schicksale ist breit. So mancher zu Vermögen und Jahren gekommene Pirat setzte sich auch wie jeder normale Bürger zur Ruhe. Über den schottischen Seeräuber William Paterson heißt es, *»daß er die ›Bank von England‹ gründete, um seine in der Karibik erbeuteten Goldwerte sicherer anzulegen als es bis dahin bei den als Bankiers waltenden Juwelieren möglich war«.*

In Kriegszeiten waren die Verluste durch Kaperschiffe besonders zahlreich. So berichtet LLOYD'S LIST über Freibeuter-Aktionen während des Siebenjährigen Krieges. Es konnte vorkommen, daß Schiffe gekapert und zurückerobert wurden, um erneut verlorenzugehen, je nach wechselndem Kriegsglück.

Im Februar 1758 meldet LLOYD'S LIST:

> *»Die ELIZABETH, Curry, ein Frachtschiff von London nach Cork, ist durch den freiwilligen Privateer von London, Capt. Kent, zurückerobert und nach Plymouth gebracht worden. Die MONTGOMERY oder IRWIN von Air (sic) nach Dieppe, Montgomery, Master, mit 206 Hds Tabak (obgleich sie einen Paß an Bord hatte, wurde sie von einem französischen Privateer gekapert) ist durch das Kriegsschiff PENGUIN zurückerobert und nach Plymouth gebracht worden.«*

Nach dem Namen des Schiffes ist in diesen Meldungen immer der des Eigners angegeben.

Schon wenig später werden 30 weitere Kaper-Aktionen durch verschiedene kriegführende Staaten gemeldet. Eine andere Nachricht berichtet über acht Schiffe, die von Franzosen geentert wurden. Oder beispielsweise:

> *»Ein holländisches Schiff mit Schiffsbedarf für Martinico wurde durch einen St. Kitts Privateer, Capt. Reed, gekapert und nach Montserrat gebracht.«*

Die Anzahl der verlorenen Schiffe stieg ständig. 1770, während des Amerikanischen Freiheitskrieges, wurden von amerikanischen und französischen Freibeutern 656 britische Schiffe gekapert. Und immer mußten Lloyd's Underwriter bezahlen.

Ein Kriegsbrauch, der im 18. Jahrhundert sehr verbreitet war, erwies sich für jedermann zum Vorteil, die Underwriter ausgenommen. Anstatt ein gekapertes Schiff zu entern und eine Prisenbesatzung an Bord zu schicken, brachten es die Freibeuter in einen befreundeten Hafen, wo es gegen Lösegeld freigekauft werden konnte. Viele Kaufleute gingen notgedrungen auf diesen Handel ein, um unnötiges Blutvergießen zu vermeiden. Die schwer beladenen und nur mit der notwendigsten Besatzung bemannten Handelsschiffe hatten keinerlei Chance gegen den bewaffneten Kaper. Nur die großen, mit Kanonen bestückten und gut bemannten Ostindien-Fahrer konnten sich oft erfolgreich zur Wehr setzen.

Die Kaper-Kapitäne waren bestrebt, die Beute unbeschädigt in ihre Gewalt zu bringen und vermieden nach Möglichkeit den Kampf. Da auch ihre Opfer den Wunsch hatten, ihre Reise friedlich fortzusetzen, wurde das Lösegeld-Verfahren gegenseitig gebilligt. In der Meldung über die MONTGOMERY heißt es, daß sie »einen Paß an Bord hatte«, was der Verpflichtung gleichkam, ein angemessenes Lösegeld zu zahlen. Bei dieser gegenseitigen Übereinkunft, die eine geheime Absprache zwischen Freibeutern und Opfern nicht ausschloß, waren die Underwriter von Lloyd's in jedem Fall die Hauptverlierer.

Die Meldung vom Juli 1780 aus LLOYD'S LIST beschreibt solche Schiffsauslösungen:

> *»Auszug aus einem Brief aus Swansea, 3. Juli. Letzte Nacht lief ein Schiff aus Cornwall mit Kupfererz ein, nachdem es durch den MAYFLOWER Privateer aus Dunkirk, einem Lugger mit 2 Kanonen und 20 Swivels, gekapert und für 130 Guineen freigekauft war. Er erbeutete auch die DILLIGENCE, die von hier nach Cornwall mit Kohle unterwegs war, und gab sie für ein Lösegeld von 150*

Guineen frei. Er hat noch viele andere gekapert. Namen sind nicht bekannt.«

In all diesen Meldungen ging es um materielle Einbußen. Sie sagten nichts aus über das Schicksal der Menschen, die den Piraten in die Hände fielen. Nur wenige wurden ausgelöst. Die Geschichte der Piraterie ist alt, und sie ist mit Blut geschrieben. Das Grauen, die Qualen der unzähligen namenlosen Opfer würde Bücher füllen, wären ihre Leidensgeschichten überliefert. Stellvertretend für sie alle soll hier ein Stein sprechen.

Der Gedenkstein stand noch bis Ende des 18. Jahrhunderts in Tynemouth, einem Seebad an der Nordküste Englands, und trug eine aufrecht stehende Frauengestalt. Die Schiffer nannten diese über hundert Jahre alte Gallionsfigur der Brigg ALEXANDER UND MARGRET »Old wooden Dolly«. Abgesehen von der menschlichen Tragik, an die die Inschrift erinnert, muß auch die Tatsache schockieren, daß ein geborener Engländer mit französischem Freibrief von Dünkirchen aus Schiffe seiner eigenen Landsleute kaperte.

»Zur Erinnerung an David Bartleman, Kapitän der Brigg ALEXANDER UND MARGRET von North Shields am Tyne, welcher unterwegs mit Kohlen nach London den 31. Januar 1781 an der Küste von Norfolk mit nur drei Dreipfündern und zehn Männern und Jungen sich tapfer verteidigte gegen einen Piratenkutter mit achtzehn Vierpfündern und hundert Mann, befehligt von dem berüchtigten Freibeuter William Fall. Kpt. Bartleman wehrte ihn glänzend ab. Zwei Stunden später jedoch kam der Pirat zurück. Da der Steuermann Daniel Marcanley, völlig entkräftet und schon sterbend, sein letztes Blut verlor, und der Kapitän selbst schwer verwundet war, wurde er gezwungen, sich zu ergeben und zu unterschreiben, ein Lösegeld von 400 Guineen zu zahlen. Der Pirat behielt den Matrosen David Mitchel als Geisel. Bartleman aber brachte die schwer beschädigte Brigg nach Great Yarmouth, wurde dort gefeiert mehr als ein Eroberer und starb an den empfangenen Wunden den 14. Februar, fünfundzwanzig Jahre alt.

Diesen Stein habe ich, sein betrübter Vater Alexander Bartleman, über seinem ehrenvollen Grabe errichten lassen zum Gedenken an die Tapferkeit meines Sohnes und seines Steuermannes und zugleich als Brandmarkung des schändlichen und unmenschlichen Piratentums . . .«

Der englische Marinemaler Carmichel malte diesen Kampf. Sein Gemälde ist im Besitz der Kohlenfirma zu Newcastle, die damals die Ladung für die Brigg geliefert hatte. Lloyd's mußte auch in diesem Fall für den entstandenen Schaden aufkommen.

Auch ein Jahr zuvor, im Mai 1780, konnten die Underwriter bei ihrer Lektüre im Kaffeehaus lesen, daß sie zur Kasse gebeten wurden. Diesmal handelte es sich gleich um vier Schiffsverluste:

> *»... Ein französischer Privateer mit 26 Zwölf- und Neunpfündern und 300 Mann zeigte sich in Sunderland und kaperte die folgenden beladenen Kohlenschiffe mit Namen MINOR, HOWE, ALBION und WHITEHEAD aus Sunderland und zwei Briggs, die nach Lynn gehören, und erpreßte dafür folgendes Lösegeld: 800 Guineen, dito 750, dito 850, dito 600.«*

In der gleichen Ausgabe erschien auch die folgende Meldung, die die Versicherer noch mehr aufgebracht haben mag:

> *»Die HETHUYS OSTENBURGH, Pieters, von Cette nach Dunkirk, wurde am 22. März durch einen englischen Privateer erbeutet. Die sechs Mann, die sie enterten, hatten sich aber betrunken und wurden von den Holländern überwältigt, die sie nach Helvoetlys brachten.«*

Diese britischen Trunkenbolde sind nicht einmal in der Lage, eine Prise einzubringen, mögen sich die Underwriter empört haben. Möglicherweise war das holländische Schiff aber auch auf dem englischen Markt versichert. Jedenfalls war es nicht ungewöhnlich für Lloyd's, für feindliche Handelsschiffe zu zahlen, die durch die Royal Navy gekapert worden waren.

Die Underwriter konnten sich in jedem Fall darauf verlassen, daß LLOYD'S LIST sie ständig über die Aktivitäten der Freibeuter auf dem laufenden hielt. So war und blieb Lloyd's Coffee-House für sie der wichtigste Platz in London, Drehpunkt ihres Geschäfts.

Zwischen Kaufleuten und Admiralität gab es fortwährend Debatten, wie man die Handelsschiffe besser schützen könnte. Nicht einmal Konvois garantierten immer ausreichend Sicherheit. Auch die Kriegsflotte schien machtlos zu sein. Überhaupt sieht es so aus, als seien die Grenzen zwischen Offizieren und Privateers auch im 18. Jahrhundert noch ähnlich verschwommen gewesen wie zu Zeiten Drakes. Gekaperte Schiffe galten seerechtlich als Prise. Erst in der Pariser Seerechtsdeklaration von 1856 wurde die Kaperei verboten, die bis dahin immer noch mit dem Glorienschein der internationalen Heldentat umgeben war. Mögen die schwarzen Flaggen aber auch von den Weltmeeren verschwunden sein, die Piraten sind noch immer unter uns.

Terra australis incognita

Schon im 17. Jahrhundert florierte Englands Handel mit dem Fernen Osten. Davon zeugen auch die bereits erwähnten, von Edward Lloyd in den Jahren 1701 und 1702 veröffentlichten Listen der Schiffe, die nach Ostindien und China segelten. Die Schiffe kehrten nicht zurück, die traurigen Dokumente aber überdauerten.

In der 250jährigen Geschichte von LLOYD'S LIST spielt der Handel eine dominierende Rolle. Entdeckung und Eroberung ferner Erdteile, Erkundung neuer Schiffahrtswege, die Expansion der großen Handelsimperien, die die Kolonialkriege des 17. und 18. Jahrhunderts auslösten, dies alles entschied nicht nur über das Wohlergehen der Völker, sondern auch über geschäftlichen Erfolg oder Mißerfolg des einzelnen Händlers. Für das Versicherungsgeschäft der Underwriter von Lloyd's waren Informationen über die außereuropäischen Kontinente von größter Wichtigkeit. Diesem Bedürfnis kam LLOYD'S LIST im Lauf der Zeit immer mehr entgegen.

1498 hatte der Portugiese Vasco da Gama den Seeweg nach Ostindien entdeckt. Im 17. Jahrhundert waren die Routen nach Indien und den Gewürzinseln schon allgemein bekannt. Für Reisen dorthin mußten jedoch sehr hohe Versicherungsprämien gezahlt werden, die bei 15 bis 20 Prozent lagen. Abgesehen von vielen anderen Risiken hing der Erfolg einer Seereise vor allem von der Qualität der Seekarten ab. Sowohl Land- als auch Seekarten waren damals noch nicht jedermann zugängliche Druckerzeugnisse, sondern einmalige, teils kunstvolle Schöpfungen. Die Regierungen behandelten sie wie Geheimdokumente. Ihre Weitergabe an Ausländer wurde hart bestraft, in Portugal bis 1580 sogar mit dem Galgen. Gegenüber den Phantasieprodukten der ersten Zeit überwog im 17. Jahrhundert jedoch bereits, speziell bei Seekarten, der wissenschaftliche Aspekt.

Noch bis ins 18. Jahrhundert stifteten erlebte oder erfundene Reiseschilderungen, wie beispielsweise William Dampiers *Reise nach Neuholland*, »eine der merkwürdigsten Geschichten der Abenteuerliteratur«, oder *Robinson Crusoe* von Daniel Defoe, unter den vertrauensseligen Zeitgenossen immer wieder Verwirrung. Diese vermeintlichen Erlebnisberichte waren jedoch nicht weniger unglaubwürdig als die Geschichten, die von den angesehenen Entdeckern mitgebracht wurden. Nach Admiral Byrons Weltumseglung im Jahre 1766 lebten auch die alten Mythen vom »Patagonien-Riesen« wieder auf. Angehörige dieser legendären Rasse, so hieß es, könnten schneller laufen als ein Pferd.

»Wir sind informiert«, verkündete der *London Chronicle* am 12. Juli 1766, *»daß die Riesen, die Kommodore Byron entdeckt hat, eine Größe von 8½ bis 10 feet haben (2,60–3 m). Dementsprechend mächtig sind auch ihre anderen Proportionen. Die Füße der Menschen messen 18 inches (45 cm).«*

Eine andere Behauptung jener Zeit wurde bei Lloyd's in der Lombard Street heftiger als anderswo in der City diskutiert – die Existenz eines großen südlichen Kontinents, der »Terra australis incognita«. Die Spekulation auf Südsee-Projekte ist dadurch sicher noch mehr in die Höhe getrieben worden. Von vielen wurde das Vorhandensein einer solchen riesigen Landmasse vom Umfang Asiens im südlichen Meer als Geschwätz abgetan. Es gab aber auch eine Vielzahl von Anhängern dieser Theorie, die dem Argument der Gelehrten zustimmten: *»Es sei eine physikalische Notwendigkeit, daß der großen Landmasse der Nordhalbkugel unserer Erde eine ähnlich mächtige im Süden gegenüberstände, um die Erdkugel auf ihrer Reise um die Sonne stets im Gleichgewicht zu halten.«*

Die Kaufleute, die sich bei Lloyd's trafen, waren wohl weniger am Gleichgewicht der Erde interessiert, als daran, auf einem jungfräulichen Kontinent neue Gesellschaften zu gründen. Jedes Neuland bot eine Chance für Spekulationsobjekte. Je mehr Schiffsrouten, desto mehr Möglichkeiten für Seetransport-Versicherungen.

Aber nicht nur England, auch die Niederlande, Frankreich, Spanien und Portugal waren auf der Suche nach dem geheimnisvollen Südland, das Marco Polo einst als das »irdische Paradies« beschrieben hatte:

> *». . . Unerschöpflich fruchtbaren Boden soll es dort geben und silberhelle Ströme, die sanft durch Palmenhaine und Obstwäldchen fließen, wo Papageien von wunderbarer Größe und Farbe in Schwärmen von Baum zu Baum schweben, um von deren köstlichen Früchten zu naschen. Blaue Flamingos tanzen da und Silberreiher auf den sonnigen Uferbänken und nachts versammeln sich beim Mondschein weiße Elefanten und schöne Gazellen friedlich mit Löwen und Tigern an den Tränken.«*

In dieser Zeit der großen Eroberungen mußte eine solche Schilderung das Herz eines jeden Entdeckers höher schlagen lassen. Die kriegerischen Auseinandersetzungen im Wettlauf um die Kolonialisierung neuer Gebiete rissen nicht ab. Gegenüber den beiden großen Seemächten Spanien und Portugal fühlten sich die anderen Staaten »bei der Verteilung der Welt« benachteiligt.

> *»Auf Grund aller umfassenden apostolischen Gewalt«,* übereignete Papst Alexander VI. Ende des 15. Jahrhunderts Ferdinand von Aragonien und Isabella von Kastilien, wie es in einer an sie gerichteten Bulle hieß, *»alle Inseln und Festländer in westlicher und südlicher Richtung, unabhängig davon, ob sie schon bekannt sind oder noch entdeckt werden. Dazu ziehen wir eine Linie vom arktischen zum antarktischen Pol . . . Diese Linie soll von der Inselgruppe der Azoren hundert Meilen westlich in südlicher Richtung verlaufen. Alle Inseln und Festländer westlich und südlich dieser Linie, ob bereits entdeckt oder noch zu entdecken, die sich bis Anfang 1493 noch nicht im Besitz eines christlichen Herrschers befanden, sprechen wir förmlich Euch, Euren Erben und Nachfolgern zu . . . als . . . uneingeschränkten Herren dieser Gebiete.«*

Die Gebiete östlich der Linie gab der Papst der portugiesischen Krone. Dieser Entscheidung war ein Jahr später der Vertrag von Tordesillas zwischen den spanischen und portugiesischen Souveränen gefolgt (7. 6. 1494). Er legte die Demarkationslinie von Pol zu Pol auf dreihundertsiebzig Meilen westlich von Kap Verde fest.

Königin Elizabeth I. war es, die sich weigerte, die päpstliche Schenkung, wie im Vertrag von Tordesillas, auch dann anzuerkennen, wenn es sich nur um ein theoretisches Besitzrecht handelte, das weder durch Entdeckung noch Eroberung seine Bestätigung gefunden hatte.

Im Zeitalter der kolonialen Ausdehnung Europas waren fähige und vertrauenswürdige Entdecker für einen Staat von größter Bedeutung. Viele dieser Seefahrer wurden weltberühmt und als Helden gefeiert, andere gingen wenigstens in die Unsterblichkeit der Landkarten ein. Einer der bekanntesten, der sich vor allem als Forscher und Weltumsegler einen Namen gemacht hat, war James Cook, 1728 in Yorkshire als Sohn eines Farmers geboren. Er befuhr als erster die Küste Alaskas und erforschte die Beringstraße. Seine größte Leistung aber war die Kartographie der südlichen Hemisphäre, die er auf seinen ausgedehnten Entdeckungsreisen in den pazifischen Raum erkundete. Die wissenschaftliche Genauigkeit seiner Beobachtungen und seine allgemeingültigen Forschungsergebnisse wurden schon zu seinen Lebzeiten sogar von der französischen und spanischen Regierung anerkannt.

James Cook (1728–1779) bei seiner Landung in der Adventure Bay, Australien, 1777

1952 fand eine Studentin bei Recherchen für ihre Diplomarbeit in der britischen Admiralität unter einem Bündel alter Verpflegungsabrechnungen einen fünfmal versiegelten Brief, der an »Lieutenant James Cook, HMS ENDEAVOUR« adressiert war. Er trug den dreimal unterstrichenen Vermerk: »Geheim! Nur durch den Kapitän zu öffnen im Fall der Entdekkung der Terra Australis!«

Erst dieses Geheimschreiben gab nach fast 200 Jahren Aufschluß über die wahren Gründe, die die britische Regierung veranlaßt hatten, Cook 1768 in die Südsee zu schicken. Die wissenschaftlichen Beobachtungen des Planeten Venus, der in diesem Jahr über die Sonnenscheibe wanderte, waren demnach nur ein Vorwand gewesen, um Englands Südlandsuche vor den anderen Staaten geheimzuhalten. In Wirklichkeit versprach man sich von der Expedition genaue Erkenntnisse über die »Terra australis incognita«. Das Schreiben enthielt klar umrissene Anweisungen, sich über Land und Leute, Bodenbeschaffenheit, Landesprodukte und anderes mehr soviel Kenntnis wie möglich zu verschaffen und Proben etwa von wertvollen Gesteinen, Früchten oder Getreidesorten heimzubringen.

Cook händigte der Admiralität die Geheimorder nach seiner Rückkehr ungeöffnet wieder aus, da er wohl keinen Anlaß sah, die Siegel zu brechen. Seine Forschungsreise hatte bewiesen, daß das sagenumwobene Südland Marco Polos nur eine »ozeanische Fata Morgana« war.

Und dennoch fand Cook mit seiner Entdeckung der Ostküste Neuhollands, was schon andere vor ihm gesucht und vermutet hatten, »eine Welt, die ganz neu ist«. Aber im Gegensatz zu dem von Marco Polo gerühmten »Garten Eden, den Gottvater den Stammeltern des Menschengeschlechts bereitete«, war dieses »das in jeder Hinsicht dürrste und unfruchtbarste Stück Erde, das mir je begegnet ist.« So heißt es in den Aufzeichnungen von Sir Joseph Banks, der Cook als Naturforscher begleitete. Später gab man diesem fünften Kontinent den Namen Australien. Seine ersten Kolonisten waren Sträflinge, die die Regierung aus den hoffnungslos überfüllten britischen Haftanstalten dorthin abgeschoben hatte. Am 26. Januar 1788 ging die »Erste Flotte« mit fast 1500 Deportierten in der Botany Bay vor Anker. Dies war die Geburtsstunde des »weißen Australien«.

Nach Cooks gewaltsamem Tod 1779 durch Eingeborene auf Hawaii hatte Banks vermerkt:

». . . Die seit Jahrhunderten gesuchte ›Terra australis incognita‹, hier ist sie endlich wenigstens in ihren äußeren Umrissen zur Wirklichkeit gezwungen worden – den Nebelschleiern der Träume und Wünsche entrissen durch den Mut, die Umsicht und die Ausdauer

eines kühnen Seefahrers und Forschers, wie ihn die Welt seit Kolumbus und Magellan nicht mehr gesehen hat.«

1734, im Erscheinungsjahr von LLOYD'S LIST, war James Cook gerade sechs Jahre alt. In dieser ersten Zeit informierte das Blatt mit seiner Schiffsliste auf der Rückseite lediglich über Abfahrt und Rückkehr der Schiffe oder etwaige Verluste. Aber allein schon aus dieser Aufstellung von Namen und Daten wird die große Zeit der Landsuche deutlich. Als die Forschung später dann ernsthafter und wissenschaftlicher betrieben wurde, kam LLOYD'S LIST mit entsprechenden Berichten nicht nur den geschäftlichen Belangen der Underwriter, sondern auch dem allgemeinen Interesse entgegen.

Die Ware Mensch

»Die ALLY, Dodson, mit 260 Sklaven, und AMACREE, Dean, mit 100 dto., waren am 10. August gut an der Küste. Die ALLY wird in vierzehn Tagen wieder abfahren.«

Diese kurze Mitteilung in LLOYD'S LIST vom 6. Januar 1789 ist eine von vielen, die deutlich machen, wie lukrativ der Sklavenhandel auch Ende des 18. Jahrhunderts noch gewesen sein muß. Die ALLY und die AMACREE fuhren an der afrikanischen Westküste entlang, vermutlich von der Goldküste (Ghana) nach Angola, und tauschten ihre leichten Manufakturwaren, Metallwaren und Bier gegen Sklaven.

Die Eingeborenen lieferten den Europäern aber auch Goldstaub und Elfenbein. War es erst einmal gelungen, die Bedürfnisse des schwarzen Mannes nach europäischen Erzeugnissen in dem Maße zu wecken, daß diese ihm unentbehrlich schienen, tat er alles, um die gewünschten Tauschobjekte herbeizuschaffen, und das waren in erster Linie Sklaven. Manchmal verschacherten Schwarze sogar ihre eigenen Familienangehörigen an die Sklavenhändler, nur um in den Besitz der heiß begehrten Feuerwaffen zu gelangen. Aneinandergekettet und unter das Sklavenjoch gebeugt wurden die Karawanen dieser unglücklichen Menschen dann mit Peitschen aus dem Innern des Landes an die Küste getrieben. Aufsteigender Rauch war für die in Sichtweite des Landes kreuzenden Schiffe ein Zeichen, daß die schwarzen Sklavenhändler Nachschub für sie hatten. Aber erst, nachdem der Schiffsarzt den Gesundheitszustand der Gefangenen begutachtet hatte, wurde der Preis ausgehandelt. Nur gesunde »Ware« konnte mit Gewinn verkauft werden. Nach endlosem Palaver war das schmutzige Geschäft schließlich perfekt. Voll beladen mit ihrer neuen Fracht stachen die Schiffe nach Westindien in See, wo sich auf Barbados und Jamaika die großen Sklavenmärkte befanden. Auf der Heimfahrt nach England bestand die Schiffsladung dann vorwiegend aus Zucker, Baumwolle und Tabak.

Der zu Beginn des 18. Jahrhunderts noch völlig unbedeutende Hafen Liverpool war in das Dreiecksgeschäft England, Afrika, Westindien groß eingestiegen und hatte die führende Stellung im Sklavenhandel übernommen.

Allein 1807, kurz bevor der Sklavenhandel auf britischen Schiffen verboten wurde, transportierten noch 185 Schiffe aus Liverpool nahezu 50 000 Schwarze nach Westindien. Dieser Aufstieg Liverpools zum bedeutendsten englischen Handelsplatz nach London war allein der Initiative und dem Weitblick seines Bürgermeisters Thomas Leyland, dem, wie es hieß, reichsten Mann Englands, zu verdanken.

Seit etwa 1508 schon blühte das Geschäft mit der »Schwarzen Haut« . Im 16. Jahrhundert sollen bereits ungefähr 900 000 Menschen von Afrika nach Amerika verschifft worden sein. Ihre Zahl stieg ständig. Von 1680 bis 1786 brachten die Engländer etwa 2 130 000 Sklaven meist als Plantagenarbeiter nach Amerika. Diese Art, Geld zu machen, war nicht einmal strafbar, wie der Fall John Hawkins beweist. Er steht in dem zweifelhaften Ruhm, der erste englische Menschenhändler gewesen zu sein. Mit seinem Schiff JESUS VON LÜBECK, das 1540 von König Henry VIII. in Lübeck zur Verstärkung seiner Flotte gekauft worden war, segelte er nach Afrika und brachte die dort eingefangenen Schwarzen nach Haiti, wo er bei den Spaniern höchste Preise erzielte. Später durfte er sogar einen in Ketten gefesselten Neger in seinem Wappen führen. Brutal und hart mußten diejenigen sein, die dieses schaurige Geschäft ausübten. Sie durften weder die Schreie der Unglücklichen hören, die in Ketten geschlagen wurden, noch das Röcheln der Sterbenden. Auf jeden Gefangenen, der die Überfahrt überlebte, dürften drei, vier oder fünf Tote gekommen sein. In den engen dunklen Schiffsbäuchen bei stickiger Hitze wie Vieh zusammengepfercht, reagierten sie zunächst mit schwerem Schock, um dann oft in völlige Apathie zu verfallen. Anfangs gab es noch Neger genug, mehr, als die Sklavenfrachter faßten. Man konnte es sich leisten, die Schwarzen wie menschliches Vieh zu behandeln. Der massenhafte Export von Menschen hatte katastrophale Folgen für den Schwarzen Kontinent und ist eine wesentliche Ursache auch der gegenwärtigen Armut in vielen afrikanischen Ländern.

George Bernard Shaw soll in seiner treffenden ironischen Art zu diesem unrühmlichen Thema bemerkt haben, die Engländer hätten die Verwerflichkeit des Sklavenhandels erst in dem Augenblick entdeckt, als dieser Handel nicht mehr lukrativ gewesen wäre. Darin irrte er allerdings. Nicht Unwirtschaftlichkeit war 1833 der Grund für die allgemeine Sklavenbefreiung im britischen Reich. Es war vielmehr der Aktivität des Unterhaus-Abgeordneten William Wilberforce (1759–1833) zu verdanken, daß England nicht nur den Sklavenhandel im eigenen Reich abschaffte, sondern auch die anderen Staaten dahingehend beeinflußte. Dadurch mag es wenigstens einen Teil seiner Schuld an diesem Menschenhandel wiedergutgemacht haben. Im 18. Jahrhundert waren die Sklaven bereits rar und wertvoll gewor-

oben: Schwarzer Sklave im Joch
unten: Ankündigung einer Sklavenversteigerung aus dem Jahre 1788

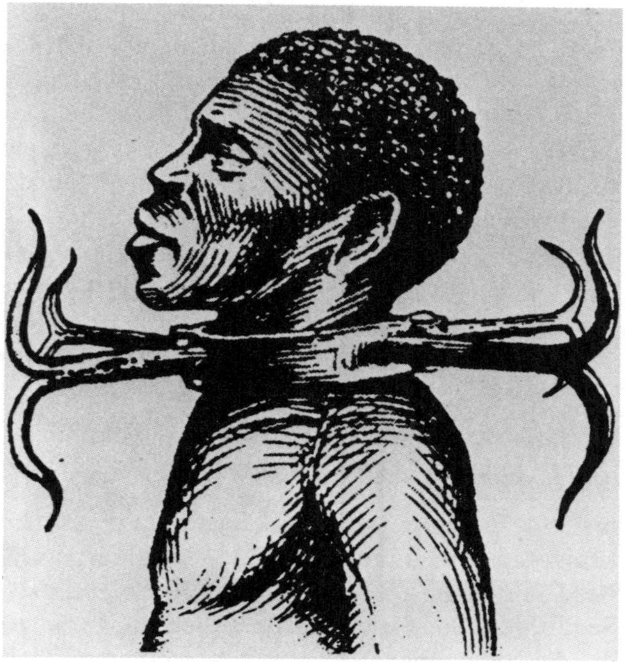

Kingſton, July 11, 1788.

For Sale,

On TUESDAY *the* 22d INST

ON BOARD THE SHIP

COMMERCE,

Robert Brown, Maſter,

FROM GOLD-COAST,

162 SLAVES,

den. Man konnte es sich nicht mehr leisten, die »Menschenware« schlechter zu behandeln als Vieh oder kostbare Stoffe. Der Kapitän eines Sklavenschiffes durfte nur dann mit Gewinn rechnen, wenn seine »Ware« beim Ausschiffen so gut aussah wie beim Verladen. Dagegen waren die Seeleute nicht so wichtig. Wenn ein Seemann über Bord ging, soll man das nicht allzu tragisch genommen haben. Dr. Samuel Johnson charakterisierte diesen gefahrvollen Beruf einmal wie folgt:

> *»Niemand würde zur See fahren, wenn ihm klar wäre, daß er sich damit selbst in Gefangenschaft begibt; denn ein Schiff ist ein schwimmendes Gefängnis mit der zusätzlichen Chance zu ertrinken.«*

Auch der Amerikaner Richard Henry Dana vergleicht in seinem 1840 erschienenen Buch *Two Years Before the Mast* die Segelschiffe mit »Gefängnissen«. Er wußte, wovon er schrieb, da er als Leichtmatrose auf der amerikanischen Brigantine PILGRIM gefahren war. Das »Strafregister« an Bord sah derart grausame Züchtigungen vor, daß nur wenige freiwillig zur See fuhren. So setzten die Behörden die berüchtigten Preßpatrouillen ein, die die Besatzungen gewaltsam anwerben mußten.

Aus den Hinweisen auf den Sklavenhandel im 18. und frühen 19. Jahrhundert in LLOYD'S LIST geht ebenfalls hervor, daß die prozentuale Sterblichkeit auf den Sklavenfrachtern unter der Besatzung weit höher lag als unter den Sklaven. Im Gegensatz zu den Seeleuten, »wertlosen und gewöhnlich unbekannten Handlangern«, stellte das »Schwarze Gold« eine kostbare Fracht dar. Kostete ein Sklave zu Beginn des 18. Jahrhunderts noch 3 Pfund, so wurde er am Ende des Jahrhunderts schon mit 25 Pfund gehandelt. 1807 konnten in Westindien für den Verkauf eines einzigen Sklaven bis zu 43 Pfund Sterling erzielt werden. Entscheidend war die »Qualität der Ware«. Männer von 10 bis 35 und Mädchen von 15 bis 25 ließen sich am besten verkaufen. Mädchen, die noch kein Kind geboren hatten, und deren Busen jugendliche Fülle und Elastizität besaß, standen besonders hoch im Kurs.

Jedes dieser zahlreichen Sklavenschiffe beförderte eine äußerst wertvolle Ladung. Was lag näher, als genauso wie für andere kostbare Güter, auch für diese menschliche Fracht eine Seetransport-Versicherung abzuschließen. Lloyd's Policen zeugen davon: ein Sklave wurde durchschnittlich mit 45 Pfund versichert. Der Wert eines Seemanns lag weit unter diesem Satz, falls überhaupt jemand auf die Idee kam, einen »so leicht ersetzbaren Gegenstand« zu versichern.

Die Macht der Handelsgesellschaften: Hudson Bay und East India Company

Die Seefahrer waren auf ihren Entdeckungsreisen vielerlei Gefahren ausgesetzt – den schweren Stürmen der Ozeane, der sengenden Glut des Südens, oder dem eisigen Tod, der in der nördlichen Eiswüste auf sie wartete. Eines der größten und dramatischsten Abenteuer der Seefahrt war die Suche nach der Nordwest-Passage.

Da Spanien im 16. und 17. Jahrhundert die Südatlantik-Route rund um Kap Horn beherrschte, träumte England davon, eine Passage um den Norden des amerikanischen Kontinents zu finden, die dann ausschließlich unter britischer Kontrolle stehen würde. Die unheimliche Zauberkraft dieses Traums hat immer wieder neue Opfer an Menschen und Material gefordert. Einer der vielen, die sich auf die Suche begaben, der britische Seeheld und Eismeerfahrer Sir Martin Frobisher, fand 1578 auf seiner Expedition zwar nicht die Durchfahrt nach Nordwesten, brachte aber große Mengen glitzernden Erzes mit, die er für reines Gold hielt. Auch dieser Traum zerrann, als sich herausstellte, daß es sich lediglich um Eisenkies handelte.

Aber nicht allein praktische Erwägungen und kommerzielle Hoffnungen, sondern auch wissenschaftlicher Forschungstrieb ließen die Seefahrer die tragische Suche trotz aller Rückschläge nicht aufgeben. Genauso wenig Erfolg wie alle anderen hatte James Cook, als er 1776 auf seiner letzten großen Fahrt feststellen wollte, ob die Hudson Bay mit dem Pazifik verbunden sei. Am 70. Breitengrad stieß er auf eine vier Meter hohe Eisbarriere, die ihn zur Umkehr zwang. 1773 berichtete LLOYD'S LIST über die RACEHORSE der Constantine und Phipps Expedition:

> *»RACEHORSE, Kanonenboot, erreichte Gravesend am 29. September, vom Nordpol kommend.«*

Wie viele dramatische und ausweglose Situationen auf der Suche nach der Nordwest-Passage mögen sich hinter den knappen Meldungen in LLOYD'S LIST verbergen. Der Tod war ständiger Begleiter der Eismeerfahrer. Diejenigen, die zurückkamen, konnten Gott danken, selbst wenn ihre Suche erfolglos gewesen war. Am 21. Oktober 1823 und am 18. Oktober

1825 brachte LLOYD'S LIST Meldungen über Edward Parrys Expeditionen mit der HMS FURY und HMS HECLA. Nach dem britischen Seefahrer wurden die Parry-Inseln, der Westteil des zu Kanada gehörenden amerikanisch-arktischen Archipels, benannt. Eine andere Meldung aus dem Jahre 1823 handelte von einer Flaschenpost:

»Topsam, 23. August. Die LORD EXMOUTH, Barrell, die in Quebec eintraf, fand am 4. des vergangenen Monats 40° nördl. Br., 27° westl. L.v.Gr. eine mit Entenmuscheln bedeckte Flasche, die die folgende Mitteilung enthielt: ›Nordpol-Expedition, Januar 1822. Diese Flasche wurde den Wellen des Nordpolarmeeres übergeben von den Offizieren der Nordpol-Expedition, die 5° westlich von Melville Island eingeschlossen wurde. Alle wohlauf.‹«

Seit Kolumbus haben sich Seeleute der Flaschenpost zur Übermittlung von Nachrichten bedient. Königin Elizabeth I. verwendete die Seepost sogar für offizielle Mitteilungen. Es hieß, daß das unbefugte Öffnen mit dem Tode bestraft würde. Nur ein »Amtlicher Entkorker der Meeresflaschen« *(Official Uncorker of Ocean Bottles)* war berechtigt, die Flaschen mit den geheimen Nachrichten zu öffnen. Freilich handelt es sich bei Flaschen-Botschaften wohl allzuoft um Falschmeldungen. Auch die Glaubwürdigkeit der von der LORD EXMOUTH aufgefischten Flaschenpost wird bezweifelt, weil die Offiziere einer Expedition sie nicht in dieser Art abgesetzt hätten. Wiederum waren aber Schiffe von Parrys zweiter Entdeckungssuche der Nordwest-Passage zu jener Zeit im Eis eingeschlossen ...

Sir Robert MacClure entdeckte auf seiner Arktis-Expedition von 1850–53 die letzte noch unbekannte Strecke der Nordwest-Passage, die nach ihm benannte MacClure-Straße. Aber erst dem norwegischen Polarforscher Roald Amundsen gelang es 1903–05, sie in ihrer ganzen Länge von Labrador bis zur Beringstraße zu durchqueren. Die Amerikaner wollten genau wissen, ob sich die Bodenschätze Alaskas auf dem Wasserwege zur Ostküste der USA befördern lassen. Sie funktionierten den 115 000-Tonnen-Tanker MANHATTAN zum Eisbrecher um und schickten ihn mit Unterstützung von Eisbrechern und Flugzeugen auf die Reise, ein Unternehmen, das sie umgerechnet 400 Millionen DM kostete. 1969 gelang es der MANHATTAN, auf ihrer fast zwei Monate dauernden Fahrt die Nordwest-Passage zu durchqueren. Damit erhielt die Eisfahrt, die heute nicht weniger aktuell ist als damals, neuen Aufschwung.

Die Suche nach einer nordwestlichen Durchfahrt liest sich wie eine abenteuerliche Geschichte in vielen Fortsetzungen. Zu ihren Anfängen gehört auch die tragische Figur eines Arktisforschers, dem eine riesige Bucht im Norden des amerikanischen Kontinents und der Meeresarm, der sie mit dem Labrador-Becken verbindet, ihren Namen verdanken: Henry Hudson (um 1550–1611). Im Auftrag einer Handelsgesellschaft sollte er eine Durchfahrt zum Pazifik finden.

Als Hudson nach mehreren vergeblichen Versuchen schließlich erkennen mußte, daß im Nordwesten das Eis überall den Weg versperrte, wandte er sich gen Westen. Den großen Meereseinschnitt, den er dort fand, mag er für die lange gesuchte Durchfahrt vom Atlantik in den Pazifik gehalten haben. Nachdem er mit seiner Besatzung die Schrecken des arktischen Winters überstanden hatte, brach er 1611 zur Weiterfahrt in den Pazifik auf. Den erneuten Mißerfolg sollte er nicht mehr erleben. Von seiner meuternden Mannschaft zusammen mit den Kranken in einem Boot ausgesetzt, wurde die Bucht sein Grab.

Die Handelsgesellschaft, in deren Dienst Hudson stand, setzte dem wagemutigen Seefahrer mit ihrem Namen ein bleibendes Angedenken. Sie ist die einzige der vielen in früherer Zeit gegründeten Charterkompanien, die sich bis heute erhalten hat, die *Hudson Bay Company*. Nachdem ihr 1670 von König Charles II. die Hoheitsrechte in den Gebieten um die Hudson Bay verliehen worden waren, dehnte sie ihren Machtbereich später über halb Kanada aus. Obgleich sie 1869 ihre staatlichen Rechte auf Kanada übertrug, verfügt sie noch immer über einen Landbesitz von einigen Millionen Hektar. Reich und berühmt wurde sie durch ihren Pelzhandel. Auf diesem Gebiet ist sie auch das größte Weltunternehmen geblieben.

LLOYD'S LIST reflektierte die Entwicklung dieser königlich privilegierten Handelsgesellschaft in vielen Schiffsmeldungen. Seit die winzige Ketsch NONSUCH 1666 die Handelsroute zur Hudson Bay eröffnete, segelten die Schiffe der Gesellschaft Jahr für Jahr etwa Ende Mai ab Gravesend und kehrten je nach Wind- und Wetterverhältnissen gegen Ende September zurück. In dieser Region war jedoch nicht die »Schwarze Haut« das Handelsobjekt, sondern die Felle von Tieren, auf die Indianer und Trapper in den Weiten der kanadischen Wälder und Tundren ebenso Jagd machten, wie die afrikanischen Eingeborenen auf ihre eigenen Landsleute. Besonders begehrt waren Biberpelze. Dem Biber *(beaver)* verdanken die nacheinander entstandenen Londoner Hauptsitze und etliche Schiffe der Gesellschaft ihren Namen. Das erste Dampfschiff an der nordwestlichen Pazifikküste war ein BEAVER Raddampfer.

Über Abfahrt und Rückkehr der Hudson Bay-Schiffe informierte LLOYD'S LIST in jeder ihrer Ausgaben. Die früheste dieser Meldungen datiert von 1741 und betrifft die Rückkehr der SEAHORSE, Spurril, nach

Gebäude der Hudson Bay Company in England, 1853

Gravesend im frühen Oktober. Die Heimreise des Hudson Bay-Schiffes EDDYSTONE im Jahre 1823 verlief sehr viel dramatischer:

> *»Scilly, 21. Oktober.*
> *Die EDDYSTONE, Bell, von der Hudson's Bay, lief hier am 19. d. M. . . . ein. Sie erlebte auf ihrer Reise sehr schlechtes Wetter, vor allem am 9. d. M., als eine besonders hohe Welle sie traf . . .«*

Alle entstandenen Schäden werden nun einzeln aufgeführt. Weiter heißt es:

> *»Ein Mann war ertrunken, einer getötet und ein anderer schwer verletzt. Es ist zu befürchten, daß die Ladung Schaden genommen hat, da eine große Menge Wasser in den Frachtraum lief, während sie auf der Seite lag . . . Bei dem ersten günstigen Wetter wird sie weitersegeln nach London.«*

Einige Tage später meldet LLOYD'S LIST:

> *»Cowes, Ankunft am 30. EDDYSTONE (sic) Bell, von der Hudson's Bay.«*

Dem schwer beschädigten Schiff war es also doch noch gelungen, seine Fahrt fortzusetzen. Schon die nächste Ausgabe bestätigte, daß die EDDYSTONE am 30. Oktober von Cowes weitergesegelt war. Nun lag die letzte Etappe der Reise vor ihr und die erschöpfte Besatzung würde aufatmen, daß der Heimathafen nahe war. Wind und Wellen ließen ihre Opfer aber noch immer nicht los. Die Wettervorhersage in derselben Ausgabe von LLOYD'S LIST meldete heftige Stürme von Nord und Nordwest bis zum 2. November, also gerade für die Zeit, in der das leckgeschlagene Schiff North Foreland umsegeln würde. Sollte diese Reise nun doch noch mit einer Tragödie enden? Wie ungeduldig mögen die Underwriter die nächste Ausgabe der Zeitung erwartet haben. Dann endlich die erlösende Nachricht:

> *»Die bedauernswürdige EDDYSTONE und ihre entkräftete Mannschaft haben am 5. November Gravesend erreicht – von der Hudson Bay kommend.«*

Die Transatlantikreisen der Hudson Bay Company endeten erst um 1930. Danach wurden die Handelslager und Posten von Montreal aus beliefert.

Am 13. Februar 1854 war auf der Titelseite von LLOYD'S LIST folgende Anzeige zu lesen:

> *»Direkt nach Bombay. Das schöne schnelle Segelschiff JAMES GIBB der angesehenen East India Company, A1, 813 Registertonnen, mit Kupferbeschlag, Kommandant R. Jackson, wird unverzüglich auslaufen. Dieses Schiff hat erstklassige Unterbringungsmöglichkeiten für Passagiere. Wegen Fracht und Überfahrt wenden Sie sich an E. W. Ellis, 24 Roodlane, oder an Dawson Arrow, 2 Billiter-sq.«*

Ein Inserat wie viele andere. Historisch gesehen ist es allerdings interessant als eine der letzten Erinnerungen an die vielleicht größte Monopol-Gesellschaft der Welt, die *East India Company.* 1854, als diese Anzeige erschien, hatte sie ihr Handelsmonopol schon seit zwanzig Jahren eingebüßt. Ihre Anfänge reichen bis in das 16. Jahrhundert zurück, als infolge der kommerziellen, politischen und maritimen Entwicklung in England viele Handelsgesellschaften gegründet wurden. So zum Beispiel die *London and Moscovite Company* für den Handel mit Rußland, die *Levant Company,* die das königliche Patent für den Handel mit dem Nahen Osten erworben hatte, oder die *Royal Africa.* Zu Ende ihrer Regierungszeit unterzeichnete Königin Elizabeth I. am 31. Dezember 1600 den Freibrief für »die Londoner Kaufleute, die Handel nach Ostindien treiben« und erteilte damit der East India Company das Monopol für den britischen Ostindienhandel. Das Dokument sollte später welthistorische Bedeutung erlangen.

Durch zweieinhalb Jahrhunderte zieht sich die wechselvolle Geschichte dieser Charterkompanie. Darunter verstand man damals eine Gesellschaft mit beschränkter Haftung, die vom Staat mit sehr weiten Privilegien ausgestattet war. Es ist eine Geschichte der Kriege, des ständigen Konkurrenzkampfes gegen die beiden großen Rivalen, die *Vereenigte Oost-Indische Compagnie* der Holländer und die *Compagnie Française des Indes Orientales.* Dennoch gewann die East India Company immer mehr an Macht. Wie die französische Gesellschaft, unterhielt auch sie eine eigene Flotte, die *Bombay Marine,* und ein eigenes Heer. Ihre Schiffe waren speziell für Waren konstruiert, die sich gewinnbringend verkaufen ließen, und somit Vorläufer des später weitverbreiteten Trends zur Schiffsspezialisierung. Das erforderte wiederum auch die Spezialisierung der Versicherungen auf besondere Risiken.

LLOYD'S LIST berichtete ausführlich über die berühmten Ostindienfahrer, die gut bewaffnet und bemannt, oft den Begleitschutz anderer

Schiffe übernahmen. Für die Underwriter von Lloyd's verringerte sich dadurch das Versicherungsrisiko der Seetransporte erheblich. Unter Lloyd's Dokumenten befindet sich auch eine Proklamation Charles I. aus dem Jahre 1627, in der die typischen Produkte aufgeführt sind, mit denen die Ostindienfahrer beladen wurden. Sie besaßen großen Wert, ohne in den Frachträumen viel Platz zu beanspruchen:

> *»Die Waren, denen die Konzession erteilt wird, von Ostindien nach England gebracht zu werden, sind Langer Pfeffer, Weißer Pfeffer, Weißer Puderzucker, Muskatnüsse, Ingwer ... Magensteine, Rauschmittel jeglicher Art, Achate, Perlen, ... Moschus, Aloe, ... kostbare Teppiche, ... Satin und Taft aus China, ... chinesisches Porzellan ...«*

Später wurde das Teegeschäft einer der Schwerpunkte des Ostindienhandels. Der Tee mußte aus China bezogen werden – im Tausch gegen Opium. Allein die Propaganda der East India Company brachte es fertig, aus England, das bis 1730 das Land der Kaffeehäuser und Kaffe-Konsumenten gewesen war, ein Land der Teetrinker zu machen. Im letzten Drittel des 18. Jahrhunderts war der Teehandel für die Finanzen der East India Company von ausschlaggebender Bedeutung. Sie bestimmte den Teepreis. Ohne das Teegeschäft wäre sie wohl noch viel früher wirtschaftlich ruiniert gewesen. Was nutzten alle Eroberungen, die nur den persönlichen Reichtum der Feldherren und einiger Beamter vermehrten, die wie die Nabobs lebten.

Nachdem der Widerstand vor allem der Sikhs und Marathen gebrochen war, hatte die East India Company die Herrschaft über ganz Indien erlangt. Ihr Vertreter erhielt den Titel eines Generalgouverneurs, er wurde somit Beamter der britischen Krone. Finanziell war die East India Company aber zu diesem Zeitpunkt bereits längst bankrott und wurde nur durch »Kredite« künstlich am Leben gehalten. Als die Meuterei ihrer Truppen sie dann 1857 zusätzlich in Mißkredit brachte, übernahm die britische Regierung Indien.

Das riesige Reich, über das England von jetzt an herrschte, wurde zu einem Juwel in seiner Krone. Was Elizabeth I. zweieinhalb Jahrhunderte zuvor mit ihrer Unterschrift eingeleitet hatte, verhalf nun einer späteren englischen Königin zu noch mehr Ruhm und Glanz. 1877 wurde Königin Victoria zur Kaiserin von Indien ausgerufen.

Noch heute zeugt in London vieles von der einstigen Macht der Handelsgesellschaft. Wenige Jahre nach dem Erlöschen der Gesellschaft wurde das East India House in der Leadenhall Street abgerissen. Auf diesem

Das Londoner Gebäude der East India Company. Es wurde 1863 abgerissen.

Grundstück entstand 1928 Lloyd's erstes eigenes Gebäude, das dann seinerseits dem jetzigen Neubau Platz machen mußte.

LLOYD'S LIST ist nach dem seit 1665 erscheinenden amtlichen Publikationsorgan *London Gazette* die älteste aller noch existierenden Londoner Zeitungen. Von geringfügigen Änderungen abgesehen wurde die Form der ersten Ausgaben über mehr als hundert Jahre beibehalten. Lediglich der Umfang nahm zu. Ab 1837 erschien die Zeitung täglich.

Ein Rückblick anläßlich des 250jährigen Jubiläums von LLOYD'S LIST im Jahre 1984 ließ erkennen, in welchem Maße das Blatt im Lauf der Zeit zu einem gefragten Orientierungsmittel geworden ist. So gesehen bildet es eine der Grundlagen für den auf genauer Information beruhenden Versicherungsmarkt. Diese Wechselwirkung wird in Lloyd's Geschichte immer wieder deutlich.

IV

GRÜNDUNG DER SOCIETY OF LLOYD'S

Am 20. März 1769 konnten die Londoner im *Public Adviser* folgendes Inserat lesen:

> *»Für die Kaufleute im allgemeinen, Eigner und Befrachter von Schiffen, Versicherungsmakler etc. Thomas Fielding, Waiter von Lloyd's, erlaubt sich, Ihnen bekanntzugeben, daß sein Haus in Pope's Head Alley, Lombard Street, nun fein hergerichtet ist und morgen, den 21. d. M., unter dem Namen New Lloyd's Coffee-House zum Empfang der Gentlemen, Kaufleute etc. eröffnet wird. In der Hoffnung, Ihre Gunst zu gewinnen, für die er sich dankbar erkenntlich zeigen wird,*
>
> *Ihr sehr verbundener Diener*
> *Thomas Fielding«*

Mochten die Differenzen bei Lloyd's von der Öffentlichkeit bis dahin noch wenig beachtet worden sein, die Trennung der seriösen, berufsmäßigen Underwriter von dem alten Etablissement sorgte bestimmt für Aufsehen. Dieser entscheidende Schritt war das erste Anzeichen einer organisierten Interessengemeinschaft der Underwriter mit einem neu orientierten Lloyd's Coffee-House, die bis zum heutigen Tag überdauert hat. Es verstand sich für alle von selbst, den Namen Lloyd's auch in Pope's Head Alley beizubehalten, so fest war dieser Begriff zur damaligen Zeit bereits mit der Durchführung von Seetransport-Versicherungen verbunden.

London hatte damit aber nicht nur zwei Kaffeehäuser gleichen Namens. Jedes Kaffeehaus druckte auch seine eigene Zeitung. Neben der alteingeführten LLOYD'S LIST erschien von nun an eine NEW LLOYD'S LIST. So machten sich sowohl die Kaffeehäuser als auch ihre Zeitungen einige Jahre lang gegenseitig Konkurrenz.

Das Eigentumsrecht an Edward Lloyd's Coffee-House in der Lombard Street war 1754 auf Samuel Saunders übertragen worden, der eine der Baker-Töchter geheiratet hatte.

Einem ungeschriebenen Gesetz zufolge, welches bestimmte, daß sich Eigentum immer auf die Seitenlinie weitervererben soll, ging das Kaffeehaus nach Saunders Tod 1763 in den Besitz seiner Schwester und deren Mann, Thomas Lawrence, über. Lawrence war jedoch kein Geschäftsmann. Er ist der einzige Besitzer des Kaffeehauses gewesen, der sich nicht selbst um die Leitung kümmerte und die täglichen Pflichten seinem ebenfalls unfähigen Oberkellner überließ. Nur so konnte es wohl auch geschehen, daß sich zweifelhafte Elemente im Kaffeehaus einnisteten und es zu einer Art Wettbüro verkam.

Daneben mögen auch noch andere Gründe und nicht zuletzt Intrigen die Spaltung herbeigeführt haben. Die treibende Kraft ist aber wohl Thomas Fielding gewesen, einer von Lawrence' Kellnern. Er hatte längst erkannt, daß die Zeiten von Edward Lloyd's Coffee-House endgültig der Vergangenheit angehörten. Mit der Gründung von New Lloyd's bezweckte er, die neue Generation der Kaufleute, Makler und Versicherer für sein Kaffeehaus zu gewinnen.

Lawrence' verbleibende Kundschaft bestand bald nur noch aus einigen der alten Stammgäste und jenen Glücksspielern, die die Trennung provoziert hatten. Zwar übermittelte er der Regierung weiterhin Schiffsnachrichten, aber inzwischen hatte man wohl auch dort die wahren Gründe der Spaltung erkannt. Die Chancen für Lawrence standen schlecht. Sein Unternehmen, das sich nach wie vor an den alten Kaffeehaus-Richtlinien orientierte, konnte der Konkurrenz auf die Dauer nicht standhalten.

Die Underwriter haben Lloyd's zu dem gemacht, was es heute ist. Ohne sie und ihre Versicherungen wäre Edward Lloyd's Coffee-House, dieses anerkannte, gut etablierte Zentrum für Schiffahrtsgeschäfte, mit der Zeit wohl wieder ein ganz gewöhnliches Kaffeehaus geworden, das sich vielleicht durch nichts anderes als durch einen besonders guten Kaffee von den übrigen Lokalen unterschieden hätte. Auf lange Sicht aber konnte ein Arrangement, bei dem die Underwriter nichts anderes waren als Kaffeehauskunden ohne Mitbestimmungsrecht, nicht funktionieren. Den Underwriters war der Durchbruch in den Nachrichtendienst gelungen. Ohne Hilfe des Kaffeehausbesitzers hatten sie 1763 ihr eigenes Schiffsregister erstellt, das *Lloyd's Register of Shipping*. Es war für Seetransport-Versicherungen unentbehrlich geworden. Nun hatten sie den Entschluß gefaßt, als selbständige, auf ihre Mitglieder beschränkte Berufsgruppe ihr eigenes Unternehmen zu gründen. Diese Bestrebungen deckten sich mit den Zielen Thomas Fieldings, Master des New Lloyd's Coffee-House. Er verstand sein Geschäft und wußte genau, worauf es ankam. Die Kaufleute der City brauchten einen geeigneten Ort, der ihnen günstige Voraussetzungen für ihre Versicherungsabschlüsse bot. Das war seine Chance.

Damals wurde es zum ersten Mal akut, jenes Raumproblem, das Lloyd's im 20. Jahrhundert noch mehr Kopfzerbrechen bereiten sollte. Im Jahre 1769 bot sich den Underwriters mit New Lloyd's Coffee-House in Pope's Head Alley endlich eine Möglichkeit, sich von dem alten Etablissement abzusetzen. Die schmale Gasse zwischen Lombard Street und Cornhill, die heute mehr einem Tunnel gleicht, war im 18. Jahrhundert eine der ersten Adressen in der City, eine Art Bond Street mit den besten Geschäften und Hotels. Der schon mehrfach zitierte Samuel Pepys machte dort seine teu-

Die Royal Exchange in London, in die Lloyd's 1774 Einzug hielt.

ren Einkäufe. Später hatte er dann meist Gewissensbisse wegen seiner Extravaganz.

Mit »fein hergerichteten« Räumen hatte Fielding in seinem Inserat um Kunden geworben. In einer Beschreibung in *Public Characters* von 1803 wird das Haus Nr. 5 aber als »extrem ungünstig für die Gesundheit und unbequem im Hinblick auf Geschäfte, wie hinsichtlich seiner Größe und seines Zustandes« bezeichnet. So stellte sich denn auch schon zwei Jahre später heraus, daß die Räume viel zu eng und unbehaglich waren. Die Underwriter beschlossen umzuziehen. Inzwischen hatten sie auch genauere Vorstellungen, worauf es für sie in erster Linie ankam. Sie mußten sich in irgendeiner Form organisieren, sich eine Satzung geben und selbständig verwalten. Dafür aber würden eigene Räume notwendig sein.

Die Geschichte von Lloyd's kennt eine ganze Reihe wichtiger Daten. Eines davon ist der 13. Dezember 1771. An diesem Tag trafen sich 79 Kaufleute, Underwriter und Broker im New Lloyd's Coffee-House und setzten ein Dokument auf, dessen besondere Bedeutung erst später offenbar wurde:

> *»Wir, die Underwriter, vereinbaren im Namen eines Komitees, das durch Ballotage gewählt werden soll, unsere einzelnen Beiträge für das Gebäude eines New Lloyd's Coffee-House auf die Bank von England einzuzahlen.«*

Jeder der 79 Subscriber (Unterzeichner) leistete eine Sicherheit von 100 Pfund.

Dies war die offizielle Geburtsstunde der *Society of Lloyd's.* Das Kaffeehaus würde nun nicht mehr Eigentum der Coffee-House-Master sein, sondern den Mitgliedern, den Underwriters, gehören, die eine lockere aber offizielle Vereinigung bildeten, kontrolliert durch ein gewähltes Komitee. Die später veröffentlichte »Liste der Subscribers von Lloyd's, von der Gründung 1771 bis zum 1. Juni 1800« führt Kaufleute, Bankiers, Schiffseigner, Underwriter und Broker auf, die alle ein gemeinsames Interesse an Seetransport-Versicherungen verband. Aus den Protokollen jener Zeit sind die Namen der neun Komitee-Mitglieder überliefert: Martin K. van Mierop, John Wilkinson, John Townson, Joshua Readshaw, James Black, John Ewer, James Bourdieu, John Whitmore und Brook Watson. Van Mierop, der vermutlich auch die Spaltung 1769 in die Wege geleitet hatte, führte den Vorsitz bei der ersten Hauptversammlung. Historisch gesehen war also, obgleich nie offiziell gewählt, ein Niederländer der erste Chairman von Lloyd's.

John Julius Angerstein, der „Vater von Lloyd's."
(Gemälde von Sir Thomas Lawrence, 1816)

Aus dem Protokollbuch ist zu entnehmen, daß die ersten Mitgliederversammlungen gehalten wurden, *»um ein Gebäude zu planen oder in ein anderes Haus umzuziehen, das geeigneter für die Aufnahme der Herren Underwriter etc. sei«*. Es gab endlose Debatten. Pläne wurden entwickelt und wieder verworfen. Nach zwei Jahren waren die Überlegungen genauso weit wie am Anfang.

Da nahm ein junger Underwriter, der nicht einmal Mitglied des Komitees, dazu noch Ausländer war, die Sache in die Hand. Das Protokollbuch des Gresham Committee der *Mercers' Company,* die die Royal Exchange verwaltete, berichtet, daß

> *»Mr. Angurstine von den Herren, die New Lloyd's Coffee-House besorgen, anfragte, ob über der Börse irgendein großer Raum zu mieten wäre. Das Komitee befahl dem Sekretär mit dem Verwalter, Mr. Angurstine die beiden Räume zu zeigen, die zuletzt an die Britische Fischerei vermietet waren.«*

Dem bereits erwähnten *Public Characters* zufolge, setzte John Julius Angerstein die Verhandlungen über eine Anmietung der Räume in der Royal Exchange aus eigener Initiative fort und garantierte persönlich eine Miete von 160 Pfund im Jahr. Danach

> *»berief er eine Versammlung der Subscriber ein und, nachdem er von ihnen mit provisorischen Vollmachten ausgestattet worden war, beschaffte er in seinem Namen für ihre Unterbringung die großen und luftigen Appartements, die von der Britischen Heringsfischerei bewohnt worden waren.«*

Später fragte man sich, warum das Komitee von Lloyd's soviel Zeit für Projekte verschwendet hatte, die sehr viel teurer und so wenig geeignet waren, während zwei große billige Räume in der Royal Exchange leerstanden. Es wird den Mitgliedern des Komitees gewiß peinlich gewesen sein, daß ein Außenstehender die Schwierigkeiten so spielend überwunden hatte, an denen sie gescheitert waren. Zu diesem Zeitpunkt ahnten sie noch nicht, wie weit es dieser wenig bekannte Ausländer eines Tages bringen würde.

Die Hannoversche Familie Angerstein, die ihren Namen nach jüdischer Tradition von dem Dorf Angerstein bei Göttingen ableitete, war im 18. Jahrhundert nach St. Petersburg gegangen. Dort wurde 1735 John Julius geboren. Mit fünfzehn Jahren schickte seine Familie ihn nach London zu einem angesehenen baltischen Kaufmann in die Lehre. 1773 hatte er bereits ein eigenes Versicherungsbüro in Cowper's Court. Dieser Mann sollte später als »Vater von Lloyd's« in die Geschichte eingehen.

Am Samstag, den 5. März 1774, schloß New Lloyd's Coffee-House in der Pope's Head Alley für immer seine Pforten. Am folgenden Montagmorgen wurde der Geschäftsbetrieb in den Räumlichkeiten über der Nordwestecke der Royal Exchange aufgenommen. Verglichen mit dem Kaffeehaus war diese neue Unterkunft groß und komfortabel. Schon Daniel Defoe, der wohl die beste und genaueste Beschreibung Londons zu Anfang des 18. Jahrhunderts gegeben hat, hegte die größte Bewunderung für die »Zitadelle des Handels, die größte und feinste Börse der Welt«. Zum Außenraum in Lloyd's Etage hatte auch die Öffentlichkeit Zutritt. Er maß 15,24 m in der Länge. Das »Allerheiligste der Subscriber«, »The Room«, war sogar noch geräumiger und luftiger. Drei große Kronleuchter verliehen ihm festlichen Glanz. Entlang den Wänden war eine Reihe geschnitzter eichener Boxen im Stil von Edward Lloyds Coffee-House aufgestellt. Auf einem speziell dafür entworfenen Pult lag »The Book«, in das ab 1774 alle Schiffsankünfte und Verluste, sowie neueste Schiffsnachrichten eingetragen wurden. Die im Laufe der Jahre an den Wänden angebrachten Schiffsplakate, humorvollen Inserate und Listen der in der City vereidigten Makler täuschten inmitten der hektischen Betriebsamkeit eine gewisse Clubhaus-Behaglichkeit vor.

Die Kaffeehaus-Ära gehörte nun endgültig der Vergangenheit an. Auch die Besitzverhältnisse hatten sich gemäß dem 1771 gefaßten Beschluß grundlegend geändert. Waren die Underwriter bislang lediglich Kunden gewesen, so wurden sie nach den revolutionierenden Neuerungen nun Eigentümer von Lloyd's. Der bisherige Master des Kaffeehauses war von jetzt an ihr Pächter, gleichzeitig aber auch Vertragspartner des Komitees.

Ein »Master of Lloyd's« galt zu der Zeit noch nicht als Angestellter oder Head Waiter wie in späteren Jahren. Er war verantwortlich für Miete, Kommunal- und Staatssteuern, engagierte und entlohnte das Personal, beschaffte Kohle, Kerzen, Zeitungen, Schreib- und Papierwaren. Seine Aufgabe war es auch, die Postbeamten zu hofieren und den Hafenkorrespondenten ihre Honorare zu zahlen. Darüber hinaus führte er die Schiffsankunfts- und Verlustberichte, organisierte die Schiffsinformationen und unterschrieb die offizielle Korrespondenz. Sein Einkommen bezog der Master of Lloyd's aus dem Jahresbeitrag von 2 Pfund, den jeder Besucher zu zahlen hatte, aus gelegentlich erzielten Gewinnen und dem Verkauf von LLOYD'S LIST. Einträglich war der Job nicht. Aus den Protokollbüchern von Thomas Tayler, der nach Fieldings Tod 1774 Master of Lloyd's wurde, geht hervor, daß er sich ständig über die Nichtbezahlung der ihm zustehenden Anteile zu beklagen hatte. Einmal waren sogar 109 Subscriber im Rückstand. Auch stand er täglich von neuem vor der schwierigen Aufgabe, die Öffentlichkeit vom Room fernzuhalten.

Von den 79 Gründungsmitgliedern war eine Aufnahme-Pauschale von 20 Pfund pro Kopf festgesetzt worden. Nach einer späteren Berechnung sah sich das Komitee jedoch in der Lage, jedem 5 Pfund zurückzuzahlen. Von da an betrug die Aufnahmegebühr für Mitglieder auf Lebenszeit 15 Pfund. Jeder Kaufmann in der City, der seine 15 Pfund zahlte, oder es auch nur versprach, erlangte damit das Vorrecht der Mitgliedschaft bei Lloyd's. Da aber weder irgendeine Auswahl getroffen, oder nach der finanziellen Situation der Bewerber gefragt wurde, war der Room bald überfüllt von Leuten, die nur wenig Ahnung oder Erfahrung auf dem Gebiet der Seetransport-Versicherung hatten.

John Weskett, den alle Versicherer wegen seiner bissigen Bemerkungen und seiner Streitsucht fürchteten, schildert in seinem Buch *Complete Digest of the Theory, Laws and Practice of Insurance* auch diese ersten Anfänge von Lloyd's in der Royal Exchange.

»Die charakteristischen Merkmale unserer gegenwärtigen Zeit«, heißt es darin 1780, *»sind Oberflächlichkeit, Prahlerei und Habgier.«* Nach dieser Einleitung verbreitet er sich über die Zustände bei Lloyd's: *»Welch ein Absinken von kaufmännischen Eigenschaften und Fähigkeiten sogar in diesem einfachen Handelsbereich.«* Die Underwriter nannte er vertrottelt, weil sie *»ihren Führern wie eine Herde Schafe folgen«*. Daß die Broker alle schlecht waren, stand für ihn außer Frage. *»Wenn sie es schon an einer feinen Adresse fehlen lassen«*, tadelte er, *»sollten sie wenigstens versuchen, ein höfliches und aufrichtiges Benehmen an den Tag zu legen.«* Er meinte, diese seien die wirklichen Bösewichte, die Underwriter nur ihre törichten Opfer, und wetterte dann besonders gegen die *»zwanglose, übereilte und oft gerissene Art und Weise, in der in Lloyd's Coffee-House Versicherungen abgeschlossen werden ...«*

Das waren schwerwiegende Beschuldigungen. Und doch mögen sie ein Körnchen Wahrheit enthalten, denn zweifellos waren alle Versuche, das Versicherungsgeschäft zu organisieren und die Versicherungsgesetze zu systematisieren, bis dahin mißlungen. Abgesehen von ihrer Mitgliedschaft bei Lloyd's, waren weder Underwriter noch Broker in irgendeiner Weise organisiert. Das Gesetz schrieb zwar vor, daß *»Broker beim Bürgermeister und den Ratsherren registriert werden mußten und eine jährliche Gebühr von 40 Shilling zu zahlen hatten«*, aber darum kümmerte sich niemand.

Überhaupt war die Vereinigung von Lloyd's so freizügig, daß man nach wie vor in den Room gelangen und seine Annehmlichkeiten genießen konnte, ohne die offizielle Gebühr zu entrichten. Erst ab 1778 wies ein Schild über dem Eingang darauf hin, daß der Room ausschließlich den Mitgliedern vorbehalten sei und Außenstehende keinen Zutritt hätten.

Aber von all diesen Mängeln abgesehen, Lloyd's war nun unbestritten eine Organisation. Die Vereinigung war zahlungsfähig, autonom und verfügte über alle wesentlichen Qualitäten, die ihre Entwicklung in den nächsten 200 Jahren möglich machten.

LLOYD'S LIST und NEW LLOYD'S LIST konkurrierten noch einige Zeit miteinander. Allerdings sind die kompletten Ausgaben der beiden Zeitungen in den Archiven nicht mehr vorhanden. Von LLOYD'S LIST liegt nur noch der Jahrgang 1772 vor, während von NEW LLOYD'S LIST die Jahrgänge 1771 und ab 1773 erhalten geblieben sind. 1789 muß das »New« wohl keinerlei Bedeutung mehr gehabt haben, denn die Zeitung kehrte mit der ersten Ausgabe dieses Jahres zu dem ursprünglichen Titel LLOYD'S LIST zurück.

Im Rückblick wird deutlich, daß die Geschichte von Lloyd's eine Geschichte des stetigen Wachstums und Wandels ist. Jedem Fortschritt mußte aber immer erst eine Krise vorangehen. Stets war es die drängende Notwendigkeit des Augenblicks, die eine Neuerung herbeiführte. Aber wenngleich sich die Entwicklung nur langsam vollzog, so mußte doch auch nie eine einmal gefaßte Entscheidung rückgängig gemacht werden.

Die frühesten englischen Policen waren handgeschrieben. Um die Mitte des 17. Jahrhunderts tauchten die ersten gedruckten Policen auf. Klauseln und Bedingungen waren aber gewöhnlich so improvisiert, daß viele Policen, rechtlich gesehen, gar keine Gültigkeit besaßen. In den Archiven von Lloyd's findet sich eine Police vom 20. Januar 1680, ausgestellt auf die GOLDEN FLEECE, für eine Fahrt von Lissabon nach Venedig. Fast ein Jahrhundert später, am 12. Januar 1779, wurde in der Hauptversammlung mit der Entscheidung, eine Einheitspolice einzuführen, ein wesentlicher Fortschritt erzielt. Die Mitglieder faßten zwei wichtige Beschlüsse:

1. *»... daß von jetzt an wissentlich keine Police mehr unterzeichnet werden darf, die in von der neuen Form abweichenden Worten verfaßt ist,*
2. *... daß wir künftig keine Versicherung mehr übernehmen für irgendeine Person oder Personen, die in anderer Weise gedruckte Policen anbieten.«*

Auch in heutiger Zeit sind die bei der Corporation of Lloyd's unterzeichneten Policen, von drei wichtigen Zusätzen abgesehen, in ihrer Form noch die gleichen wie vor 300 Jahren. Wie unbeholfen die Formulierung auch lauten mag, ihre Bedeutung ist klar. Selbstverständlich mußten im Laufe der Zeit Klauseln hinzugefügt werden, um für Ereignisse vorzusorgen, mit denen man 1779 noch nicht rechnen konnte. Der Vorzug einer Lloyd's-Police, durch 300jährige Tradition geheiligt, ist, daß alle Beteiligten genau wissen, welche Verpflichtung sie eingehen.

Mit der Entscheidung vom Januar 1779 hatten sich die Reformbestrebungen des 18. Jahrhunderts erschöpft. In den nächsten beiden Jahrzehnten ist kein Fortschritt von entscheidender Bedeutung zu verzeichnen. Der Versicherungsbetrieb wickelte sich so zwanglos ab, daß in den Jahren von 1780 bis 1793 nur sieben Hauptversammlungen abgehalten wurden, von denen allein vier 1786 stattfanden, um über eine Erweiterung der Räumlichkeiten zu diskutieren. Seit der Eröffnung eines separaten Coffee Rooms, des »Captains' Room«, im Jahre 1778 waren Versicherungsabschlüsse bei einer Tasse Kaffee nicht mehr möglich. Im Captain's Room, in dem sich Kapitäne, Kaufleute und Mitglieder von Lloyd's trafen, fanden auch die Auktionen und die Mitgliederversammlungen statt, während der »Subscribers' Room« allein den Versicherungsgeschäften vorbehalten blieb.

Die anfangs aus 79 Mitgliedern bestehende Vereinigung von Lloyd's war mittlerweile auf mehrere Hundert angewachsen. Und wiederum war es Angerstein, der das Raumproblem löste. Die Räumlichkeiten über der Royal Exchange wurden nicht nur vergrößert, sondern auch recht feudal eingerichtet. Der *Public Adviser* kommentierte dieses Ereignis am 21. Juli 1781 mit den überschwenglichen Worten:

> *»Lloyd's: Die neuen Räume des Kaffeehauses, die gerade für die Underwriter eröffnet wurden, sind im Stil vollendet und in puncto Eleganz das beste im Königreich. Verbunden mit den drei anderen Räumen stellt das ganze Ensemble die prächtigste Suite aller in Europa für Handelszwecke geeigneten dar . . .*
> *In diesen Räumen trotzt die wagemutige Hand des Underwriter mit Federhalter und Papier der vereinigten Kraft von Neptun und Boreas.»*

Mars hatte der Verfasser in seinem Enthusiasmus nicht erwähnt. Wer hätte auch damals gedacht, daß Lloyd's gerade seinem todbringenden Regiment den entscheidenden Durchbruch verdanken würde. Das Versicherungsgeschäft wäre ohne die Ereignisse, die sich außerhalb Englands zusammenbrauten, vielleicht in den eingefahrenen Gleisen weitergelaufen. Erst der Krieg leitete einen neuen Entwicklungsprozeß ein.

V

ZEITEN DER KRIEGE UND KRISEN

Der Amerikanische Unabhängigkeitskrieg und seine Folgen für Lloyd's

»Wer die wahre Geburtsstätte der Vereinigten Staaten von Amerika besichtigen will, der besuche den ältesten Teeladen der Welt von Davison & Newman in der Creechurch Lane in der City. Hier wurde 1773 jener weltberühmt gewordene Tee verpackt, der dann von der rebellierenden Menge in Boston ins Wasser geworfen wurde.« Eine der vielen Kuriositäten, von denen es in London wimmelt, wie Egon Jameson in seinem Buch *Curiosities of Britain* herausgefunden hat.

Diese Version mag man glauben oder nicht, die »Boston Tea Party« ist jedenfalls eine geschichtliche Tatsache. Für den wachsenden Wunsch der nordamerikanischen Kolonien Englands nach Unabhängigkeit und Selbständigkeit bedeutete der 1769 mit einer Stimme Mehrheit gefaßte Beschluß des englischen Parlaments, den Einfuhrzoll auf Tee beizubehalten, das Symbol ihrer Abhängigkeit. Sie lehnten jede Besteuerung ohne politische Mitbestimmung im Parlament ab. Bei ersten Zusammenstößen mit britischen Truppen fanden 1770 in Boston fünf Menschen den Tod. Am 16. Dezember 1773 enterten einige »Radikalisten«, als Mohawk-Indianer verkleidet, unter Führung von Samuel Adams im Hafen von Boston den Ostindienfahrer DARTMOUTH und warfen an die 300 Kisten Tee ins Meer.

George III., nach dessen Meinung die Kolonien dem Mutterland Gehorsam schuldeten, verkannte die Situation völlig. Die von ihm geforderten Vergeltungsmaßnahmen, die Boston zur Unterwerfung zwingen sollten, mußten zwangsläufig in die Katastrophe führen.

Seitdem Kanada nach den Bestimmungen des Pariser Friedens 1763 an England gefallen war und von dort keine Bedrohung mehr für die Siedler ausging, war das Bewußtsein ihrer Eigenständigkeit so gestiegen, daß sie sich keine Bevormundung durch das Mutterland mehr gefallen lassen wollten. Ursprünglich war zwischen Inselbriten und Kolonisten verfassungsrechtlich kein Unterschied gemacht worden. Als Gegenleistung für den Schutz, den Flotte und Heer den Kolonien gaben, beanspruchte England das Handelsmonopol für sich, das im Schiffahrtsgesetz festgelegt war. Die umfangreichen Schmuggelgeschäfte der Kolonien unterliefen aber dieses Vorrecht. Die Kolonisten äußerten sich auch nicht zu den von der Regierung erbetenen Steuervorschlägen. Das 1765 vom Parlament erlassene und später widerrufene Stempelgesetz, dessen Erträge ausschließlich für »Verteidigung, Schutz und Sicherung der Kolonien« verwandt werden sollten, war der eigentliche Ausgangspunkt für den Unabhängigkeitskrieg.

Die Vergeltungsaktionen der britischen Regierung für den »Bostoner Teesturm« beantworteten die Kolonien, die inzwischen eine Gesamtbevölkerung von 3 Millionen hatten, 1774 mit der Einberufung des ersten Kontinental-Kongresses in Philadelphia. Am 19. April 1775 kam es bei Lexington zu einem ersten Gefecht britischer Truppen aus Boston mit einem Corps der amerikanischen Miliz. Weitere Aufstände folgten. Der Krieg hatte begonnen. Auf dem zweiten Kontinental-Kongreß am 10. Mai 1775 wurde George Washington, ein Tabakpflanzer, zum Oberbefehlshaber der *Continental Army* ernannt.

Die Opposition und die Mehrzahl der Engländer hatten den harten Kurs gegenüber den nordamerikanischen Kolonien von Anfang an nicht gebilligt, aber die Regierung verfügte über die Mehrheit im Unterhaus. Nach den blutigen Auseinandersetzungen in Lexington wurde überall auf den britischen Inseln Geld für die Unterstützung der Witwen, Waisen und betagten Eltern *»unserer geliebten amerikanischen Untertanen, die in oder bei Lexington unmenschlich hingemordet wurden«*, gesammelt.

Viele Engländer waren nicht bereit, gegen ihre eigenen Landsleute, mit denen sie größtenteils sympathisierten, die Waffen zu heben. So mußten Söldner aus Deutschland angeheuert werden, um das Heer zu rekrutieren. Sogar Indianer wurden im Kampf gegen die Kolonisten eingesetzt.

Die Regierung hatte bei der Rettung der Kolonien versagt. Auch die Chancen für eine Versöhnung verstrichen ungenutzt. Auf dem dritten Kontinental-Kongreß am 4. Juli 1776 verkündeten die 13 amerikanischen Kolonien ihre Unabhängigkeit. Diese *Declaration of Independence* sollte eine der großen Urkunden der Menschheitsgeschichte werden. Frankreich, das die Aufständischen früh unterstützt hatte, erkannte die Selbständigkeit der Kolonien an. Es trat wie später auch Spanien und Holland auf Seiten Amerikas in den Krieg ein. England war isoliert.

Der Verlust der amerikanischen Kolonien ruinierte die Kaufleute. Die Zahl der Arbeitslosen stieg. Französische und spanische Flottenverbände machten den Kanal unsicher und ließen sogar eine Invasion befürchten.

Wie überall im Land, so sah man auch bei Lloyd's voll Sorge in die Zukunft. Der Amerikanische Freiheitskrieg bedeutete für den Versicherungsmarkt die erste große Herausforderung, der er sich zu stellen hatte. Von Anfang an waren die Underwriter vom Krieg schwer in Mitleidenschaft gezogen worden. Nachdem Benjamin Franklin als Gesandter in Paris 1778 das Bündnis mit Frankreich zustande gebracht hatte, stiegen die Risiken noch mehr.

Am 23. September 1779 muß in der Royal Exchange spannungsgeladene Stimmung geherrscht haben, nachdem »oben bei Lloyd's« bekannt geworden war, daß die Franzosen und Spanier mit ihrer gesamten Flottenstärke von 90 Linienschiffen auf der Höhe von Portsmouth lagen. Die aus 72 Schiffen bestehende englische Flotte unter dem Kommando von Thomas Hardy drohte abgeschnitten zu werden. Damit wäre der gesamte Handel des Landes dem Feind auf Gedeih und Verderb ausgeliefert gewesen. Es heißt, die Seeleute hätten schon Tücher um die Büste George II. gewickelt, damit er »nicht mitansehen müßte, wie der Feind auf die englische Flotte in ihrem eigenen Kanal Jagd machte«. In letzter Minute konnte die unmittelbare Gefahr abgewendet werden.

Nicht für lange. Das Verhängnis brach elf Monate später über die Underwriter herein. LLOYD'S LIST berichtete darüber:

> *»Der Leutnant der THESIS überbrachte dieser Tage der Admiralität eine Eilbotschaft, die besagte, daß die Ost- und Westindien-Flotten, die am 29. Juli (1780) ausliefen . . . von den vereinigten Flotten Frankreichs und Spaniens überfallen wurden. Sie kaperten die gesamte Flotte, zwei Westindienfahrer und den Konvoi ausgenommen.«*

Das Drama hatte sich 300 Meilen vor Kap St. Vincent abgespielt. Fünfundfünfzig der 63 Schiffe waren verloren. Die Verluste lagen bei 1,5 bis 2 Millionen Pfund. Für den Handel bedeutete dies den schwersten Schlag seit dem Überfall auf die Smyrna-Flotte 1693. Lloyd's erschütterte er bis ins Innerste. Die Hälfte der angesehensten Underwriter waren zahlungsunfähig, darunter auch James Walter, der Gründer der *Times*. Sogar noch dreißig Jahre später, auf dem Höhepunkt der Napoleonischen Kriege, galt der August 1780 als der schwärzeste Monat in der Geschichte von Lloyd's.

Für zusätzliche Bedrohung sorgten die Freibeuter. Das Grabmal in der Marineakademie von Annapolis (Maryland, USA), das an John Paul Jones' »Heldentaten« in der Irischen See und vor Scarborough erinnert, ist größer als das für Lord Nelson in St. Paul's Cathedral errichtete. Jones griff vor Scarborough einen von der Ostsee kommenden Konvoi von 41 Segelschiffen an. Von den Klippen aus konnten viele Zuschauer eines der heftigsten Gefechte verfolgen, das die englische Küste jemals erlebt hatte.

Jones war aber nur einer jener vielen Freibeuter, die dem englischen Handel übel mitspielten. Von jedem Freihafen in Neuengland aus machten gut bewaffnete Kaper Jagd auf Handelsschiffe im Atlantik. So wurden zwischen 1776 und 1783 insgesamt 3386 britische Schiffe erbeutet. 485 davon konnten zurückerobert und 507 freigekauft werden. 2384 blieben in der Hand des Feindes. Wright und Fayle stellten 1928 in ihrer *History of Lloyd's* die Berechnung auf, daß bei einem durchschnittlichen Jahresbestand von 6200 Schiffen die jährliche Verlustrate mehr als 9 Prozent betrage, beziehungsweise ungefähr 8 Prozent, wenn man die Rückeroberungen in Abzug bringe.

Zusätzlich zu diesen alarmierenden Zahlen waren die Underwriter oft auch noch von den Verlusten des Feindes betroffen. Nach der damaligen Vorstellung galt der Handel mit dem Feind als legitim, sofern jener Profit brachte. So konnte sich ein britischer Sieg oft in eine finanzielle Niederlage der Underwriter verwandeln. Auf Grund der dreifachen Risiken, die sie zu tragen hatten, Erbeutung durch den Feind, durch Kaper oder Beschlagnahme im Hafen, von allen anderen Gefahren der Seefahrt ganz abgesehen, waren die Prämien sehr hoch. Doch obgleich 1782 die Grundprämie für eine Reise von London nach Jamaika 12 Prozent mit und 20 Prozent ohne Konvoi betrug, konnte es kein vernünftiger Geschäftsmann mehr riskieren, auf ausreichenden Versicherungsschutz zu verzichten.

Der drohende Verlust der Seeherrschaft und die sich zunehmend verschlechternde Wirtschaftslage ließen die Proteste im Land gegen den »diabolischen Krieg« immer lauter werden. Das Debakel von Yorktown führte schließlich sein Ende herbei. Wenn der Krieg den Amerikanern die Freiheit brachte, so verdanken sie das nicht zuletzt Männern wie George Washington mit seinem Berater, dem preußischen Offizier Friedrich Wilhelm von Steuben und dem rechtzeitigen Eingreifen der französischen Flotte. Sie führte in der Chesapeake Bay unter Admiral de Grasse die Entscheidung herbei, als sie General Cornwallis mit dem größten englischen Truppenkontingent den Seeweg abschnitt. Vom Lande durch das amerikanische Heer unter George Washington und ein französisches unter Rochambeau eingeschlossen, mußte Cornwallis am 19. Oktober 1781 in Yorktown (Virginia, USA) mit 7200 Mann kapitulieren.

Damit war die Freiheit so gut wie erkämpft. Am 3. September 1783 wurde in Versailles der Friedensvertrag unterzeichnet, in dem George III. die 13 Vereinigten Staaten als »frei, unabhängig und souverän« anerkannte.

Für Lloyd's waren die Folgen dieses Freiheitskrieges von sehr unterschiedlicher Art. Während sich Kaufleute und Schiffseigner in Kriegszeiten um Versicherungsschutz bemühten, versuchten sie diese Kosten zu vermeiden, sobald der Friede proklamiert worden war. Die reguläre Versicherung von Schiff und Ladung hatte allerdings auch nie als zwingende Vorsichtsmaßnahme gegolten. Ende des 18. und zu Beginn des 19. Jahrhunderts befand sich Großbritannien aber nun seit vierzig Jahren fast ununterbrochen im Krieg. Das war zur damaligen Zeit die durchschnittliche Lebenserwartung eines Bürgers. Während des Amerikanischen Freiheitskampfes und der Napoleonischen Kriege hatte England die bedeutendsten seefahrenden Nationen der Welt gegen sich. Die Kaufleute erkannten endlich die absolute Notwendigkeit, alle Seetransport-Risiken zu decken. So konnten die Verluste, die einen Einzelnen ruiniert hätten, über den Markt verteilt werden. Das bot denjenigen, die ihr Geschäft verstanden, die Chance großer Profite. Der Prämien-Boom veranlaßte viele der reichsten Londoner Kaufleute, Versicherer von Seehandelsgütern zu werden. Wo früher die übliche Versicherungssumme von einigen hundert Pfund selten überschritten wurde, riskierte nun ein einzelner Underwriter Zehntausende.

Statistisch gesehen hatte sich der englische Handel seit den Tagen von Edward Lloyd verdreifacht. Der Wert des Im- und Exports war von 10 Millionen Pfund in den ersten Jahrzehnten des 18. Jahrhunderts auf 32 Millionen Pfund im Jahr 1774 gestiegen. Der Aufschwung der Seetransporte von Amsterdam nach London bedeutete, daß der Transithandel ebenfalls zunahm. All dies brachte den Underwriters Vorteile. Nicht nur für britische Handels- und Kriegsschiffe, sondern auch für ausländische Schiffe übernahmen sie Versicherungsschutz.

Eine unmittelbare Auswirkung des Krieges war, daß sich die Auslandsgeschäfte aus allen Teilen der Welt zunehmend auf London konzentrierten und folglich die Masse der Versicherungen bei Lloyd's abgewickelt wurde. Anfang des 19. Jahrhunderts lag das Jahresprämienaufkommen eines erfolgreichen Underwriter etwa bei 40 000 Pfund. Die Gesamtprämieneinnahmen im Room werden gewiß nicht weniger als 5 Millionen Pfund ausgemacht haben. Jeder, der Zugang zum Room hatte, konnte Versicherungsverträge in beliebiger Höhe abschließen, ohne Rücksicht auf seine Geldmittel. Einige hatten Glück, viele andere, meist unerfahrene Underwriter, richteten sich zugrunde.

Im Amerikanischen Freiheitskrieg hatte Lloyd's die schwerste Prüfung in der Geschichte der Seetransport-Versicherungen zu bestehen. Wenngleich arg in Mitleidenschaft gezogen, war die Vereinigung doch verhältnismäßig glimpflich davongekommen. Die Underwriter hatten aus ihren Erfahrungen gelernt. Als zehn Jahre später der Krieg mit Frankreich begann, waren sie eher in der Lage, den Versicherungsschutz britischer Handelsschiffe zu gewährleisten.

Napoleons Weltmachtstreben

»Laßt uns alle unsere Anstrengungen auf die Flotte richten und England vernichten«, hatte Napoleon Bonaparte an das Direktorium in Paris geschrieben, als er noch General war. Er hat sein Ziel nicht erreicht. Am Ende dieses jahrzehntelangen Ringens war die britische Flotte stärker als je zuvor und Großbritannien konnte sich nicht nur das Monopol des Kolonialwarenhandels sichern, sondern dazu noch neue Absatzmärkte gewinnen.

Dieser Krieg gegen das revolutionäre Frankreich unterschied sich grundlegend von dem Kampf gegen die revoltierenden amerikanischen Kolonien. Den britischen Streitkräften verlangte er, nimmt man ihre Geschichte bis zu diesem Zeitpunkt, das Höchste ab. In dieser Zeit von 1793 bis 1815, in der der Krieg nur ein Jahr Pause machte, gab es viele ausweglos erscheinende Situationen. Bisweilen stand England ganz allein gegen die gewaltige Übermacht des feindlichen Kontinents. Aber mit jeder gewonnenen Seeschlacht festigte sich die Vormachtstellung der Royal Navy.

Jeder einzelne ihrer Siege wurde stürmisch gefeiert. Besonders der erste Erfolg 1794 gegen die französische Flotte löste in der Bevölkerung unbeschreiblichen Jubel aus und ging als der »Glorious First of June« in die Annalen der Royal Navy ein. 1797 gewann sie gleich zwei Seeschlachten. Am 14. Februar besiegte sie bei Kap St. Vincent die spanische und am 11. Oktober bei Camperdown die holländische Flotte. Die Vernichtung des Mittelmeergeschwaders bei Abukir am 1. August 1798 ließ Napoleons ägyptische Unternehmungen zu einem hoffnungslosen Abenteuer werden. Aber erst Nelsons großer Sieg von Trafalgar am 21. Oktober 1805 verschaffte England die unbestrittene Seeherrschaft und besiegelte das Schicksal der französischen Flotte.

Wie bereits während des amerikanischen Freiheitskampfes, so entstanden für die Vereinigung von Lloyd's auch im Krieg gegen Frankreich die meisten Versicherungsverluste durch Kaperei. Selbst nach der entscheidenden Schlacht von Trafalgar konnte der Feind noch die Handelsrouten terrorisieren. Jeder französische Kanalhafen war ein Freibeuternest. Starke Fregattengeschwader unternahmen Ausfälle gegen die britischen Handelsflotten sowohl in den heimatlichen Gewässern als auch im Mittelmeer.

Zu denen, die den Underwriters schlaflose Nächte bereiteten, zählte vor allem der »König der Freibeuter« Robert Surcouf aus der französischen Hafenstadt Saint-Malo. Von der Beute, die er den Engländern abnahm, profitierte auch Napoleon. Er dankte es Surcouf, indem er ihn zum Baron und Kommandeur der Ehrenlegion ernannte. Fast 200 Jahre später sticht heute sein Ururenkel, Eric Surcouf, in See. Der bekannte Taucher und Archäologe ist aber nicht mit einem Kaperbrief ausgestattet, sondern hat die Unterstützung des Pariser Kultusministeriums für seine Unterwasser-Expedition, auf der er alte Galeonen und ihre wertvolle Fracht heben will. Möglicherweise wurde das eine oder andere Schiff, das er auf der stark befahrenen Indienroute findet, von seinem Vorfahren auf den Grund geschickt und Lloyd's ist für den Schaden aufgekommen ...

Der Nachrichtenservice, den Lloyd's in vierzig Jahren aufgebaut hatte, muß wirksamer gewesen sein als alles, worüber die Regierung bei Ausbruch des Krieges 1793 verfügte. Sie konnte auch auf die umfassenden Erfahrungen der Underwriter hinsichtlich des für die Handelsflotte erforderlichen Schutzes zurückgreifen. Dadurch besaß Lloyd's großen Einfluß auf die Admiralität. Ob Beifall oder Kritik, Ratschlag oder Mißbilligung, alle Anregungen, die aus dem Coffee-House kamen, fanden Gehör. Die Admiralität sandte den Masters routinemäßig Listen der Schiffe, die im Konvoi fuhren, oder Genehmigung hatten, allein zu segeln. Dafür zeigten sich die Coffee-House Master durch die Weitergabe der Nachrichten ihrer Auslandsagenten erkenntlich. Diese in gestochener Handschrift verfaßten Berichte zeugen noch heute von dem guten Einvernehmen zwischen Lloyd's und der obersten Führung der Kriegsmarine.

1778 war auf Betreiben von Lloyd's eine Verordnung erlassen worden, die alle im Auslandshandel eingesetzten Schiffe verpflichtete, im Konvoi zu fahren, sofern sie nicht eine Sondergenehmigung besaßen. Gegen Kapitäne, die die Befehle der Eskorten-Kommandanten verweigerten, wurden harte Strafen verhängt. Einige der schnelleren Segelschiffe brachen häufig aus dem Flottenverband aus, in der Hoffnung, ihre Märkte vor den anderen zu erreichen. Da solche Disziplinlosigkeiten die Risiken für die Underwriter erhöhten, drängte das Komitee ständig darauf, die widersetzlichen Kapitäne zur Ordnung zu rufen.

LLOYD'S LIST veröffentlichte während des Krieges keine Meldungen über Geleitzüge. Falsche Nachrichten wurden bewußt in Umlauf gebracht. Aus sicheren Quellen ist aber bekannt, daß 1794 zum Beispiel die Konvois aus bis zu 600 Schiffen bestanden, die von annähernd drei Dutzend Kriegsschiffen eskortiert wurden. Ein Konvoi, der dringend benötigten Schiffsbedarf aus Skandinavien brachte, zählte nicht weniger als 1000 Schiffe, begleitet von einer großen Eskorte der Kriegsmarine.

Nachdem seine Invasionsversuche gescheitert waren und sich die britische Flotte als unschlagbar erwiesen hatte, beschloß Napoleon, seine Ohnmacht auf See wettzumachen, indem er die verhaßten Briten auf ihrer Inselfestung isolierte. Der drohende wirtschaftliche Ruin sollte sie zur Kapitulation zwingen. Der große Korse untersagte jeglichen Handel mit England. Um das gesamte europäische Festland spann er sein riesiges Netz, das keine englischen Waren durchließ.

England antwortete 1806 mit der *Order of Council*, die die Küste von Brest bis zur Elbe zum Blockadegebiet erklärte, in dem nur noch britische Waren ausgeschifft werden durften. Kraft seiner Berliner und Mailänder Dekrete konfiszierte Napoleon daraufhin alle britischen Waren und erklärte Schiffe, die sich von Engländern auf hoher See untersuchen ließen oder britische Häfen anliefen, zur Seebeute.

Das brutale Vorgehen des Franzosen unterbrach den Warenstrom, von dem alle lebten. Land für Land war gezwungen, seine Häfen für britische Schiffe zu schließen. Überall drohte das Gespenst einer Absatzkrise, während sich der wirtschaftliche Druck von beiden Seiten immer mehr verstärkte. Der von 1812 bis 1814 neu entflammte Krieg mit den Vereinigten Staaten um Kanada brachte zusätzliche Gefahren für britische Schiffe und erhöhte die Risiken für die Underwriter.

Letzten Endes schlugen aber die Folgen der Blockade auf Frankreich selbst zurück und ruinierten auch die französischen Kaufleute. England ließ sich seine Absatzmärkte nicht so ohne weiteres rauben. Es bestrafte alle Neutralen, die sich der Sperre fügten und gestattete ihnen nur den ungehinderten Verkehr mit britischen Häfen. Um den Absatz britischer Produkte im Innern Europas durchzusetzen, verfiel man auf alle möglichen Tricks. So wurden die Waren britischer Schiffe auf neutrale Schiffe umgeladen und mit neutralen Seefrachtbriefen versehen, um zu verhindern, daß sie auf Grund der Berlin- und Mailand-Dekrete konfisziert wurden. Manche Firmen spezialisierten sich regelrecht auf gefälschte Schiffsdokumente.

In der Bibliothek von Lloyd's befindet sich eine Versicherungspolice aus dem Jahre 1808 für eine Schiffsladung Indigo der JOHANNA von London nach Holland. Sie trägt den Vermerk »mit Erlaubnis, fingierte Papiere zu benutzen«. Die Prämie betrug 40 Prozent.

Lizenzen durchlöcherten die Kontinentalsperre immer mehr. 1806 gab Napoleon 2000 aus, 1810 waren es schon 18 000. Daneben dienten gefälschte Genehmigungen sogar dem schwungvollen Schleichhandel mit britischen Waren. Napoleon war gezwungen, für seinen Rußlandfeldzug Teile der Armeeausrüstung aus England zu importieren. Seine mit so großen

Worten angekündigte Sperre wurde ihm schließlich selbst zum Verhängnis. Statt England in die Knie zu zwingen, erreichte er das Gegenteil. Der Aufbau des neuen britischen Kolonialimperiums war bis zu einem gewissen Grad auf seine anti-englische Sperrpolitik zurückzuführen.

Wer sich Seetransport-Versicherungen zu seinem Beruf erwählt hatte, führte in diesen unsicheren Zeiten ein aufregendes Leben und hatte so manchen »schwarzen Freitag« zu bestehen. Einige Underwriter wechselten deswegen in die Politik über. Etliche gingen auch in den »Untergrund« zu jenen »Freibeutern« der Napoleonischen Kriege, die auf alle bei Lloyd's versicherten Schiffe und Ladungen ihren Zoll erhoben. Die meisten Versicherer waren am Ende des Krieges jedoch wohlhabender als zu Beginn. Das geht aus einem Risikobuch von 1807 in der Bibliothek von Lloyd's hervor. Die damaligen Eintragungen eines Underwriter, der Partner in einer noch heute bestehenden Versicherungsfirma war, beweisen, wie beträchtlich seine Gewinne allein in diesem einen Jahr gewesen sind.

Zuweilen wurde die Stabilität der Vereinigung von Lloyd's aber auch bis zum Äußersten auf die Probe gestellt. 1794 zum Beispiel, als der unerwartete Ausbruch des Krieges mit den Niederlanden in den britischen Häfen zur Beschlagnahme aller holländischen Schiffe und ihrer Fracht führte. Die meisten waren auf dem Londoner Markt versichert. Ein Totalverlust für Lloyd's, obgleich das Komitee bei Premierminister Pitt d. J. intervenierte. 1810, während der großen Ostsee-Konfiszierung, hatte Lloyd's allein für die in schwedischen Häfen sichergestellten Schiffe Versicherungsschutz in Höhe von nahezu einer Million Pfund übernommen.

All diese Einbußen sind aber vermutlich im Verhältnis zum Umfang der abgeschlossenen Geschäfte nicht von ausschlaggebender Bedeutung gewesen. Ungeachtet der vielen Mißerfolge und täglichen Nervenbelastung war dieser mehr als zwanzig Jahre dauernde Krieg für Underwriter sowohl als auch für Broker eine Periode großen Wohlstands. Der Vereinigung von Lloyd's verhalfen sie zu wachsender Weltgeltung.

Nelsons Siege

»England expects that every man will do his duty.«

Mit diesem berühmt gewordenen Flaggensignal eröffnete Admiral Nelson am 21. Oktober 1805 bei Kap Trafalgar eine der härtesten Seeschlachten der Weltgeschichte. Der Tag seines größten Triumphes, an dem die Serie seiner Siege ihren Höhepunkt fand, sollte sein Todestag werden.

Großbritannien verehrte seinen großen Seehelden, der die Liebe seiner Landsleute besaß wie kein zweiter. Bereits in früheren Schlachten hatte er seinem Vaterland ein Auge und den rechten Arm geopfert. Horatio Nelson, 1801 zum Viscount erhoben, war eine der volkstümlichsten Gestalten der englischen Geschichte. Von seiner engen Verbindung zu Lloyd's zeugt noch heute die berühmte Nelson-Sammlung.

Schon in der Schlacht von Kap San Vicente hatte sich Nelson durch besondere Tapferkeit hervorgetan. Sein erster großer Sieg bei Abukir über die französische Landungsflotte vor Ägypten schnitt Napoleon mit seiner Armee von Europa ab und sicherte Großbritannien die unumstrittene Seeherrschaft im Mittelmeer. Das »Entsetzen vom Nil« blieb unvergessen. Selbst Napoleon lernte den »ungestümen Admiral«, wie die Franzosen ihn nannten, achten und fürchten. Die größte Volkstümlichkeit brachte Nelson aber ein viel weniger bedeutungsvoller Sieg ein: die Seeschlacht von Kopenhagen am 2. April 1801, in der sein berühmter und viel zitierter Ungehorsam Anlaß zu den gegensätzlichsten Meinungen über Disziplin gegeben hat.

Während aber Nelsons eigenmächtiges Handeln unter dem Kommando eines allzu vorsichtigen Vorgesetzten zumeist Bewunderung auslöste, wurde eine andere Freiheit, die er sich herausnahm, seine leidenschaftliche Liebe zu Lady Hamilton, allgemein als Skandal empfunden. Lady Emma, die »schönste Frau ihrer Zeit«, aus einfachen Verhältnissen stammend, war die Gemahlin des britischen Gesandten in Neapel, Sir William Hamilton. Als Freundin von Königin Karoline spielte sie eine bedeutende und zum Teil verhängnisvolle Rolle am Hofe des Königs von Neapel. Seine Liebe zu Emma zog auch Nelson in die politischen Wirren von Neapel hinein und

oben: Nelsons berühmtes Flaggensignal erinnert bei Lloyd's an die Schlacht von Trafalgar
unten: Das Logbuch der EURYALIS in der Nelson-Sammlung von Lloyd's

kostete ihn fast seine Karriere. Die Liaison dauerte bis zu seinem Tod. Seine Geliebte, die ihm zwei Töchter geboren hatte, wurde von der Gesellschaft jedoch nie anerkannt. Ihr abenteuerliches Leben endete in Armut.

Das Kap an der Südküste Spaniens zwischen Cádiz und Gibraltar, dessen Namen so berühmt werden sollte, wird von den Arabern *Taraf el agar* (Vorgebirge der Höhlen) genannt. Es ist nur 20 m hoch, wegen seiner gefährlichen Klippen und Untiefen aber sehr gefürchtet. Ein Besatzungsmitglied der DEFENCE berichtete später über den 21. Oktober 1805:

> *»Es war die schrecklichste Schlacht, die größte zur See seit Bestehen der Erde . . . Da wir Bord an Bord auf Pistolenschußweite lagen, wurden in einem Quadrat von höchstens 500 Schritt Seitenlänge jede Minute über 100 Kanonen abgefeuert . . .«*

Wie es in einer anderen Schilderung heißt, banden sich die Blaujacken »fest ein Tuch um den Kopf und die Ohren, damit der Lärm der Kanonen gedämpft wurde«. Viele waren noch Tage danach taub.

Zwischen Nelsons Flaggschiff, der VICTORY, und der französischen REDOUBTABLE kam es zum Nahkampf. Wie stets in der Schlacht, trug der Admiral seine Orden, die ihn zu einem leicht erkennbaren Ziel machten. Die Gewehrkugel eines französischen Scharfschützen traf ihn tödlich. Zu diesem Zeitpunkt war die Schlacht schon so gut wie gewonnen. Nelson nahm bis zuletzt Anteil an ihrem Verlauf. Bevor er drei Stunden später seinen Verletzungen erlag, erfuhr er noch, daß der Großteil der französisch-spanischen Flotte vernichtet worden war, ohne ein einziges eigenes Schiff zu verlieren. Seine letzte Bitte war, man möge seinen Leichnam nicht über Bord werfen. Mit den Worten: »Gott sei Dank, daß ich meine Pflicht tat. Gott und mein Vaterland«, verschied er. Etwa zur selben Zeit wurde die Schlacht siegreich beendet. Nelson fand den Tod, den er sich wünschte. Julius Angerstein, dem damaligen Chairman von Lloyd's, hatte er einmal anvertraut, er hoffe, im Kampf zu fallen.

Trafalgar hatte Napoleon bewiesen, daß es unmöglich war, England auf See zu besiegen. So setzte der Ausgang der Schlacht gewissermaßen einen Schlußstrich unter die Auseinandersetzungen zwischen England und Frankreich um die Herrschaft auf den Weltmeeren.

Am 8. November 1805 berichtete LLOYD'S LIST in ungewöhnlich großer Aufmachung über den Ausgang der Schlacht und Nelsons Tod:

> *»Am 19. letzten Monats verließ die aus 33 Linienschiffen (18 französischen und 15 spanischen), 4 Fregatten und 2 Briggs bestehende*

Admiral Lord Horatio Nelson (1758–1805)

Die Seeschlacht von Trafalgar am 21. 10. 1805

verbündete Flotte mit 4000 Mann an Bord Cadiz. Am 21. stieß sie in Höhe von Kap Trafalgar auf die aus 27 Linienschiffen, 4 Fregatten und 2 kleineren Schiffen bestehende britische Flotte, die sich wie folgt zusammensetzte: VICTORY (Lord Nelson)... Nach einem Gefecht, das 4 Stunden dauerte, strichen 19 der feindlichen Schiffe ihre Flaggen und die ACHILLE, ein Franzose, 74 Kanonen, sank. – Die Verluste an Toten und Verwundeten sind auf beiden Seiten sehr beträchtlich gewesen. – Lord Nelson fiel etwa in der Mitte des Gefechts. Captain Duff von der MARS und Captain Cook von der BELLEROPHON wurden ebenfalls getötet. – Admiral Villeneuve, der Oberbefehlshaber, ein spanischer Vizeadmiral und auch ein Konteradmiral sind unter den Gefangenen. – Am Tag nach der Schlacht kam von Süden ein Sturm auf, in dem sich verschiedene der Prisen losrissen und abgetrieben wurden. Es ist zu befürchten, daß viele von ihnen Schiffbruch erlitten. Zwei, von denen die Gefangenen nicht mehr fortgeschafft werden konnten, entkamen nach Cadiz. – Die SANTISSIMA TRINIDAD mit 136 Kanonen und 4 andere wurden zerstört. Es wird vermutet, daß die ST. ANNA, ein Schiff Erster Klasse, gesunken ist. Die REDOUBTABLE sank im Schlepp der SWIFTSURE.«

Der Triumph über den großen Seesieg wurde jedoch von der Trauer über Nelsons Tod verdunkelt. Zeremoniell und Pomp dieses Staatsbegräbnisses übertrafen alles, was England bis dahin erlebt hatte. Viele Tausende säumten die Straßen, als der Leichnam des Admirals am 9. Januar 1806 in einer feierlichen Trauerprozession zu seiner letzten Ruhestätte in der Krypta der StPaul's Cathedral geleitet wurde. Sein Denkmal im südlichen Kreuzschiff zeigt den »Helden vom Nil« mit allegorischen Darstellungen der Nordsee, der Ostsee, des Mittelmeeres und des Nils. England ehrte seinen berühmten Seehelden aber vor allem mit der 55 m hohen Nelson-Säule auf dem Trafalgar Square. Das Bronzerelief am Fuß, das Szenen aus Nelsons siegreichen Schlachten zeigt, wurde aus erbeuteten französischen Kanonen gegossen.

Zu einer Pilgerstätte, die jährlich Scharen von Menschen anzieht, ist Nelsons Flaggschiff, die VICTORY, im Hafen von Portsmouth geworden. Die Royal Navy bewahrt dieses ruhmreiche Schiff wie ein Heiligtum. Eine Kommandierung zur Wachmannschaft gilt als hohe Auszeichnung. Auf dem fast 60 m langen Schiff mit fünf Decks, das mit 104 Kanonen bestückt war, wird den Besuchern besonders die Stelle auf dem Achterdeck gezeigt, an der Nelson von der todbringenden Kugel getroffen wurde. Das nahe der

VICTORY liegende Museum enthält viele Erinnerungen an den großen Admiral und die Schlacht bei Trafalgar.

In der Nelson-Sammlung bei Lloyd's befindet sich auch das in Segeltuch gebundene Logbuch der EURYALIS. Es wurde während der Schlacht von Trafalgar stündlich geführt und überlieferte Nelsons berühmtes Flaggensignal. Diese Sammlung ist der sichtbare Beweis einer Entwicklung, die den von kühlem Geschäftssinn geprägten Versicherungsmarkt in ein ganz anderes Licht rückt. Als Bindeglied zwischen Handelsmarine und Regierungsbehörden war Lloyd's längst anerkannt. Eine nahezu freundschaftliche Beziehung zur britischen Marine entstand aber erst durch die Großzügigkeit von Lloyd's Underwriters bei der Gründung von Fonds für Seeleute und ihre Familien. Der einfache Soldat mochte sich im Krieg noch so sehr als Held hervorgetan haben, wurden seine Dienste nicht mehr gebraucht, war er schnell vergessen. Der Staat hielt es damals noch nicht für nötig, für die Opfer des Krieges zu sorgen. Invaliden sowohl wie Hinterbliebene waren auf private Hilfe angewiesen, wenn sie nicht in den Straßen betteln gehen wollten. Da der »Dank des Vaterlandes« also auf sich warten ließ, ergriffen die Mitglieder von Lloyd's eines Tages die Initiative.

Kaum eine Stunde, nachdem 1794 die Nachricht vom »ruhmreichen 1. Juni« das Coffee-House erreicht hatte, waren in einer ersten spontanen Sammlung bei Lloyd's bereits 1000 Guineen gespendet worden. Ähnliche Sammlungen wurden nach den Schlachten von San Vicente, Camperdown, Abukir und Kopenhagen durchgeführt. Diese spontanen Spendenaktionen erbrachten insgesamt mehr als 130 000 Pfund. Die Fonds wurden von freiwilligen Komitees verwaltet, deren Freigiebigkeit so unbeschränkt war, daß die erste registrierte Unterstützung eine kleine Spende für »notleidende Heumacher« war. Kurz danach, während einer Lebensmittelverknappung, wurde in Spitalfields die (soweit bekannt) erste Suppenküche eingerichtet. Das meiste Geld aber war für Seeleute bestimmt.

Bis zum Frieden von Amiens (1802) hatte die Begeisterung über große britische Siege jeweils zur spontanen Gründung solcher Fonds geführt. Am 20. Juli 1803 beriefen 33 Mitglieder der Vereinigung von Lloyd's eine Hauptversammlung ein, um einen offiziellen Fonds einzurichten, den *Patriotic Fund*:

> *»... für die finanzielle Hilfe und Unterstützung jener, die sich der Verteidigung des Vaterlandes verpflichtet haben und die für die gemeinsame Sache leiden müssen ... so daß das Scherflein der Arbeiter zusammen mit der großzügigen Spende der Adligen und Wohlhabenden ... unseren Seeleuten, unseren Soldaten und unse-*

ren Bauern das Gefühl geben soll, unabhängig zu sein ... und die Meinung unserer Feinde in der erschreckenden Gewißheit bestärken soll, daß die Energien dieses großen Weltreiches so unbesiegbar sind wie seine Hilfsquellen unkalkulierbar.«

Außerdem beschloß die Versammlung, den Fonds durch öffentliche Spenden zu vergrößern,

»... um die Anstrengungen unserer Verteidiger zur See und zu Lande anzuspornen ..., die Schmerzen ihrer Wunden und den noch viel schlimmeren Verlust ihrer Gliedmaßen zu lindern ..., das Elend der Witwen und Waisen zu vermindern und ihren Kummer über den Tod ihrer liebsten Angehörigen zu mildern ..., als Unterstützung bei Mittellosigkeit oder Hilflosigkeit im Alter ... und gebührende finanzielle Belohnung oder ehrenvolle Auszeichnung für Tapferkeit und Verdienste.«

Dieser aufrüttelnde Appell rührte die Herzen der Menschen. Der Krieg mit Frankreich war zwei Monate zuvor wieder entbrannt und erneut drohte die Gefahr einer Invasion. Eine Welle patriotischer Begeisterung erfaßte die Londoner aller Klassen und jeder griff tief in seine Tasche. Innerhalb von vierzehn Tagen wurde die beeindruckende Summe von 70 312 Pfund im Coffee-House gesammelt. Sechs Jahre später war der *Patriotic Fund* schon auf 400 000 Pfund angewachsen, und am Ende des Krieges konnte Lloyd's eine Spendensumme von 629 823 Pfund verzeichnen.

Für den Kopenhagen-Fonds hatte Lord Nelson in einem Brief an Lloyd's, den er am 15. Juni 1801 an Bord der ST GEORGE in der Kioge Bay schrieb, lobende Anerkennung gefunden:

»Ich fühle mich – und ich bin sicher, jeder Offizier und Seemann in der Flotte empfindet genauso – den Herren des Komitees sehr zu Dank verpflichtet für die unserer Sache geschenkte Aufmerksamkeit und die Mühe, die sie Ihnen verursacht. Ich hoffe, in einigen Tagen die Möglichkeit zu haben, Ihnen persönlich meine Aufwartung machen zu können.«

Bei einer anderen Gelegenheit schrieb er: *»Wir sind Ihnen zu Dank verpflichtet für Ihre menschliche Aufmerksamkeit für unsere Soldaten.«* Er wäre bereit, Lloyd's einen Gefallen zu tun, wenn er könnte, fügte er hinzu. Als bald darauf eine Brigg, die UNITY, unter Umständen gefunden wurde, die auf Fahrlässigkeit und vermutlich Betrug schließen ließen, bestand Nelson darauf, diesen Verdacht zu melden.

Wie die Versammlung am 20. Juli 1803 beschlossen hatte, sollten auch Geschenke und Auszeichnungen für besondere Tapferkeit vor dem Feind aus den Mitteln des Fonds gestiftet werden. Seine glänzenden Siege prädestinierten Lord Nelson als einen der Hauptempfänger dieser Ehrungen. So bildet denn auch das berühmte Nelson-Silber, das Lloyd's dem Admiral und seinen Kapitänen zum Geschenk machte, den Mittelpunkt der Sammlung. Zu den Exponaten gehören außerdem Goldmedaillen und gravierte Zeremonien-Säbel. Sie wurden Offizieren verliehen, die sich im Krieg besonders hervorgetan hatten. Derartige Ehrungen fanden allerdings keinen einhelligen Beifall. Lloyd's wurde vorgeworfen, sich damit in die Kompetenzen der Krone einzumischen. Aber nicht nur verdienstvolle Männer, auch eine junge Frau wurde ausgezeichnet mit *Lloyd's Medall for Saving Life at Sea* in Gold – Grace Darling (1815–1842). Zusammen mit ihrem Vater, der Leuchtturmwärter auf den Farne Islands an der Nordost-Küste Englands war, rettete sie am 7. September 1838 bei schwerem Sturm die Schiffbrüchigen der FORFARSHIRE. Der Name Grace Darling ging nicht nur in die Geschichte, sondern auch in die Literatur ein.

Im Seenotdienst gehörte Lloyd's ebenfalls zu den Schrittmachern. Eine Gruppe von Mitgliedern der Vereinigung unter Vorsitz von Angersteins Partner Peter Warren, finanzierte die Versuche eines jungen Schiffszimmermanns, Henry Greathead, ein »unsinkbares Rettungsboot« zu bauen. Sein »Sicherheitsboot« wurde in Scarborough zum ersten Mal zu Wasser gelassen. Es basierte auf Entwürfen von Lukin aus dem Jahre 1790 und war durch Verwendung von Korkgürteln unsinkbar. 1802 ermöglichte ein Zuschuß von 2000 Pfund aus den Gesellschafts-Fonds von Lloyd's den Bau mehrerer dieser Rettungsboote für den Einsatz an den britischen und irischen Küsten. Unter Mithilfe von Lloyd's wurden 1825 an 26 verschiedenen Küstenpunkten Rettungsboot-Stationen eingerichtet. König George V. würdigte dies später mit den Worten: *»Wir verdanken Lloyd's die Einrichtung unseres Rettungsboot-Dienstes.«*

All diese humanitären Maßnahmen zusammen mit zunehmendem Wohlstand trugen dem Coffee-House mehr als nur kaufmännisches Ansehen ein. Einem Zitat aus *Public Characters of 1803—04* zufolge, war es nun *»selbst ein Imperium, das hinsichtlich seines kommerziellen Einflusses, seiner Vielfalt an Macht und nahezu unkalkulierbaren Hilfsquellen dem handeltreibenden Teil der Welt seine Gesetze diktierte.«* Eine derartige Machtposition war aber nicht nach jedermanns Geschmack. Lloyd's sollte das schon bald zu spüren bekommen.

»Who was who?« – Prominenz bei Lloyd's

»Oben bei Lloyd's« ging es nicht weniger turbulent zu als ein Stockwerk tiefer in der Royal Exchange. Werfen wir zusammen mit D. E. W. Gibb, einem langjährigen »Member of Lloyd's«, einen Blick in den Room, *»diesen wimmelnden, geschäftigen, lauten Ort, diese Mischung aus Coffee-House und Versicherungsmarkt.«* Gibbs Buch *Lloyd's of London, A Study in Individualism,* ist aus der Sicht eines Insiders geschrieben. Was waren es für Leute, die um die Wende vom 18. zum 19. Jahrhundert dort aus- und eingingen? »Who was who in the Room?«

> *»Versicherungs-Millionäre, Underwriter von zweifelhafter Solvenz, Broker, mittellose Angestellte, Schiffseigner, Rechtsanwälte, die nach Kunden Ausschau hielten, und im Auslandshandel tätige Kaufleute drängten sich in den Gängen, saßen auf ihren angestammten Plätzen, oder standen wie Fahrgäste in der Untergrundbahn, die warten, bis ein Sitzplatz frei wird. Wir müssen uns einige Räume von mäßiger Größe vorstellen, vielleicht vergleichbar mit einem Dutzend normaler Billardräume, restlos überfüllt mit 500 bis 1000 Menschen, von denen nur etwa 400 sitzen können ...«*

In dieser sich drängenden Menge waren auch viele jener »very important persons«, die die Wirtschaft der damaligen Zeit entscheidend mitbestimmten. John Julius Angerstein (1735–1823), der »Vater von Lloyd's«, genoß neben seiner Tätigkeit als Underwriter auch als Makler einen ungewöhnlichen Ruf. *»Policen, die er durch seine Unterschrift sanktionierte, besaßen solches Ansehen, daß man sie einige Jahre als ›Julians‹ bezeichnete«,* heißt es im *Dictionary of Biography.* 1806 war er Chairman der Vereinigung von Lloyd's. Angerstein zählte zu jenen Großen, die man heute mit Rockefeller und Rothschild in einem Atemzug nennt. Mit vielen Prominenten seiner Zeit war er befreundet, unter ihnen auch Dr. Samuel Johnson. Premierminister Pitt schätzte Angersteins Rat. Seine Galadiners, zu denen er auch die High-Society lud, waren berühmt. Unter seinen Gästen befand sich des öfteren die Prinzessin von Wales. Angerstein galt als bedeutender Kunst-

Zeitgenössische Karikatur von Brook Watson, der als Junge ein Bein durch einen Haifisch verloren hatte

Sir Brook Watson, Lord Mayor von London und Chairman von Lloyd's von 1797–1806

sammler. In seinem Haus an der Pall Mall 100 konnten angemeldete Besucher seine Kunstschätze bewundern, was zu jener Zeit höchst ungewöhnlich war. Nach seinem Tod 1823 kaufte die Nation seine kostbare Gemäldesammlung auf, beließ sie aber in seinem Haus und erklärte es zur Nationalgalerie, die nun jedermann offenstand. Angersteins Sammlung bildete somit den Grundstock der heutigen National Gallery am Trafalgar Square, einer der bedeutendsten Kunstgalerien der Welt.

Auch Sir Francis Baring (1740–1810), der Gründer des bekannten Bankhauses Baring Brothers & Co. in London, war als Underwriter häufig im Room anzutreffen. Baring stammte aus Bremen. Von Kindheit an schwerhörig, gelang es ihm trotz dieses Handikaps, ein Millionengeschäft aufzubauen. Als Vorsitzender der East India Company von 1792 bis 1793 wurde er zum Baronet ernannt. Er war Parlamentsmitglied und verfaßte auch zahlreiche wissenschaftliche Abhandlungen über das Bankwesen. Man bezeichnete ihn als den »ersten Kaufmann Europas«. Aus seiner weitverzweigten Familie sind zahlreiche Staatsmänner hervorgegangen.

Zu den Prominenten jener Zeit gehörte auch Zachary Macauley (1768–1838), ein strenger aber bewundernswerter Weltverbesserer. Als er mit 16 Jahren nach Jamaika kam, war er so erschüttert über das Elend der Sklaven, daß er, nach England zurückgekehrt, das blühende West-Afrika-Geschäft von Macauley & Babington praktisch ruinierte, indem er sein Leben der Abschaffung des Sklavenhandels widmete. Durch seine Mitgliedschaft in der Königlichen Akademie der Naturwissenschaften war er beispielsweise mit Chateaubriand und Madame de Staël befreundet. Er gehörte zu jenen berühmten Engländern, denen man in der Westminster Abbey ein Denkmal errichtete.

Ein äußerst abenteuerliches Leben hatte Sir Brook Watson (1735–1807) zu bestehen, bevor er es zu Wohlstand und Ansehen brachte. Schon mit sechs Jahren verwaist, ging er früh zur See. Als Vierzehnjähriger verlor er bei Havanna durch einen Haifisch ein Bein. Das konnte ihn aber nicht davon abhalten, eine ungewöhnliche Karriere zu machen: Generalkommissar der Armee in Kanada, Parlamentsmitglied für die City von London, Direktor der Bank von England und 1796 Oberbürgermeister von London. Im selben Jahr wurde er zum Chairman von Lloyd's gewählt. Dieses Amt behielt er bis zu seinem Tod 1807 inne. Watson war eine umstrittene Persönlichkeit und wegen seines aggressiven Benehmens gefürchtet. Sein durch das Holzbein verursachter stampfender Gang machten ihn oft zur Zielscheibe von Spottgedichten.

Kein Geringerer als Nathan Meyer Rothschild (1777–1836), der »König der Londoner Börse«, war es, der den Anstoß zu einer der gefährlichsten

Krisen in der Geschichte von Lloyd's gab. Nathan und seine vier Brüder, die »Fünf Frankfurter« genannt, hatten nicht nur im heimatlichen Frankfurt, sondern auch in Paris, London, Wien und Neapel Bankhäuser gegründet. Ihr Vater, Meyer Amschel, stammte aus einem ärmlichen Haus in der Frankfurter Judengasse. Das »rote Schild« über dem Trödlerladen gab der berühmten Gelddynastie ihren Namen. Die Rothschilds wurden oft als »6. Großmacht« neben England, Frankreich, Österreich, Preußen und Rußland bezeichnet.

Nathan Rothschild, Senior des englischen Zweiges und Gründer der Londoner Bank, galt als Finanzgenie der Familie. Das Geheimnis seines Erfolges lag auch in seiner besonderen Fähigkeit, in seinen Informationen über Ereignisse im Ausland stets einen Vorsprung vor allen anderen zu haben. Für die Weitergabe der Nachrichten seiner sorgfältig ausgewählten Agenten auf dem Kontinent setzte er bevorzugt Brieftauben ein.

Die Grundlage seines Riesenvermögens legte der Bankier durch seine kühne Spekulation im Juni 1815 während der Schlacht von Waterloo. Er postierte in Ostende einen Agenten, der nach Wellingtons Sieg über Napoleon sofort den Kanal überquerte und Rothschild die Nachricht brachte. Nathan begab sich unverzüglich in die Downing Street Nr. 10 zu Schatzkanzler Nicholas Vansittart. Erst viele Stunden nach ihm traf Wellingtons Kurier mit der Siegesbotschaft ein. An der Börse herrschte noch Unklarheit über den Ausgang der Schlacht. Rothschild machte sich die Nervosität und Unsicherheit der Börsianer zunutze und trickste sie durch geschickte Spekulationen alle aus. Mit diesem Coup hatte er innerhalb eines Tages eine runde Million Pfund Sterling gewonnen. Damals machte ein Bonmot die Runde: *»Die Verbündeten gewannen die Schlacht von Waterloo, in Wahrheit aber gewann Rothschild allein.«*

Eine alte Überlieferung der City berichtet von einem Frühlingsmorgen des Jahres 1824. Nathan Meyer Rothschild stand, die Hände in den Taschen, an seine Lieblingssäule, die »Rothschild-Säule«, gelehnt in der Royal Exchange. Da stürzte sein Cousin atemlos und in größter Erregung auf ihn zu. »Vat ish de matter?« fragte Nathan. Der andere machte seinem Herzen Luft. Er habe sich um eine offene Stelle bei einer Versicherungsgesellschaft beworben, sei aber, obgleich der qualifizierteste Kandidat, auf Grund seiner Religion abgelehnt worden. Die Direktoren hätten gesagt, sie wollten keinen Juden haben. »Vat!« schrie Rothschild und packte seinen Cousin bei den Schultern. »Not take you because of your religion. Mein Gott! Den I will make a bigger office for you da any of dem.«

So wenig bewiesen dieses Histörchen auch ist, in gewisser Weise bildet es doch den Hintergrund für die Hilfestellung, die Rothschild Männern

Der Bankier Nathan Meyer Rothschild

wie Alexander Baring, Samuel Gurney und Sir Moses Montefiore bei der Gründung der *Alliance British and Foreign Fire and Life Assurance Company* gegeben hat. Neue Gesellschaften konnten jedoch nicht gegründet werden, solange das Gesetz von 1720, der sogenannte »Bubble-Act«, nicht aufgehoben worden war. Rothschild machte deshalb eine erneute Eingabe beim Parlament. An den Folgen hatte Lloyd's ein Jahrzehnt zu tragen, eines der dunkelsten Kapitel seit Bestehen des Versicherungsmarktes. Schon 1810 und 1811 war von einer Gruppe einflußreicher Kaufleute, die eine Gesellschaft gründen wollten, ein derartiger Antrag gestellt worden. Der Gesetzentwurf war damals an einer Stimme gescheitert.

Rothschilds Eingabe aber hatte Erfolg. Nachdem der Gesetzentwurf in zweiter Lesung mit Mehrheit angenommen worden war, hob das Parlament am 24. Juni 1824 das Gesetz von 1720 auf. Damit war die Monopolherrschaft, die die *Royal Exchange Assurance* und die *London Assurance Corporation* seit 1720 genossen, außer Kraft gesetzt. Ihr Seeversicherungsgeschäft war jedoch unbedeutend verglichen mit dem von Lloyd's, wo fast Dreiviertel der Seeversicherungen in Großbritannien durchgeführt wurden. Jeder wußte, wenn ein Monopol existierte, so war es Lloyd's. Der Gründung weiterer Versicherungsgesellschaften stand nun nichts mehr im Wege. Sofort begann der große Run. Selbst Mitglieder von Lloyd's, die glaubten, daß die Tage des »Kaffeehauses« gezählt seien, gründeten eigene Seeversicherungsgesellschaften. Die neuen Unternehmen eröffneten ihre Geschäfte aber bei fallenden Kursen und eine Flut wirtschaftlicher Spekulationen beeinträchtigte ihre Aussichten. Viele der Neulinge gingen bankrott. Auch die Vereinigung von Lloyd's mußte um ihre Existenz kämpfen. Die Zahl ihrer Mitglieder sank von 2150 im Jahre 1814 bis 1830 auf 1264. Sarkastische Zeitgenossen behaupteten, daß notleidende Mitglieder täglich auf den Treppen des Hauses bettelten. 1832 wurde ein Unterstützungs-Fonds ins Leben gerufen, aus dem »angesehenen, ins Unglück geratenen Mitgliedern von Lloyd's, ihren Witwen und Kindern« Hilfe zuteil werden sollte.

Nur langsam gewann Lloyd's nach vielen Rückschlägen und internen Differenzen einen Teil seines früheren Wohlstands und Ansehens zurück. LLOYD'S LIST, die auf eine neue Basis gestellt werden konnte, erschien ab 1. Juli 1837 täglich am Abend und erfuhr eine hohe Auflagensteigerung.

Das Ziel des 1804 erstmalig ernannten Sekretärs John Bennett jr., ein weltumspannendes Agentennetz aufzubauen, begann sich zu verwirklichen. Schon 1811 hatte auf Madeira die erste Lloyd's-Agentur eingerichtet werden können. Bis zum Ende des Jahres waren 150 weitere Agenturen gefolgt. Inzwischen überzog dieses Agenten-System immer mehr Länder der Erde und verlieh Lloyd's Ansehen neuen Glanz.

VI

DAS JAHRHUNDERT DER QUEEN

Der Brand der Royal Exchange am 10. Januar 1838

Feuer in der Royal Exchange!

Thomas Bolton, Master des Captains' Room, machte wie gewohnt seinen abendlichen Kontrollgang. An diesem Mittwoch, dem 10. Januar 1838, hatten sich die Gespräche bei Lloyd's hauptsächlich um das Wetter gedreht. Das Thermometer stand so tief wie selten in Südengland. Infolge der anhaltenden Kälte war sogar die Themse zugefroren. Wie üblich war bei Lloyd's um 5 Uhr nachmittags geschlossen worden. Drei Stunden später nun überzeugte sich Bolton im Beisein des Pförtners, daß in den Räumen die Asche aus den Kaminen entfernt und alle Lampen gelöscht worden waren. Danach verschloß er sorgfältig die Türen und ging fort.

Es war kurz nach 10 Uhr abends, als Passanten bemerkten, daß aus einem Fenster über der Nordwestecke der Royal Exchange Flammen schlugen. Sofort wurde Alarm gegeben.

Innerhalb von 20 Minuten konnte die erste Feuerspritze zu den nördlichen Eingängen hochgezogen werden. Sie waren jedoch verschlossen und niemand wußte, wo sich der Schlüssel befand. Der Nachtwächter wollte nicht zulassen, daß die Türen aufgebrochen wurden, weil er keine Ermächtigung dazu hätte. Daraufhin jagte jemand zum Mansion House, um den Oberbürgermeister zu alarmieren. Während sich das Feuer immer mehr ausbreitete, bemühte sich eine Abteilung der Grenadiergarde, die in der Bank von England stationiert war, ins Innere des Gebäudes zu gelangen und brach schließlich die Türen auf.

Die Royal Exchange brannte mittlerweile von einem Ende bis zum anderen. Als die Feuerspritze endlich zum Einsatz kommen sollte, war der Schlauch steifgefroren, und das Wasser mußte erst aufgetaut werden. Es gefror aber, sowie es aus dem Rohr kam, überzog Feuerwehrmänner wie Geräte mit einer Eisschicht und verwandelte die Straßen in Eisbahnen.

Eine immer mehr anwachsende Menschenmenge verfolgte dieses Schauspiel. Vom Tower mußte Verstärkung angefordert werden, um die Schaulustigen zu vertreiben und den Weg für weitere Feuerspritzen freizumachen. Von der Presse wurde dagegen später das bewundernswerte Verhalten der Menge gelobt, die »nichts tat, um jene zu behindern, die verpflichtet waren, ihre mühsame Arbeit zu verrichten«.

Die Ruinen der Royal Exchange nach dem schweren Brand

Als um Mitternacht der Oberbürgermeister und andere Honoratioren der Stadt eintrafen, waren die Räume von Lloyd's bereits ein einziges Flammenmeer. *»Mitten in dem Tumult der Menge, dem Geschrei der Feuerwehrleute und dem Krachen zusammenfallender Mauern«*, so berichtete eine Zeitung, *»begannen die Glocken im Kampanile ›There's nae luck aboot the hoose‹ zu spielen, bis sie mit lautem Getöse in die Tiefe stürzten«.*

> *». . . Die Leute arbeiteten bis zum Äußersten, viele von ihnen bis zu den Knien in Wasser und Eis stehend. Durch die Anwesenheit des Oberbürgermeisters und der Ratsherren wurden sie in ihren Anstrengungen angespornt. Unglücklicherweise dachte aber niemand daran, die armen Burschen mit Erfrischungen zu versorgen«,*

hieß es wenige Stunden nach der Brand-Katastrophe in fast gleichlautenden Berichten des *Morning Chronicle* und der *Shipping Gazette.*

Eine sehr farbige Schilderung brachte auch der *Morning Herald:*

> *». . . Die Wände im Inneren der Royal Exchange stürzten mit ungeheurem Krach zusammen und rissen die Statuen der Könige und Königinnen, die England seit der Zeit Wilhelm des Eroberers regiert hatten, mit sich . . . Über die Unannehmlichkeiten, wenn nicht sogar Schwierigkeiten, die diese Zerstörung und der Verlust einer großen Zahl wichtiger Dokumente verursachen werden, wollen wir noch nicht nachdenken . . .«*

Und dennoch konnte man von Glück reden. Einem Underwriter namens Guthrei, der sich zufällig gerade in der Nachbarschaft aufgehalten hatte, und einer kleinen Schar von Helfern gelang es unter Einsatz ihres Lebens, in die Räume von Lloyd's einzudringen. Sie rissen »die oberen Teile der Tische und Schreibpulte ab« und schafften sie zusammen mit allem, was sie aus den Archiven greifen konnten, aus dem Gebäude, bevor Rauch und Flammen sie zum Aufgeben zwangen.

Dank ihres heldenhaften Einsatzes konnten viele unersetzliche Dokumente gerettet werden, insbesondere die Protokollbücher. Noch heute zeugen die versengten und beschädigten Seiten davon, daß ohne die Tapferkeit dieser Männer die ganze frühe Dokumentation von Lloyd's vernichtet worden wäre. Als das Feuer nach vielen Stunden endlich gelöscht war, erinnerte nur noch ein schwarzes Gerippe an das stolze »Palladium englischer Kaufmannschaft«.

Die Mitglieder von Lloyd's trugen das Unglück mit bemerkenswerter Fassung. Neben groß aufgemachten Berichten über den Großbrand fanden sie am nächsten Morgen in der Presse eine Anzeige des Jerusalem Coffee-House mit dem Angebot des Inhabers, ihnen sofortige Unterkunft zu gewähren. Als sich Komitee und Mitglieder dort aber um 9 Uhr versammelten, erwiesen sich die Räume als viel zu beengt. Das Jerusalem Coffee-House konnte also nur ein Notbehelf sein, um keine Unterbrechung im Geschäftsablauf eintreten zu lassen. Im Sitzungssaal der *London Assurance Corporation* beriet das Komitee nun stundenlang, wie es weitergehen sollte. Mehr als ein Dutzend Möglichkeiten wurden in Erwägung gezogen, so etwa die London Tavern, das Jamaica Coffee-House und das Privathaus des Sekretärs der East India Company. Der Vorsitzende der Vereinigung von Lloyd's, G. R. Robinson, gab dem Angebot der South Sea Company den Vorzug. Ihr Haus Ecke Threadneedle Street und Bishopsgate schien von allen am besten geeignet. 48 Stunden später war die Entscheidung der Mitglieder gefallen und das South Sea House für 600 Pfund im Jahr gemietet.

Eine Bekanntmachung in der Presse kündigte an:

> *»Lloyd's – die Geschäfte von Lloyd's werden in der großen Halle im South Sea House, Threadneedle Street, ab nächsten Mittwoch weitergeführt werden.*
>
> *London, 15. Januar 1838* *W. Dobson, Sekretär«*

Am 17. Januar um 9.30 Uhr, genau eine Woche nach dem verheerenden Brand, trafen sich die Underwriter zum ersten Mal in den Räumen, die ihnen nun für mehr als sechs Jahre Unterkunft bieten sollten.

Dieses schlimmste Feuer, das London seit 170 Jahren erlebt hatte, wurde geradezu als nationale Katastrophe betrachtet.

Man sprach in aller Offenheit von einem schlechten Omen für die Regierungszeit der jungen Queen Victoria. In einem Kommentar des *Morning Herald* war von traurigen Betrachtungen die Rede, die man darüber anstellen konnte,

> *»daß der Beginn der neuen Regierungszeit durch eine Rebellion in Kanada und den Brand der Royal Exchange in London gekennzeichnet wird. Leute mit abergläubischer Veranlagung werden diese Miseren von Feuer und Blut als Vorboten drohenden Unheils ansehen.«*

Königin Victoria von England (1819–1901)

Ein halbes Jahr zuvor, an einem Juni-Morgen des Jahres 1837, war ein junges Mädchen zu ungewohnt früher Stunde von zwei hohen Besuchern aus dem Schlaf geweckt worden. Der Erzbischof von Canterbury und Lord Conyngham hatten der neunzehnjährigen Prinzession Victoria die Botschaft überbracht,

> *»daß mein armer Onkel, der König, nicht länger lebe, daß er um 12 Minuten nach zwei an diesem Morgen verschieden und daß ich demzufolge Königin sei ... Da es der Vorsehung gefallen hat, mich an diesen Platz zu stellen, werde ich mein Äußerstes tun, um meine Pflicht gegenüber meinem Lande zu erfüllen«,*

schrieb die junge Königin am Abend dieses denkwürdigen 20. Juni 1837 in ihr Tagebuch.

Als Victoria am 28. Juni 1838 gekrönt wurde, soll Thomas Carlyle, Autor des Werkes über die Französische Revolution, gesagt haben:

> *»Arme kleine Königin. Sie ist in einem Alter, da man einem Mädchen kaum zutraut, sich allein einen Hut kaufen zu können, und soll nun eine Aufgabe bewältigen, vor der ein Erzengel zurückschrecken würde.«*

Wer aber geglaubt haben mochte, nach einem Geistesgestörten, einem Lüstling und einem Narren werde England nun von einer leicht manipulierbaren Minderjährigen regiert, sah sich bald getäuscht. Eine neue Periode englischer Geschichte brach an, das »Jahrhundert der Queen Victoria«, die einer ganzen Epoche den Namen geben sollte. Diese Königin erreichte eine Popularität wie kein englischer Monarch seit Elizabeth I. In den Augen ihrer Zeitgenossen verkörperte sie »Größe und Grenze der Epoche« und gab der Krone viel von ihrem verlorengegangenen Glanz zurück.

Aus Victorias Ehe mit Prinz Albert von Sachsen-Coburg-Gotha gingen neun Kinder hervor. Ihre älteste Tochter Victoria wurde später Deutschlands Kaiserin für 99 Tage und Mutter Wilhelms II. Die streng religiös ausgerichtete Hofhaltung der königlichen Familie war dem Volk ein Vorbild. In der Person der Königin sahen viele den Inbegriff aller damals geschätzten Tugenden. Nach dem frühen Tod von Prinzgemahl Albert legte Victoria den schwarzen Witwenschleier nie mehr ab. Ihrer Trauer verdankt die englische Hauptstadt das gewaltige Albert Memorial und die Royal Albert Hall.

Mit dem Goldenen Regierungs-Jubiläum der Königin beging London 1887 das größte Fest, das die Stadt je gesehen hatte. Und sogar ihr Diamantenes Kronjubiläum sollte »the Great White Queen, in deren Person sich Größe und Würde des ganzen Imperiums verkörperten«, noch erleben. Victoria starb am 22. Januar 1901, betrauert von ihrem Volk wie kaum ein Träger der Krone Englands zuvor. An diesem Tag endete mehr als nur das 19. Jahrhundert. Mit ihr wurde das viktorianische Zeitalter begraben.

Lloyd's »im Exil«

> *»Dies war einst ein Handelshaus – ein Zentrum der Geschäftswelt. Hier drängten sich die Kaufleute – pulsierte das Leben – . . . Ein prächtiger Säulengang, imposante Treppenaufgänge, Räume, groß wie Staatsappartements in Palästen – wie ausgestorben nun alles, nur von wenigen zurückgebliebenen Sekretären bevölkert . . . das ist das South Sea House jetzt . . . – ein prachtvolles Relikt.«*

Dieses »prachtvolle Relikt«, an das sich der Essayist und Kritiker Charles Lamb (1775–1834) in seinem 1820 erschienenen Essay mit Wehmut erinnert, sollte nun durch Lloyd's wieder mit Leben erfüllt werden. Einstmals Zentrum vieler Hoffnungen, hatte die South Sea Company, die im 18. Jahrhundert Anlaß zu großen Spekulationen und Enttäuschungen gegeben hatte, bereits 1807 praktisch aufgehört zu bestehen. An dem von Lamb geschilderten nahezu musealen Zustand des Gebäudes hatte sich nichts geändert, als die Underwriter am 17. Januar 1838 morgens um halb neun dort Einzug hielten. Die nächsten Jahre sollten für sie nicht sehr angenehm werden.

Die Große Halle bot nicht allen Platz. Das Direktorium der South Sea Company hatte es als eine Entweihung empfunden, irgendeinen Teil des Gebäudes für etwas derart Profanes wie ein Kaffeehaus zur Verfügung zu stellen und das Ersuchen hochmütig abgelehnt. So mußte der Captains' Room zunächst in die *London Tavern* und später in die Bishopsgate 80 ausquartiert werden. Es ist also kaum verwunderlich, daß die Mitgliederzahl von 1211 im Dezember 1837 auf einen neuen Tiefstand von 945 am Ende des Jahres 1843 sank.

Nach dem schweren Verlust, der Lloyd's betroffen hatte, durfte aber in der Öffentlichkeit nicht der Eindruck entstehen, bei der Vereinigung breite sich Resignation aus, oder es könnte ihr an Unternehmungsgeist fehlen. Der Chairman, George Richard Robinson, gab deshalb noch vor Ablauf des Monats ein großes Bankett in der London Tavern. 350 Mitglieder von Lloyd's und viele offizielle Gäste waren dazu geladen. Die *Times* vom 1. Februar 1838 berichtete ausführlich über dieses offizielle Festmahl. Allein die Liste der ausgebrachten Toasts, die die Zeitung abdruckte, war Beweis genug für einen gelungenen Abend. Die Gäste tranken auf die junge Königin und die Königin-Witwe, auf Armee und Marine, den Oberbürgermeister, den Herzog von Wellington und viele andere.

Obgleich die Arbeit unter erschwerten Umständen fortgesetzt und vieles improvisiert werden mußte, waren diese sechs Jahre rückschauend betrachtet keine verlorene Zeit. Der Trustvertrag von 1811, mit dem sich die Mitglieder von Lloyd's selbst eine »Satzung« gegeben hatten, war zwar den Flammen zum Opfer gefallen, eine glücklicherweise vorhandene Abschrift hatte jedoch den Brand überdauert. Auf dieser geretteten »Magna Charta« von 1811 konnte nun die weitere Arbeit aufbauen.

Zu der Zeit erschien auch erstmals eine Information, die noch heute in ihrer Art einmalig auf der Welt ist: LLOYD'S SHIPPING INDEX. Die Idee dazu stammte von einem gewissen James Bischoff. Vermittels dieses *Index to LLOYD'S LIST*, wie er sich anfangs nannte, konnten sich die Underwriter schon damals über Schiffsbewegungen in allen Teilen der Welt auf dem laufenden halten. Wenn auch noch ohne die heute üblichen technischen Hilfsmittel, verbesserte der Index die Leistungsfähigkeit doch entscheidend und half Lloyd's, seine Stellung als Mittelpunkt der Seeschifffahrt beizubehalten.

Eine Revision der Statuten ermöglichte 1840 die Öffnung des Versicherungsmarktes auch für andere Berufszweige, die sich für Seeversicherungen interessierten.

William Tites Entwurf der neuen Börse war inzwischen gebilligt worden. Am Montag, den 17. Januar 1842, fast genau vier Jahre nach dem großen Brand, legte Prinz Albert den Grundstein für das neue Gebäude. Es wurde ein glänzendes Ereignis. Man hatte eine Art Pavillon aus Zeltleinwand aufgestellt, der 1450 Gästen Platz bot. Der Fußboden war mit karmesinrotem Tuch bedeckt. Gerade als der Prinz die Kelle in die Hand nahm, kam die Sonne zwischen den Wolken hervor. Prinz Albert trug den Mörtel so fachmännisch auf, daß die Zuschauer »ihren Gefühlen mit Hochrufen Luft machten«. Zur Erinnerung an die Grundsteinlegung wurde eine Medaille geprägt.

Bis zur Fertigstellung der Börse mußten sich die Underwriter aber noch weitere drei Jahre gedulden. Dann konnte Architekt William Tite den Prinzgemahl endlich durch das fertiggestellte Gebäude führen.

Am 28. November 1844 wurde der Neubau feierlich eröffnet. Mehrere Kapellen spielten: »See the conquering hero comes«, als der Herzog von Wellington erschien, dessen Statue vor der Börse im Juni enthüllt worden war. Sie kamen zu Hunderten. Alles, was Rang und Namen hatte, nahm an der Einweihung teil, voran die Königin mit ihrem Gefolge. Victorias Fahrt durch die City übertraf noch die anläßlich ihrer Krönung. Nach ihrer Meinung säumten nicht nur »Millionen« sondern »Myriaden« die Straßen. In einem Brief an ihren Onkel, König Leopold von Belgien, verwies sie auf die begeisterten Berichte in der *Times* und im *Chronicle:*

> *»Da steht, kein Souverän sei je beliebter gewesen als ich (ich bin so frei, das zu erwähnen), und unser glückliches Familienleben gebe ein so gutes Beispiel.«*

Beim Erscheinen der Königin erklang vom Kampanile: »God save the Queen«. Durch Herolde feierlich angekündigt, verlas sie dann »mit vernehmlicher Stimme« ein Pergament, das Sir James Graham ihr übergeben hatte:

> *»It is my Royal will and pleasure that this building hereafter be called ›The Royal Exchange‹«.*

Der riesige Komplex im üppigen viktorianischen Stil mit seiner mächtigen klassischen Säulenvorhalle muß auf die Menschen damals wie ein Wahrzeichen des Vertrauens, das man dem Handel entgegenbrachte, gewirkt haben. Besonders der von griechischen Säulen flankierte Treppenaufgang und die Arkaden im Innenhof, deren Wände mit Darstellungen aus der englischen Geschichte geschmückt sind, erregten allgemeine Bewunderung. Von der großen Freitreppe aus wurden traditionsgemäß durch Herolde Krieg und Frieden und die Thronbesteigung eines neuen Herrschers verkündet. Eine Bestätigung der königlichen Stellung des Handels, den auch der Souverän in erster Linie zu fördern hatte.

Das große Bankett anläßlich der Einweihung fand in dem künftigen Underwriting Room statt. Vier lange Tafeln waren dort aufgestellt worden, ». . . gedeckt mit allen nur vorstellbaren Delikatessen und einer Fülle der edelsten Weine«, wie die *Illustrated London News* berichtete.

Von Lloyd's Underwriters hatten allerdings nur eine kleine Zahl eine Einladung zu diesem Fest in ihren eigenen Räumen erhalten. Bissige Kommentare der Presse über diesen Mangel an Höflichkeit ihnen gegenüber wurden jedoch nicht weiter zur Kenntnis genommen.

Am 26. Dezember 1844 konnte Lloyd's aus seinem Behelfsheim in die neue Royal Exchange übersiedeln. Die Räumlichkeiten waren von höchstem Komfort. *»Der Waschraum hat eine Ausstattung, die dem Luxus nahekommt«*, kommentierte *Chambers' Edinburgh Journal: »Die eleganten Seifenschalen, die fleckenlosen Tücher, die Porzellan-Waschbecken, die mit Elfen-*

bein belegten Wasserhähne für die Versorgung mit heißem und kaltem Wasser...« Man sprach allgemein nur in Superlativen von dem großartigen Bauwerk.

Selbst wenn einige der Underwriter den behaglichen und zurückhaltenden Komfort des alten Gebäudes vermißt haben mochten, so waren sie doch alle froh, daß das Provisorium nun ein Ende hatte.

Die Industrielle Revolution

Das 19. Jahrhundert wurde vor allem geformt durch die vielen Erfinder und Entdecker, die den Lebensraum und die Lebensweise der Menschen erweiterten und veränderten. Zudem erzwangen die wachsenden Menschenmassen durch ihre revolutionäre Aktivität einen Demokratisierungsprozeß, der noch heute im Gang ist. Das gilt nicht nur für England, die Heimat der Industriellen Revolution. Es lag wohl vor allem an Großbritanniens überragender Stellung gegenüber einem durch die Napoleonischen Kriege geschwächten und verunsicherten Kontinent, daß es die Führung in diesem Prozeß übernahm, der unser technisches Zeitalter einleitete. Hinzu kam der äußerst erfinderische und risikobereite britische Unternehmungsgeist, der die ersten revolutionierenden Impulse gab. Diese ganze Entwicklung vollzog sich für die Zeitgenossen aber sicher in anderer Form und viel langsamer, als es uns in unserer heutigen zeitraffenden Betrachtungsweise erscheinen mag.

Es war ein bewegtes Zeitalter, das seit Watts Erfindung der Dampfmaschine im wahrsten Sinne des Wortes immer mehr unter Druck geriet. Weithin wehende Rauchfahnen, die »Flaggen der Eisen- und Kohlezeit«, waren sein Symbol. Die traditionellen Werte wurden von Wissenschaft und Technik in Frage gestellt, Muskelkraft bekam Konkurrenz von der Maschine. Blutige Aufstände, wie z. B. die der Ludditen gegen die Strumpf- und Spitzen-Maschinenwebstühle in Nottingham von 1811 bis 1816, waren die Folge.

Unternehmer neuen Schlages bauten Fabriken, schafften Arbeitsplätze, versuchten aber gleichzeitig, durch Beschäftigung von Frauen, Kindern, Greisen, Geistesgestörten und Invaliden die Löhne niedrig zu halten. Eine völlige Umschichtung der Gesellschaft beschwor schwerste soziale Konflikte herauf und brachte vor allem für die Arbeiter radikale Veränderungen. Das Industrieproletariat entstand.

In den englischen Industriebezirken sammelten Karl Marx und Friedrich Engels das Material für ihre sozialrevolutionären Auffassungen. Emigranten vom Kontinent wie sie und die kommunistischen deutschen Arbeitervereine waren es, die den revolutionären Funken in England zu entzünden versuchten. In London druckten sie das *Manifest der Kommunistischen Partei.* Im Lesesaal des Britischen Museums arbeitete Marx an dem ersten Band seines *Kapital.* Als er 1883 starb, wurde er auf dem Friedhof Highgate beigesetzt. Das Grab mit der wuchtigen Büste des »Vaters des Kommunismus«, die fast drohend die anderen Grabsteine überschattet, hat den kleinen viktorianischen Friedhof zu einer Wallfahrtsstätte für Pilger vor allem aus kommunistischen Ländern gemacht.

Der dunkle politische und soziale Hintergrund des viktorianischen Zeitalters wurde erhellt von dem neuen Licht, das die ersten elektrischen Lampen verbreiteten. Dem Millionenheer der Besitzlosen mögen diese Glühbirnen wie Symbole der Zuversicht erschienen sein. 1856, anläßlich der glücklichen Beendigung des Krim-Krieges, hatte man noch Hunderte von Gaslampen verwendet, um die Royal Exchange mit patriotischen Slogans zu illuminieren. Nur zwei Jahre später beleuchteten nun elektrische Lampen die neugebaute Westminster Bridge. Ihren Weg zum Mansion House konnten die Mitglieder von Lloyd's bereits Anfang der sechziger Jahre im Licht hoher Bogenlampen zurücklegen. Zu einer Sensation wurde die Illumination des Gaiety-Theaters im Jahre 1878.

Sensationell waren sie alle, diese Erfindungen, die die Menschen ständig in Atem hielten. Dieser allgemeine Umbruch veranlaßte Dr. Samuel Johnson zu der Feststellung: *»Die Zeit ist verrückt nach Neuerungen; alle Arbeiten der Welt müssen mit einem Male auf eine neue Art getan werden.«*

Prinz Albert dagegen, dem Fortschritt gegenüber sehr aufgeschlossen, entwickelte die Idee, alles zur Schau zu stellen, was die einheimische Industrie zu bieten hatte. Aber auch die Konkurrenz in den anderen Ländern sollte sich an dieser ersten *Industrie-Ausstellung aller Völker* beteiligen. Aus diesem Anlaß wurde 1851 im Londoner Hyde Park das erste Gebäude aus Glas und Eisen errichtet, eine »gläserne Kathedrale des Fortschritts«. Die »Weltmesse« demonstrierte die materielle wie die wissenschaftlich-technische Entwicklung und war darüber hinaus eine Präsentation des Selbstverständnisses der entstehenden bürgerlichen Gesellschaft. Sie wurde zu einem leuchtenden Höhepunkt des 19. Jahrhunderts.

Von allen Neuerungen dieser Epoche ist die Eisenbahn aber wohl die folgenreichste gewesen. Mit kaum begreiflicher Schnelligkeit setzte sich dieses neue Massenverkehrs- und Transportmittel durch. William Hedleys berühmte »Puffing Billy« aus dem Jahre 1813, eine der ersten Dampfloks der Welt, kann heute noch im Londoner Science Museum bewundert werden. Nach der Liverpool-Manchester-Strecke im Jahre 1829 wurde 1834 die erste Strecke von London nach Greenwich eröffnet. In den vierziger Jahren war das Land bereits von einem mehrere tausend Kilometer langen

Schienennetz überzogen. Aber immer noch galt das Reisen in diesen dampfenden Stahlungeheuern als ein Wagnis.

Die erste Bahnfahrt der Königin wurde von der Presse als ein unzulässiges Risiko für den Staat kritisiert. Hardy zum Beispiel, Nelsons tapferer Flaggschiff-Kommandant vor Trafalgar, ließ sich von seiner Frau nicht dazu bewegen, an einer Vergnügungsfahrt nach Greenwich teilzunehmen. *»Es können Wasserfahrzeuge gemacht werden, welche rudern ohne Menschen, so daß sie wie die größten Seeschiffe dahersegeln«,* hatte Roger Bacon bereits im 13. Jahrhundert vorausgesagt. Während die Technik aber auf allen anderen Gebieten Fortschritte machte, setzte sie sich bei der Seefahrt nur sehr zögernd durch. Noch 1858 stand das Verhältnis von Dampf- zu Segelschiffen 1 : 45. Die meisten Schiffe bestanden vorerst auch weiterhin aus Holz.

Stürme ließen Jahr für Jahr Tausende von Segelschiffen stranden oder untergehen. Bei Lloyd's verging kein Tag, ohne daß sich im Room nicht irgendein Drama um ein verlorenes Schiff abspielte. Dennoch war in der Seefahrt seit altersher zuviel Wind nicht so sehr gefürchtet wie zuwenig Wind. Immer wieder hatte man nach Möglichkeiten gesucht, ein Schiff auch bei Windstille vorwärtszubewegen.

Der Spanier Blasco de Garay war 1543 bereits auf dem richtigen Wege, als sein 200-Tonnen-Schoner LA TRINIDAD ohne Segel unter den Augen Kaiser Karls V. und seines Hofstaates mit drehenden Schaufelrädern aus dem Hafen von Barcelona fuhr. Nachdem die Inquisition Garay aber verdächtigt hatte, mit dem Teufel im Bunde zu stehen, zerstörte er sein Werk und zog sich in ein Kloster zurück.

Erst die Erfindung der Dampfmaschine zeigte neue Möglichkeiten. Der englische Ingenieur William Symington, Urgroßvater des Automobils, brachte 1788 die erste Dampfmaschine aufs Wasser. Sein von zwei Schaufelrädern betriebenes Wasserfahrzeug entwickelte auf dem kleinen schottischen See eine geradezu beängstigende Geschwindigkeit. Auf Grund dieses Erfolges erhielt er von dem Großgrundbesitzer und Großaktionär Lord Dundas den Auftrag, einen Schlepper für den Forth-and-Clyde-Kanal zu bauen. Die CHARLOTTE DUNDAS, nach der Tochter des Lords benannt, gilt als das erste authentische Dampfschiff. Zwei Siebzig-Tonnen-Lastkähne schleppte die »dampfbewegte Lady« 1802 über eine Strecke von 20 Seemeilen mit einer Geschwindigkeit von 6 Stundenkilometern, ein Ersatz für die Treidelpferde. Den Ruhm als eigentlicher Erfinder des Dampfschiffes erntete aber nicht Symington, sondern der amerikanische Kunstmaler Robert Fulton. Mit seiner 40 Meter langen CLERMONT, die 1803 ihre regelmäßigen Fahrten auf dem Hudson zwischen New York und Albany aufnahm, begann ein neues Kapitel in der Geschichte der Schiffahrt.

Beim Anblick der CLERMONT waren »ganze Schiffsbesatzungen bebend in die Knie gesunken«, wie es in einem zeitgenössischen Bericht heißt. Noch 1816, als die LADY OF THE LAKE, die als erstes Dampfschiff den Kanal kreuzte, Hamburg anlief, sollen die bei Helgoland liegenden Hochseefischer die Flucht ergriffen haben. Das »Entsetzen« vor diesen »dampfenden Kolossen« hielt aber nicht mehr lange an.

Aus den täglichen Meldungen in LLOYD'S LIST gewinnt man einen guten Überblick, wie sich die Entwicklung vom Holz- zum Eisen- und Stahlschiff in den vierziger Jahren und vom Segelschiff zum Rad- und Schraubendampfer in den fünfziger Jahren vollzog. Als eigentlichen Beginn der europäischen Handels- und Dampfschiffahrt bezeichnen LLOYD'S LIST und andere zuverlässige Quellen das Jahr 1812, von dem ab Henry Bells 12 Meter lange COMET regelmäßig auf dem Clyde zwischen Glasgow und Greenock verkehrte.

Das Abenteuer lockte, mit einem Dampfschiff aufs Meer hinauszufahren, wenngleich ein gewisser Professor Lardner noch 1836 die Auffassung vertrat:

> *»Dampfschiffahrt über den Ozean ist ein Unding, denn es kann nicht die Aufgabe der Schiffe sein, nur ihren eigenen Brennstoff übers Meer zu bringen.«*

Die SAVANNAH, ein Dreimaster von 30 Metern Länge mit einer Dampfmaschine und zwei Schaufelrädern von 5 Meter Durchmesser, war dieses Wagnis aber bereits 1819 eingegangen. Sie benutzte ihre Maschine allerdings nur bei schlechtem Wetter und brauchte für die Fahrt von New York nach Liverpool fast 30 Tage. Als sie ihren Heimathafen Savannah verließ, hielt ein Zollkreuzer die sprühenden Funken, die aus ihrem Schornstein kamen, für einen Brand, versuchte aber vergeblich, das Schiff einzuholen.

1826 berichtete LLOYD'S LIST über die ENTERPRISE, die als erster Dampfer die Überfahrt von Europa nach Ostindien wagte. Sie benötigte dafür 113 Tage, von denen sie 103 ausschließlich mit Maschinenkraft fuhr. Diese ersten Dampf-Segelschiffe stellten noch einen zwitterhaften Übergangstyp dar.

Dem kleinen Zweimaster SIRIUS gelang es 1838, den Nordatlantik allein mit Dampfkraft zu überqueren. Am gleichen Tag legte aber auch die GREAT WESTERN im Hafen von New York an. Sie hatte für die Strecke Bristol — New York »völlig unter Dampf« 15 Tage und 5 Stunden benötigt und war damit um 3 Tage und 5 Stunden schneller gewesen als die SIRIUS. Die GREAT WESTERN war das erste Schiffbauprojekt des be-

Stapellauf der GREAT BRITAIN in Anwesenheit Seiner Königlichen Hoheit Prinz Albert in Bristol 1843

rühmten englischen Brücken- und Eisenbahn-Konstrukteurs Isambard K. Brunel (1806–1859). Mit 70 Atlantiküberquerungen stand das 2300 Tonnen große, noch aus Eichenholz gebaute Schiff lange Zeit an der Spitze, bis es von einer neuen Schöpfung seines Konstrukteurs übertrumpft wurde, der GREAT BRITAIN.

Für dieses Schiff von 98 Meter Länge verwandte Brunel erstmalig Eisen statt Holz. Außerdem ersetzte er die Schaufelräder durch eine Schiffsschraube. Im Beisein von Prinz Albert und unter dem Jubel der Bevölkerung war die GREAT BRITAIN 1843 vom Stapel gelaufen. 1846, nach ihrer dritten Ausreise nach Amerika, meldete LLOYD'S LIST:

> *»Liverpool, 24. September, die GREAT BRITAIN, Hosken, von hier nach New York, strandete am 22. dieses Monats um 9.30 morgens in der Dundrum Bay nahe Tyralla 8 Stunden und 10 Minuten nachdem sie die Glockenboje passiert hatte. Die Passagiere wurden gestern morgen alle sicher an Land gebracht und das Schiff wird vermutlich im nächsten Frühjahr wieder flottgemacht werden können.«*

So geschah es auch. Die GREAT BRITAIN hatte ihre Bewährungsprobe bestanden. Obgleich sie 11 Monate lang Sturm und Brandung ausgesetzt war, wies der eiserne Schiffsrumpf kaum Schäden auf. Sie wurde nach Australien verkauft und überdauerte sogar eine zweite Strandung 1886 an den Falkland-Inseln. 1970 holte man sie nach Bristol zurück und restaurierte sie auf derselben Werft, auf der sie gebaut worden war. Brunels Wunderwerk kann dort besichtigt werden.

Mit der Gründung der ersten transatlantischen Dampferlinie der *British and North American Royal Mail Steamship Company*, der sogenannten Cunard-Linie, durch den Quäker Samuel Cunard wurde 1840 die Linienschiffahrt eröffnet. Die Gesellschaft entwickelte sich zu einem der britischen Reederei-Giganten und war jahrelang im Besitz des »Blauen Bandes«. Die Zuverlässigkeit und Regelmäßigkeit, mit der die Cunard-Schiffe schon zur damaligen Zeit fahrplanmäßig verkehrten, erregte Bewunderung und erweckte Vertrauen. So wurde Cunard nicht nur die Postbeförderung zwischen England und Amerika übertragen, sondern auch die deutsche Post bediente sich dieser Linie in eiligen Fällen. Cunard ließ seine Schiffe auf den Werften am Clyde, dem Geburtsort des Dampfschiffes, bauen. Einer dieser vier ersten hölzernen Raddampfer war die BRITANNIA, auf der Charles Dickens 1842 mit großen Erwartungen seine Reise in die Neue Welt antrat. Die Überfahrt dauerte 15 Tage und kostete 30 Pfund.

Holz wurde beim Schiffbau immer noch bevorzugt, denn Eisen galt als sehr anfällig, weil es zu spröde war. Erst durch den sogenannten Schiffbaustahl wurde dieser Mangel behoben. Brunel hatte schon mit seiner GREAT BRITAIN die Unverwüstlichkeit eines Schiffsrumpfes aus Eisen bewiesen. Nun begann er sein kühnstes Projekt in die Tat umzusetzen, einen Giganten der Meere, das größte Schiff der Welt. Mit seinen 22 500 BRT übertraf das Ungetüm alles Bisherige. Es war 207 Meter lang, hatte fünf Schornsteine, die zwischen den sechs Segelmasten standen, und bot Platz für 4000 Passagiere. Die GREAT EASTERN wurde aber nicht nur das größte, sondern auch das unglückseligste Schiff – der Alptraum für Lloyd's Underwriter.

Es wurde behauptet, daß schon der Stapellauf des Ungetüms am 3. November 1857 zu einer schrecklichen Katastrophe hätte führen können, wäre es von seinen Schlittenklötzen freigekommen. Wie eine nachträgliche Berechnung ergab, hätten die hohen Flutwellen Tausenden von Zuschauern an und auf der Themse das Leben gekostet. Als bei dem mißglückten Unternehmen armdicke Eisenketten rissen, fanden zwei Arbeiter den Tod. Damit setzte sich die Serie der Unglücksfälle fort, die schon während der mehrjährigen Bauzeit Menschenleben gefordert hatte. Bei einer Kesselexplosion auf der Probefahrt zwei Jahre später starben 6 Heizer. Auch Isambard Kingdom Brunel kostete diese »Frühgeburt der Technik« das Leben. Sein Herz war den Sorgen und Aufregungen nicht gewachsen. Vier Tage nach der verhängnisvollen Probefahrt erlag er am 15. September 1859 einem Herzschlag.

Am 17. Juni 1860 konnte die GREAT EASTERN endlich ihre immer wieder verschobene Jungfernreise nach Nordamerika antreten. Unter den Passagieren befand sich auch Jules Verne, den das Riesenschiff zu seinem Buch »Die schwimmende Stadt« inspirierte. Auf der Rückreise von New York stellte die GREAT EASTERN mit 9 Tagen und 4 Stunden einen neuen Rekord auf. Das Schiff wurde jedoch weiterhin vom Pech verfolgt. Eine Kette von Unglücksfällen und Reparaturen verschlang Millionen. Schließlich waren drei Gesellschaften ruiniert und der Schuldenberg so angewachsen, daß das Schiff 1863 versteigert und als Kabelleger umgerüstet wurde. Danach geisterte der Gigant noch viele Jahre auf den Weltmeeren umher als Spekulationsobjekt, schwimmendes Hotel, Zirkusschiff und Kohlendepot. Als er 1889 abgewrackt wurde, hat man angeblich zwischen seinen eisernen Rippen eingeklemmt ein menschliches Skelett gefunden.

Mit zunehmender Größe und Schnelligkeit der Schiffe wuchs auch das Risiko für den Versicherer. Seit dem Krim-Krieg war zudem der Bruttotonnagegehalt der Dampfschiffe von 131 000 tons bis zum Jahre 1870 auf über

2 Millionen tons angewachsen. Der Flottengröße entsprechend erhöhte sich die Zahl der Unglücksfälle. Das Verschulden lag oft bei den Konstrukteuren, wie in den Fällen der BIRKENHEAD (1852), der ROYAL CHARTER (1859) und der LONDON (1865). Wie sich bald herausstellen sollte, hatte jedoch auch die vermehrte Verwendung von Schiffsrümpfen aus Eisen ihre Nachteile. Sie bescherte der Seefahrt und den Versicherern eine wachsende Zahl seeuntüchtiger Schiffe. *Punch*, die »satirische Geißel der Nation«, prangerte diese Schiffe als »schwimmende Särge« an.

Fultons erstes Dampfschiff, die CLERMONT, auf dem Hudson bei New York, 1807

»Einzeln sind wir Underwriter – gemeinsam sind wir Lloyd's«

Die gefürchtete Wochenzeitschrift *Punch* konfrontierte ihre Leser nicht nur mit dem traurigen Kapitel der »schwimmenden Särge«. Genauso spießte sie mit spitzer Feder die Klubhaus-Großspurigkeit in den feudalen neuen Räumen der Royal Exchange auf. Das Zeitalter der Dandys war noch nicht vorbei. D'Orsays Herrenwesten und Krawatten galten als Wunder der Modewelt. Statt Kniehosen trugen die Herren nun lange Hosen. Die kurzen farbigen Gehröcke hatten dunkle Samtkragen. Koteletten kamen auf. Die Mode ließ viele Extravaganzen zu. Eines wäre jedoch keinem Gentleman in der City auch nur im Traum eingefallen, ohne einen weißen oder grauen Zylinder den Room zu betreten.

Der übertriebenen Eleganz bei Lloyd's entsprachen auch die großen Diners, die die City-Kaufleute gaben, wenn sie am Abend von der Royal Exchange heimkehrten. William Thackerays traurige kleine Story über einen Mann, der fast zum Selbstmord getrieben wird bei dem Gedanken, daß alles, was er zu sich nimmt, ja selbst die Luft, die er atmet, vergiftet ist, wird die Gourmands wohl kaum in ihrem Genuß gestört haben. Dieser Beitrag im *Punch,* wo Thackeray als Witzblattzeichner und Feuilletonist begann, könnte genausogut ein Lamento auf unsere heutige Umweltverschmutzung sein:

> *». . . Wenn meine Themse ein richtiger Lethe ist, in dem jeder Aal eine todbringende ringelnde Schlange und jeder harmlose Köder eine kleine Dosis Tod ist, worin liegt dann der Unterschied, wenn ich etwas mehr Holzessigsäure in meinen Kaffee tue?«*

Aber weder Wasserverseuchung, Luftverschmutzung oder »coffin ships«, noch die Aufstände der Ludditen und schwankende Prämienraten vermochten die Mitglieder von Lloyd's aus ihrem Wohlleben aufzuschrecken. Zu der Zeit, als sie ihre neuen Räumlichkeiten bezogen, bestand die Vereinigung schon mehr als eineinhalb Jahrhunderte. Lloyd's war im Begriff, sein Kaffeehaus-Image abzulegen, wenngleich offizielle Mitteilungen noch bis Ende des Ersten Weltkrieges an »Lloyd's Coffee-House« adressiert

oben: Der Underwriting Room von Lloyd's in der Royal Exchange 1888
unten: Lloyd's Merchants Room 1854

wurden. Aus einem wahllosen Zusammenschluß von Leuten, die nur ein allgemeines Interesse an Seeversicherungsgeschäften verband, entwickelte sich eine Gesellschaft mit eigener Rechtspersönlichkeit und einer internationalen Einschätzung der Kreditfähigkeit, die aber nur so stark war wie das schwächste ihrer Mitglieder.

Die Rückkehr in die Royal Exchange und eine Wiederbelebung des Handels als Folge des Widerrufs der Kornzollgesetze hatten eine deutliche Zunahme der Mitgliederzahl zur Folge. 1846 wurde eine Einteilung in zwei Klassen vorgenommen, in aktive Underwriter, die berechtigt waren, Versicherungsverträge abzuschließen, und passive Mitglieder, die diese Genehmigung nicht besaßen. Überraschenderweise gab es zu der Zeit 185 aktive gegenüber 621 passiven Mitgliedern. 25 Jahre später hatte sich das Verhältnis zugunsten der aktiven Gruppe verändert, die nun zwei Drittel aller Mitglieder ausmachte.

Die wachsende Mitgliederzahl erforderte zwangsläufig auch eine größere Disziplin unter den Underwriters. Die Vereinigung duldete es bis dahin, wenn ihre Mitglieder Schadensansprüchen nicht nachkamen oder sogar bankrott machten. Der einzige Verstoß, der die Ausschließung von Lloyd's zur Folge hatte, war die Nichtzahlung des jährlichen Beitrags. Die kaufmännische Redlichkeit war zu der Zeit jedoch bemerkenswert hoch, und es gab nur wenige schwerwiegende Skandale. Die Underwriter selbst betrachteten das Versicherungsgeschäft sowieso als ein Risiko für sich. Im Dezember 1851 wurde eine neue Verfügung erlassen: *»Falls irgendein Mitglied oder Jahresabonnent bankrott wäre . . . oder mit seinen Gläubigern einen Vergleich schließen müsse, solle er aufhören, ein Mitglied oder Jahresabonnent zu sein.«*

Mit den Gesetzen von 1844, 1870, 1872 und 1907 versuchte die britische Regierung immer wieder, die Versicherungen zu kontrollieren und zu kodifizieren, aber erst 1946 gelang es ihr, die Grundregeln für Seeversicherungen festzulegen. Das war sicher insofern zum Vorteil für das britische Versicherungswesen, als es sich bis dahin hatte frei entfalten können. Stets war jedoch der Zahlungsfähigkeit der Mitglieder und der Deckung der Lloyd's-Police größte Wichtigkeit beigemessen worden.

Bis zum Parlamentsbeschluß von 1871 ließ es sich aber nicht verhindern, daß Außenseiter zusammen mit Lloyd's Underwriters ein Teilrisiko übernehmen konnten, sofern die Police selbst von Lloyd's stammte. Erst der »Act of Incorporation« machte es für jeden, der kein anerkanntes Mitglied war, zu einer strafbaren Handlung, seinen Namen unter eine Lloyd's-Police zu setzen. Um die Police zu schützen, war es außerdem nötig, ihr ein unverwechselbares Merkmal zu geben. Als Erkennungszeichen wählte das

oben: Lloyd's Subscription Room in der Royal Exchange 1808
unten: Der Telegrafenraum mit den Casualty Boards, an denen die Verlustmeldungen angeschlagen werden, 1886

Komitee den Anker, der nun seit über einem Jahrhundert jede Lloyd's-Police prägt und zu einem Symbol dieses Versicherungsmarktes geworden ist.

Das Gesetz von 1871, das die 1771 gegründete Society in eine Corporation of Lloyd's verwandelte und damit zu einer juristischen Person machte, ist eines der wichtigsten Dokumente in der 300jährigen Geschichte der Vereinigung. Damit hatte Lloyd's nun eine reguläre Satzung und eine Geschäftsordnung. Mit voller Genehmigung des Parlaments war die Gesellschaft ermächtigt, Vermögen zu erwerben und die Räumlichkeiten sowie das nötige Verwaltungspersonal bereitzustellen, um »seinen Mitgliedern zu ermöglichen, das Versicherungsgeschäft weiterzuführen und . . . Schiffsinformationen zu sammeln«.

Die Zahl der Mitglieder nahm bis zum Ende des 19. Jahrhunderts zu. Inzwischen war das Depositen-System, nach dem neue Mitglieder einen Betrag zu hinterlegen hatten, gut eingeführt. Auch die Lloyd's-Policen hatten beträchtlich an Sicherheit gewonnen. Diese insgesamt also recht zufriedenstellende Entwicklung veranlaßte Lloyd's, zu den prunkvollen Festlichkeiten anläßlich des Diamantenen Kronjubiläums von Königin Victoria im Jahre 1897 seinerseits einen Beitrag zu leisten.

Es sollte das letzte große Fest des ausgehenden Jahrhunderts werden. Die Hauptstraßen Londons waren in ein Meer von Fahnen und Lichtern getaucht. An einigen Stellen hatte man eigens Triumphbögen errichtet, unter denen die Prozession hindurchzog. Über ihre Fahrt an jenem »unvergeßlichen Tag« zum Dankgottesdienst vor der St Paul's Cathedral schreibt Victoria selbst:

> *»Ich glaube, niemand hat jemals solche Ovationen erlebt, wie sie mir gebracht wurden, während ich 6 Meilen lang durch die Straßen fuhr . . . Die Massen waren unbeschreiblich, ihre Begeisterung wahrhaft einzigartig und tief bewegend. Die Hochrufe erschallten ohrenbetäubend, jedes Gesicht schien mit echter Freude erfüllt. Ich war erschüttert und dankbar.«*

Lloyd's Huldigungen für die Monarchin nahmen sich dagegen sehr viel bescheidener aus. Das Komitee sandte Ihrer Majestät eine ehrerbietige Botschaft und traf für den festlichen Anlaß im Room sorgfältige Vorbereitungen, wie aus dem Protokollbuch des Komitees zu ersehen ist. Darin wurde auch eine gedruckte Kopie des Programms überliefert, das uns einen Eindruck des denkwürdigen Tages gibt.

Das Programm umfaßt zwei Seiten. Auf der ersten wird die loyale Resolution des Komitees wiedergegeben. Seite 2 bringt den Text von »God save our Gracious Queen . . .« für Chor und Soli. Nach dem gemeinsamen Singen der Nationalhymne, so heißt es im Programm, »soll ein dreifaches Hoch für die Königin ausgerufen werden«. Damit endeten die Jubiläumsfeierlichkeiten bei Lloyd's. Als das letzte Hoch verklungen war, gingen die Underwriter wieder zur Tagesordnung über.

Das Ende des viktorianischen Zeitalters markierte auch einen Wendepunkt in der Geschichte von Lloyd's. Der Versicherungsmarkt befand sich an der Schwelle zu einer neuen Ära, einem Jahrhundert der Technik, in dem der Mensch sich aufmachte, das All zu erobern. Aber auch in unserer Zeit hätte Walter Farrant, der berühmte langjährige Caller im Room, die ihm oft gestellte Frage »Was ist Lloyd's?« nicht anders beantworten können: »Einzeln sind wir Underwriter. Gemeinsam sind wir Lloyd's.«

Der Underwriting Room 1927

Der Siegeszug der Telegraphie

Die Nachricht von Nelsons Sieg bei Trafalgar brauchte 1805 noch 17 Tage, um Londons Zeitungen zu erreichen. In Frankreich soll es weitere neun Jahre gedauert haben, bevor er veröffentlicht wurde. Als die *Times* 1793 aller Welt verkündete, daß sie einen besonderen Korrespondenten nach Paris geschickt habe, der als Augenzeuge über die Hinrichtung Marie Antoinettes berichten solle, hatte Lloyd's schon mehr als 30 eigene Korrespondenten auf verschiedenen Kontinenten. Durch ihre besonderen Vereinbarungen mit der General Post Office vermochte die Vereinigung jede Zeitung an Schnelligkeit der Information zu übertreffen.

Aber weder das sich immer weiter ausdehnende Schienennetz oder die neugebauten Highways, auf denen die ersten Dampfkarossen verkehrten, noch die schnellsten Schiffe konnten das Nachrichtenwesen so beschleunigen wie die Entwicklung der Telegraphie und des Telephons seit Mitte des vorigen Jahrhunderts. Neben allen anderen Vorteilen für das Land intensivierte sie die Bindung überseeischer Kontore und Kolonien an das Mutterland und bekam dadurch neben der wirtschaftlichen auch eine politische Bedeutung.

Am Morgen des 60jährigen Kronjubiläums von Königin Victoria, dem 22. Juni 1897, tickten alle Telegraphen im britischen Empire zur selben Zeit eine Botschaft Ihrer Majestät an ihre Untertanen: »Aus tiefem Herzen danke ich allen Völkern. Möge Gott Euch schützen.«

Die Erfindung des amerikanischen Kunstmalers Samuel F. B. Morse (1791–1872) hatte das Wunder möglich gemacht, Raum und Zeit zu überwinden. Von nun an begann die Welt kleiner zu werden. Die Völker rückten näher zusammen. Noch einhundert Jahre zuvor war die Nachrichtenübermittlung durch die Post nur so schnell gewesen wie ihre schnellste Kutsche. Ihre ungestüme Eile von 100 Meilen in 24 Stunden aber hatte schon so manchen Zeitgenossen zu düsteren Prophezeiungen veranlaßt.

Erster Anstoß zu Morses Erfindung war ein Gespräch über die geheimnisvolle Kraft der Elektrizität, daß er 1832 auf seiner Heimreise von Europa nach New York an Bord des Paketbootes SULLY mit dem amerikanischen Arzt und Naturwissenschaftler Dr. Charles T. Jackson führte. Die

Idee, mit Hilfe elektrischer Signale Nachrichten in Blitzesschnelle überallhin zu senden, ließ Morse von nun an nicht mehr los. Nach langen mühsamen Experimenten konstruierte er 1837 den ersten brauchbaren elektromagnetischen Schreibtelegraphen.

Die Zeichen wurden anfangs noch in Zickzackschrift auf das Papier geschrieben. Allerdings haben auch andere Forscher verwendbare Telegraphen-Apparate gebastelt. Morses Erfindung setzte sich jedoch durch. Die von ihm entwickelte, aus Punkten und Strichen bestehende Schrift, das Morse-Alphabet, wurde später international üblich. 1844 konnte die erste größere Telegraphenlinie der USA zwischen Washington und Baltimore über Freileitungen in Betrieb genommen werden. In welchem Maße sein Apparat einst die Welt erobern und umgestalten würde, konnte selbst Morse damals nicht ahnen. Seine Erfindung sollte eine enorme technische und wirtschaftliche Entwicklung zur Folge haben.

Lloyd's hatte bereits 1845 eine erste telegraphische Vereinbarung mit der *South Western Railway Company* getroffen. Zu ihrem Service gehörte es unter anderem, Schiffsverlustlisten von Southampton nach London zu übermitteln. 1851 wurde der erste Morse-Telegraph im Merchant Room der Royal Exchange installiert. Um Anschluß an den Kontinent zu bekommen, schloß sich Lloyd's der *English Channel Submarine Telegraph-Company* an, die im selben Jahr noch die erste Telegraphenleitung von Dover aus durch den Kanal nach Cap Gris-Nez legte. Die meisten Schiffsnachrichten trugen von nun an den Vermerk »durch Telegraph«.

Aufgrund seiner Experimente hatte Morse schon 1842 die Theorie entwickelt, daß die Elektrizität gezwungen werden kann, »durch das Wasser hindurchzugehen«. Von da an verfolgte er den Plan, dereinst die Telegraphie durch den Atlantischen Ozean zu betreiben. Er gehörte zu den Gründern der Gesellschaft zum Bau des Atlantik-Telegraphen, der *Atlantic Telegraph Co. of New York, New Foundland and London.*

Die Verwirklichung seiner Idee ist aber vor allem dem wagemutigen amerikanischen Unternehmer Cyrus West Field zu verdanken, der sich trotz wiederholter Rückschläge nie entmutigen ließ. Verglichen mit dem, was zu diesem Zeitpunkt mit der neuen Technik der Seekabel bereits unternommen worden war, nahm sich Fields Vorhaben gigantisch aus. 3500 Meter mittlere Meerestiefe und 2640 Kilometer Luftlinie waren zu überwinden. Zweimal riß das 4000 Kilometer lange Kabel. Am 7. August 1858 stand die erste Telegraphenverbindung zwischen der Neuen und der Alten Welt. Europäer und Amerikaner begrüßten das Gelingen mit großem Jubel. Queen Victoria und der amerikanische Präsident James Buchanan tauschten die ersten Glückwunschtelegramme. An die 400 Depeschen wurden zwischen den beiden Kontinenten gewechselt, bevor das Kabel wenige Wochen später verstummte.

Nun schlug die große Stunde für ein Schiff, das bislang nur als »Gigant des Unheils« von sich reden gemacht hatte, die GREAT EASTERN. Mit Hilfe dieses damals größten Schiffes der Welt wagte Field einen neuen Versuch, der beim zweiten Mal endlich glückte. Am 13. Juli 1866 lief die GREAT EASTERN mit einem verstärkten Kabel von 5500 km Länge an Bord von der irischen Insel Valentia aus. Diesmal verlief die Fahrt ohne Zwischenfälle.

Vierzehn Tage später brachte LLOYD'S LIST den epochemachenden Bericht:

> *»Valentia 27. Juli. Die GREAT EASTERN hat das Ende des Kabels an der Küste von Neufundland gelandet. Die telegraphische Nachrichtenübermittlung mit Amerika ist vollendet.«*

Seitdem ist die telegraphische Verbindung über den Atlantik nie mehr abgerissen. Schon bald umstrickte ein Netz tickender Drähte in Freileitungen, Land- und Seekabeln den Erdball. Morse konnte diese Entwicklung zum Teil noch miterleben. Er war auch Zeuge der ersten großen Pressedienstmeldung von Europa nach Amerika, der Thronrede des preußischen Königs Wilhelm I. im Jahre 1866. Sie wurde in ihrer ganzen Länge nach New York gekabelt und erschien dort bereits zwei Tage später in den Zeitungen gedruckt.

Am 2. April 1872 tickten alle Telegraphen in der Welt die Nachricht: »Morse ist tot.« Der »Vater der Telegraphie« lebt jedoch in seinem Werk weiter. Er war einer jener Männer, die die Voraussetzung dafür schafften, Kontinente auf Rufweite miteinander zu verbinden. Das Kabel wurde von nun an ein unentbehrliches Hilfsmittel für die nachrichtenhungrige Presse und somit auch für LLOYD'S LIST und Lloyd's Agency System.

Dieses Agenten-System aufzubauen, war vielleicht der wertvollste Beitrag, den je ein einzelner für Lloyd's geleistet hat. Er ist das Verdienst des ersten Sekretärs, John Bennett jun., der gleichzeitig Herausgeber von LLOYD'S LIST war. Die bis dahin praktizierte Nachrichtenübermittlung durch Korrespondenten in den verschiedenen Häfen reichte ihm nicht mehr aus. Was Bennett vorschwebte, war ein über die ganze Welt verteiltes Netz von Agenten, gewissermaßen eine professionelle Elite, die die Aufgabe haben sollte, alle für den Versicherungsmarkt wichtigen Informationen zu sammeln und innerhalb kürzester Zeit weiterzuleiten. 1811 nahm der erste offizielle Auslandsagent auf Madeira seine Arbeit auf. Bis zum Ende

Die GREAT EASTERN, zum Kabelschiff umgebaut, im Jahre 1859 auf der Themse

des Jahres hatte Bennett bereits 150 Agenturen gegründet. Heutzutage arbeiten über 500 Agenten, die Subagenten nicht mitgerechnet, in fast jedem Land der Welt für Lloyd's. Viele dieser Agenturen halten ihre Posten seit über hundert Jahren.

Die Agenten werden nicht von den Underwriters, sondern von der Corporation of Lloyd's berufen und sind keine Versicherungsvertreter im üblichen Sinn. Ihre Aufgabe besteht vor allem darin, Lloyd's Nachrichtendienst das ganze Jahr hindurch rund um die Uhr mit Informationen zu versorgen. Aber auch für Schadensfeststellungen sind sie zuständig. Sie bestimmen Sachverständige, die die Schäden oder Verluste aufnehmen und sind bei der Schadensregulierung behilflich. Lloyd's »eyes and ears« wachen rund um den Globus.

Erste Bastelversuche des 18jährigen Philipp Reis (1834–1874) in Friedrichsdorf im Taunus, ein menschliches Ohr nachzubauen, das die Luftschwingungen des Schalles in elektrische Stromstöße umwandeln sollte, führten im letzten Viertel des 19. Jahrhunderts zur Erfindung des Telefons. Auch sie muß gewissermaßen bereits »in der Luft gelegen« haben. Unabhängig voneinander waren mehrere Forscher mit der Konstruktion eines Fernsprechers beschäftigt.

»Das Pferd frißt keinen Gurkensalat.« Mit diesem ersten durch ein Telefon übertragenen Satz stellte Reis, inzwischen Physiklehrer, 1861 den ersten funktionsfähigen elektrischen Apparat vor. Doch er starb, bevor seine Erfindung ausgereift war und Anerkennung gefunden hatte. Erst dem amerikanischen Taubstummenlehrer Alexander Bell (1847–1922) gelang es 1876 durch eine Verbesserung des Reis'schen Apparates, den Fernsprecher weltweit einzuführen.

Noch viel einschneidendere Konsequenzen als der Morse-Apparat und das Telefon hatte eine andere Erfindung für Lloyd's. Die Wende zum 20. Jahrhundert brachte mit dem Durchbruch der Elektronik die drahtlose Telegraphie. Die Entdeckung der elektromagnetischen Wellen war nicht das Werk eines Einzelnen, sondern eine europäische Kollektivleistung, an der Italiener, Engländer, Franzosen, Russen und Deutsche beteiligt waren. Sie alle schafften die Grundlagen. Einem jungen Studenten der Universität Bologna, Guglielmo Marconi (1874–1937), sollte es 1895 als erstem gelingen, elektromagnetische Wellen mit Signalen und Zeichen durch den Luftraum zu senden. Damit war, wenn auch zunächst nur auf kurze Entfernung, die erste drahtlose Nachrichtenübermittlung geglückt. 1897 nahmen endlich auch die Fachwelt und die Weltpresse von Marconi Notiz, als ihm die drahtlose Überwindung des Bristolkanals in der gesamten Breite von 14,5

Kilometern gelang. Im gleichen Jahr wurde in London die *Marconi-Wireless-Telegraph-Co.* gegründet. Marconi hatte bei seinen Versuchen vor allem auch an eine Verständigungsmöglichkeit auf See gedacht.

»... Es müßte insbesondere auch für die Schiffahrt verwendbar sein, und es würde hier in ganz großem Maße zur Verminderung der Gefahren auf See beitragen können, es würde die Abgeschiedenheit von Passagieren und Mannschaften mit einem Schlag beseitigen«,

argumentierte er. In der Tat benötigte die Seeschiffahrt dringend ein rasches und weittragendes Nachrichtenmittel, das es den Schiffen ermöglichte, sich untereinander und mit den Küsten in Verbindung zu setzen.

1899 funkte Marconi zum ersten Mal Nachrichten über den Kanal. »Es ist möglich, nach jedem Punkt der Erde drahtlos zu telegraphieren«, behauptete er. Den Beweis brachte er, als es ihm 1901 gelang, den Nordatlantik zu überbrücken. Von der 1900 eingerichteten englischen Funkstelle Poldhu in Cornwall, wo heute noch ein Obelisk an Marconi erinnert, nach der Glace Bay in Neuschottland wurde über 3400 km der Buchstabe »S« als Morsezeichen übermittelt. Damit begann der Siegeszug der drahtlosen Telegraphie, die sich bald wie ein unsichtbares Netz über den Erdball spannte und auch die in den abseitigsten Gegenden und auf den entlegensten Inseln lebenden Menschen miteinander verband.

Soviel auch über Marconi geschrieben worden ist, so wenig wurde über seine enge Beziehung zu Lloyd's bekannt. Die Vereinigung spielte derzeit eine zentrale Rolle in der Forschung und Entwicklung der drahtlosen Telegraphie. Dadurch bestand ein direkter Zusammenhang zwischen Marconi, Lloyd's, der Post und den ersten kommerziellen Funkstationen.

Sir Henry Hozier, der neben Bennett prominenteste Sekretär von Lloyd's, hatte Marconis Experimente von Anfang an mit großem Interesse verfolgt. Mehr als alle anderen verantwortlich für die Errichtung der berühmten *Lloyd's Signal Stations*, gelangte er nicht nur deswegen zu großen Ehren, weil er Winston Churchills Schwiegervater wurde. Er war vielmehr von 1874 bis 1906 der eigentliche Herrscher von Lloyd's.

Das *Windsor Magazine* beschrieb ihn als

»... Eine kräftige, breitschultrige, soldatische Erscheinung. Er hat ein fröhliches Gesicht, lebhaftes Temperament und einen trockenen schottischen Humor. Er macht gern Spaß und lacht in unbeschwer-

ten Augenblicken laut und voll jungenhafter Ausgelassenheit, daß es ansteckend wirkt. Er hat aber auch einen anderen, strengeren Charakterzug ...«

Während seiner Amtsperiode als Sekretär war es Hozier innerhalb von 20 Jahren gelungen, Lloyd's als überragende Institution für Schiffsinformationen zu etablieren. Am Ende des 19. Jahrhunderts gab es kaum noch ein hochseetüchtiges Schiff, das nicht mit der einen oder anderen Lloyd's Funkstation Kontakt hatte, bevor es seinen Bestimmungsort erreichte. Die erste dieser Signal-Stationen war 1869 in Deal an der Kanalküste errichtet worden, wo die Goodwin Sands schon seit altersher eine Gefahr für die Schiffahrt bildeten und viele Schiffe stranden ließen. Hozier, der den Wert der Morse-Telegraphen für die Signal-Stationen frühzeitig erkannt hatte, bemächtigte sich aller funktionsfähigen Stationen und kaufte Grund und Boden in strategisch wichtiger Lage, um weitere zu errichten. Innerhalb kurzer Zeit standen 40 Signal-Stationen auf den britischen Inseln unter Lloyd's Kontrolle und mit über hundert anderen in überseeischen Gebieten waren Vereinbarungen getroffen worden. Von nun an riefen und meldeten die Beobachter längs der britischen Küsten jedes vorbeifahrende Schiff und übermittelten die Nachrichten an Lloyd's.

Welch weitreichende Bedeutung mußte erst die drahtlose Telegraphie für den Signaldienst und damit für die gesamte Schiffahrt bekommen, da sie unabhängig von Wetter und Tageszeit machen würde. 1901 kam es zu einer Übereinkunft mit Marconi, die Lloyd's Signal Stations entsprechend auszurüsten, um Bord-Land-Informationen austauschen zu können. Gleichzeitig wurde Hozier erster Direktor einer der Marconi-Gesellschaften.

Die Partnerschaft war jedoch nicht von langer Dauer. Sie endete mit einem Prozeß zwischen Lloyd's und Marconi und hätte fast ein Duell zwischen Hozier und dem Postmaster General Lord Buxton zur Folge gehabt. Es würde zu weit führen, den langwierigen Kleinkrieg zu schildern, der sich um Lizenzen, Verträge, Rivalitäten und Profite entspann. 1904 hatte der Postminister Lloyd's die Funklizenz entzogen. Hozier wandte sich daraufhin in einem Rundschreiben voller Anschuldigungen und Schmähungen an die Mitglieder des Ober- und Unterhauses. In einer Rede vor dem Parlament widersprach Lord Buxton vielen der von Hozier erhobenen Verdächtigungen und bezeichnete ihn als einen Lügner. Hozier interpretierte dies als einen Angriff auf seine Ehre und forderte den Postminister schriftlich zu einem Duell »irgendwo an der französischen Küste«. Buxton nahm die Herausforderung jedoch nicht an. In einer launigen Erwiderung gab er zu bedenken, daß sich nach Sir Hoziers Tod niemand mehr für den Anlaß des Duells interessieren würde.

Die Differenzen mit Marconi wurden ebenfalls beigelegt. Wie sehr man seine Arbeit bei Lloyd's würdigte, geht daraus hervor, daß er im April 1919 zum Ehrenmitglied gewählt wurde. 1909 übernahm die britische Regierung die Kontrolle über alle Funkstationen an der britischen Küste.

Der amerikanische Frachter ST PAUL führte 1899 erstmals eine drahtlose Telegraphiestation an Bord. Schon bald wurde die Ausrüstung mit Bordstationen für alle Schiffe zur Selbstverständlichkeit. Damit war Marconis Erfindung, die drahtlose Telegraphie, für Handel und Seeschiffahrt rasch unentbehrlich geworden.

Erst der Untergang der TITANIC 1912 sollte der Welt jedoch ihren Wert für die Rettung von Menschenleben eindrucksvoll vor Augen führen. Ohne das »Signal auf Leben und Tod« SOS, das nach dieser Katastrophe weltweit eingeführt worden ist, hätten in der Einsamkeit des Nordatlantik wohl alle Passagiere den Tod gefunden. Die Geretteten verdankten Marconi ihr Leben. Der Ingenieur hatte 1909 zusammen mit Professor Ferdinand Braun den Nobelpreis für Physik erhalten. Noch viel beglückender als diese Auszeichnung mag für ihn aber der Dank der TITANIC-Überlebenden gewesen sein. Bei ihrer Ankunft im Hafen von New York klang es ihm von den geretteten Italienern entgegen: »Ti dobbiamo la vita!« In dieses »Wir verdanken dir unser Leben!« könnten inzwischen Hunderttausende einstimmen.

Als Marconi mit nur 63 Jahren starb, trat am Abend seines Todestages auf allen Sendern eine feierliche Funkstille ein. Besser als jeder Nachruf es vermocht hätte, ehrte dieses minutenlange Schweigen den großen Erfinder und sein Werk.

VII

TRADITION UND TRAGÖDIEN

Die Glocke der LUTINE

»Die Glocke der LUTINE schlägt für die aufgegebene BERGE ISTRA
London. Mit einem Glockenschlag soll in den nächsten Tagen in London das mysteriöse Verschwinden eines Riesenschiffes besiegelt und gleichzeitig eine der größten Transaktionen des Londoner Versicherungsmarktes eingeläutet werden. Wie die berühmte Versicherungsgesellschaft Lloyd's gestern in London mitteilte, kann der Verlust des nahe der Philippinen im Dezember verschollenen norwegischen Erzfrachters BERGE ISTRA, der bei Lloyd's mit fast 32 Millionen Mark versichert ist, als sicher angenommen werden, wenn Lloyd's auch noch auf letzte Beweise wartet.
Wie bei jedem Verlust eines Lloyd's-versicherten Schiffes wird auch im Fall der BERGE ISTRA die berühmte Glocke bei Lloyd's in London einmal angeschlagen, und die meisten Versicherungsmakler werden ihre Arbeit für einen Moment im Gedenken an den Schiffs- oder Versicherungsverlust unterbrechen . . .«

Diese Meldung ging im Januar 1976 durch die deutsche Presse. Ende einer Schiffstragödie, die von der Weltöffentlichkeit mit Spannung verfolgt worden war. Wie bei so vielen anderen Schiffsverlusten zuvor, wurde auch das Schicksal der BERGE ISTRA durch das einmalige Anschlagen der LUTINE-Glocke besiegelt.

Wochen des Wartens und Hoffens waren diesem »Totengeläut« am 19. Januar 1976 vorausgegangen. Seit Beginn des Jahres wurde die BERGE ISTRA im Seegebiet der Philippinen vermißt. Ein 224 000 Tonnen-Tanker geht verloren, ohne eine Spur zu hinterlassen. Unmöglich, sollte man meinen. Die unterschiedlichsten Theorien wurden über das rätselhafte Verschwinden des Schiffes an einer der tiefsten Stellen des Pazifik aufgestellt. So könnte der mit 188 000 Tonnen Eisenerz nicht zu voller Kapazität beladene Tanker durch ein Verschieben der Ladung entweder gekentert oder zerbrochen und dann innerhalb von wenigen Minuten gesunken sein. Kapitän Gudmundsen, der sich zur Zeit im Urlaub befand, äußerte die Vermutung, daß sein Schiff vielleicht von Piraten gekapert worden sein könnte. Durch seinen grünen Anstrich würde es schwierig auszumachen sein, falls man es in eine bewaldete Bucht gebracht haben sollte. Sturm oder andere Naturkatastrophen konnten ausgeschlossen werden, denn die Meteorologen hatten aus dem gesamten Gebiet nur gutes Wetter gemeldet.

Der Supertanker der norwegischen Reederei Sig Bergeson D.Y. & Co., fast fünfmal so groß wie die TITANIC und dreimal so lang wie ein Fußballplatz, galt als unsinkbar. Er war so konstruiert, daß selbst bei einem Auseinanderbrechen des Rumpfes beide Teile weiterschwimmen würden. Die Experten bei Lloyd's standen vor einem Rätsel. Wie konnte dieser hochmoderne, für alle Notfälle ausgerüstete Riesentanker von der Meeresoberfläche verschwinden, ohne daß ein einziges Wrackteil gefunden wurde? Warum hatte sich niemand von der 32-köpfigen Besatzung retten können? An Bord befanden sich zwei Lebensrettungsboote für je 51 Personen, ein kleineres Boot für 20 Mann und drei Rettungsflöße, die automatisch auftauchen sollten, wenn das Schiff sank.

Der Tanker hatte sich mit seiner wertvollen Erzladung auf dem Weg von Brasilien nach Japan befunden. In Tokio sollte Kapitän Gudmundsen sein Schiff wieder übernehmen. Am 29. Dezember 1975 hatte sich die BERGE ISTRA zum letzten Mal über Funk aus einer Position im Südosten der Philippinen-Halbinsel Mindanao gemeldet. Dort könnte sie, wie die Experten nicht ausschließen wollten, im Mindanao-Graben, einer der tiefsten Stellen des Pazifik, gesunken sein. In einer Tiefe von über 10 000 Meter sei der Tanker dann wahrscheinlich »wie eine leere Sardinenbüchse« von den Wassermassen zerdrückt worden. Seitdem war Funkstille. Am 3. Januar 1976 wurden allerdings Berichten zufolge schwache SOS-Signale in Australien und Singapur empfangen. Eine großangelegte Suchaktion amerikanischer und japanischer Flugzeuge mußte wegen schlechten Wetters unterbrochen werden und wurde Mitte Januar schließlich ganz eingestellt. Die Reederei gab ihr Schiff auf.

Am 18. Januar 1976 empfing Lloyd's über die amerikanische Küstenwacht in New York eine Nachricht, nach der das japanische Fischerboot HACHIHO MARU in der Nacht zuvor rund 700 Seemeilen südöstlich von Mindanao ein Floß entdeckt hatte, auf dem sich zwei Überlebende der BERGE ISTRA 20 Tage lang über Wasser gehalten hätten. Die beiden geretteten Spanier gaben später an, daß sich am 30. Dezember 1975 gegen 9.45 Uhr (MEZ) im Schiffsrumpf drei heftige Explosionen ereignet hätten. Danach sei das Schiff in weniger als drei Minuten gesunken. Den beiden Schiffbrüchigen war es gelungen, auf dem Wasser schwimmende Lebensmittel auf ihr Rettungsfloß zu bergen. Zum Trinken hatten sie Regenwasser aufgefangen. Die Suche nach dem Schiff und weiteren Überlebenden wurde sofort wiederaufgenommen, blieb jedoch ohne Erfolg. Die Explosionen, so nehmen Fachleute an, könnten durch Überreste von Rohöl aus früheren Reisen des Tankers ausgelöst worden sein. Diese seien in den leeren Behältern verdampft und explodiert. Der Riesentanker war bei Lloyd's für insgesamt 27 Millionen Dollar versichert. Er wäre damit nach Angaben aus Fachkreisen das bis dahin teuerste Wrack in der Geschichte der Schiffahrt. Dies war jedoch nur einer der vielen Totalverluste, die seit nunmehr fast hundert Jahren im Room durch einen Glockenschlag bekanntgegeben werden. Die Glocke der LUTINE, selbst das Relikt einer Schiffskatastrophe, hat Lloyd's wie ein guter Geist seit Ende des vergangenen Jahrhunderts auf allen Umzügen begleitet. Ihre ungewöhnliche Geschichte füllt ein ganzes Buch. Es ist die Geschichte der LUTINE. *»Die Fregatte LUTINE von Yarmouth nach Cuxhaven strandete in der Nacht des 9. dieses Monats nahe der Insel Vlieland. Nur ein Mann wurde gerettet«,* meldete LLOYD'S LIST am 22. Oktober 1799. Bereits am 15. des Monats hatten die Underwriter von dem Totalverlust erfahren, vier Tage bevor der Admiralität ein offizieller Bericht zugegangen war. Bei Lloyd's herrschte Panikstimmung, handelte es sich doch um kein gewöhnliches Schiff, wie aus einer Nachricht der amerikanischen Zeitung *Ulster County Times* vom 4. Januar 1800 zu ersehen ist:

> *»Die britische Fregatte LUTINE mit 39 Kanonen ging am 9. Oktober auf den Sandbänken der Insel Vlieland verloren; sie hatte fast eine halbe Million Pfund Sterling an Bord - £ 200.000 waren versichert - und war unterwegs nach Texel. Sie sollte nach Hamburg weiterfahren, um die geschäftlichen Zusammenbrüche der City zu bereinigen.«*

Diese Meldung stimmt nicht in allen Punkten, wie es überhaupt wohl selten so viele Legenden und Falschmeldungen über ein Schiff gegeben hat, wie über die LUTINE. Die ehemals französische Fregatte LA LUTINE (der Quälgeist) hält die Menschen nun schon seit fast 200 Jahren in Spannung und sorgt für immer neue Sensationen.

Im Jahre 1799 hatten die Napoleonischen Kriege die Wirtschaft Europas an den Rand der Katastrophe gebracht. Um Hamburger Kaufleuten aus einer schweren Finanzkrise zu helfen, stellten Londoner Banken eine Anleihe im damaligen Wert von 1,5 Millionen Pfund Sterling zur Verfügung. Aber die Seewege waren infolge des Seekrieges zwischen England und Frankreich unsicher. So wurde die Fregatte LUTINE, die den Briten von französischen Royalisten in die Hände gespielt worden war, für den Transport eingesetzt.

Am Morgen des 9. Oktober 1799 verließ das Schiff mit seiner wertvollen Ladung und vermutlich 280 Menschen an Bord den Hafen von Yarmouth. Sein Ziel hat es nie erreicht. Die LUTINE geriet abends in Höhe der niederländischen Insel Terschelling in einen schweren Nordnordweststurm und sank in den frühen Morgenstunden des 10. Oktober. Der einzige Überlebende soll wenig später gestorben sein. Über den genauen Hergang der Schiffskatastrophe gaben Augenzeugen sehr widersprüchliche Berichte. Wie auch nach wie vor über den genauen Wert der Ladung gerätselt wird, die aus Gold- und Silberbarren sowie Fässern mit gemünztem Gold bestand. Die Angaben schwanken zwischen £ 250.000 und £ 1,5 Millionen. Das Schiff war bei Lloyd's versichert. Alle Unterlagen gingen jedoch 1838 beim Brand der Royal Exchange verloren.

Andere Quellen, auf die man neuerdings gestoßen ist, könnten heute möglicherweise doch noch zur Klärung beitragen. Lloyd's Underwriter, unter ihnen auch John Julius Angerstein, kamen für den gesamten Schaden auf. Seitdem ist die LUTINE ein Synonym für Lloyd's und seinen Ruf, im Schadensfall ohne Einwände und Rücksicht auf Bergung prompt zu zahlen. In jeder Beziehung unwiderruflich mit dem Versicherungsmarkt verbunden, wurde sie Lloyd's weltberühmtes Symbol.

Nach der Katastrophe versuchte sich Lloyd's Agent in Texel im Namen der Underwriter an der Unglücksstelle über die Möglichkeiten einer Bergung zu unterrichten. Das Schiff war nicht weit von der Insel Terschelling gesunken und ragte bei Ebbe teilweise aus dem Wasser. Da sich die Niederlande aber mit Großbritannien im Kriegszustand befanden, verfiel die LUTINE mit ihrer kostbaren Ladung nach dem Kriegsrecht dem niederländischen Staat. Das Wrack sackte indessen immer mehr ab. Bald bedeckte eine viele Meter dicke Sandschicht die Stelle des Untergangs.

Die Jagd nach dem Gold der LUTINE, die 1799 begann und erst vor wenigen Jahren wieder für Schlagzeilen sorgte, steht in der Geschichte der Schatzsuche wohl einzigartig da. Nichts blieb unversucht, kein Risiko war zu groß, um an den Schatz heranzukommen. Angefangen von den primitivsten bis zu den modernsten technischen Geräten versuchten Taucher, oft sogar unter Einsatz ihres Lebens, das Gold zu heben. Einige dieser Bergungsunternehmungen waren erfolgreich. Von einem Teil der im Laufe der Jahre aus der Tiefe geborgenen Gold- und Silberbarren wurden die Errichtung von Lloyd's Signal-Stations und der Ausbau der Telegraphenverbindungen finanziert. Die Masse des Goldes gab das Meer jedoch bisher nicht preis. Mit der Zeit versank das Wrack immer tiefer im Sand.

Der „Caller“ Walter Farrant, um 1890

Bei einem der vielen spektakulären Versuche stießen die Schatztaucher am 17. Juli 1858 auf Metall. Was sie dann aus der Tiefe zogen, war aber kein Gold, sondern die Schiffsglocke. Sie trug allerdings nicht den Namen LUTINE, wie jeder vermutet hätte. Über dem Wappen der Bourbonen fanden die Taucher das Signum »Saint-Jean 1779« eingegossen, das Jahr, in dem die Fregatte in Toulon vom Stapel lief. Aus ihrem nassen Grab wanderte die Glocke in ein staubiges Gewölbe, bis sie um 1897, fast vierzig Jahre nach ihrer Bergung, im Underwriting Room der Royal Exchange wieder zu neuen Ehren kam. Eine Skizze der Feierlichkeiten bei Lloyd's anläßlich Queen Victorias Geburtstag im Jahre 1900 zeigt die Glocke der LUTINE in einem eisernen Gitterwerk hängend nahe dem Rostrum (lat.: römische Rednertribüne).

Dieses Rostrum geht zurück auf die frühen Jahre des Kaffeehauses. Sein Vorläufer war die von Edward Lloyd bereits Anfang des 18. Jahrhunderts aufgestellte Auktionskanzel, von der aus der Kidney oder Caller den Kunden seine Angebote machte und die neusten Nachrichten bekanntgab. Über die genaue Form dieser ersten und der ihr folgenden Kanzeln gibt es nur Vermutungen. Die drei letzten aber existieren noch. Das Rostrum aus dem 19. Jahrhundert, das seinen Platz in der wiederaufgebauten Royal Exchange hatte, ist nicht nur durch die LUTINE-Glocke, sondern auch durch seinen Caller zu einem Stück Geschichte geworden.

Je geschäftiger die Versicherungsbörse wurde, desto größere Schwierigkeiten hatte der Caller, in dem Stimmengewirr verstanden zu werden. Eines Tages hörte ein Komitee-Mitglied von Lloyd's in Windsor Station die Stimme eines Gepäckträgers der Great Western Railway und bot ihm sofort eine Stellung als Caller bei Lloyd's an. Dieser ehemalige Gepäckträger, Walter Farrant, eine imponierende Gestalt mit wallendem Bart, wurde Lloyd's berühmtester Caller. An Beliebtheit konnte er es mit einem »banquet toastmaster« aufnehmen, sagte man ihm nach. Seine klangvolle Stimme beherrschte 34 Jahre lang den Room. Im Mai 1913 war er zum letzten Mal zu hören: »Gentlemen, die Rente ist angekommen.«

Farrants Rostrum erlebte das Kommen und Gehen vieler prominenter Persönlichkeiten. In den ersten Jahren des 20. Jahrhunderts diente es auserwählten Besuchern, so etwa Chamberlain, Haig, Lloyd George und Marconi, als Podium für ihre Ansprachen an die Mitglieder. Es wurde aber auch Zeuge von Ordensverleihungen, so beispielsweise als Captain Freeman von der RODDAM die »Medal for Services for Lloyd's« in Silber erhielt.

Die RODDAM überstand 1902 als einziges Schiff den Ausbruch des Vulkans Mont Pelée auf Martinique, bei dem die größte Stadt der Insel,

Saint-Pierre, völlig zerstört wurde. Alle 26000 Einwohner kamen ums Leben. Das Schiff konnte entkommen, weil ein Glied der Ankerkette riß. Captain Freeman erlitt so schwere Brandverletzungen an den Händen, daß er sein Schiff mit den Ellenbogen steuern mußte. Trotzdem brachte er es sicher nach Santa Lucia. Der glühenden Lava hatte die RODDAM entrinnen können. Ihr Schicksal ereilte sie drei Jahre später, als sie im Eis des Jenissej sank.

Als Lloyd's 1928 sein erstes eigenes Gebäude Ecke East India Avenue - Leadenhall Street bezog, hatte die Einführung einer elektrischen Lautverstärkung für den Caller das Schallbrett inzwischen überflüssig gemacht. Das veraltete Rostrum wanderte ins London Museum, wo es auch heute noch besichtigt werden kann. Speziell für die Glocke der LUTINE erhielt das neue Rostrum einen von Säulen getragenen prächtigen Glockenstuhl. Sie hing nun zu Häupten des Caller und sorgte mit ihrem Geläut auch in dieser neuen elektronischen Welt für die nötige Aufmerksamkeit im Room, wenn wichtige Neuigkeiten zu vermelden waren: zwei Schläge für gute, ein Schlag für schlechte Nachrichten, wie den Totalverlust eines Schiffes. Zweimaliges Anschlagen der Glocke bedeutete meist, daß ein überfälliges Schiff doch noch unbeschädigt eingetroffen war. Aus diesem Anlaß wurde sie zum letzten Mal am 11. November 1979 geläutet, als der norwegische 224 000-Tonnen-Erzfrachter BERGE VANGA, von dem es hieß, er sei vor Kapstadt gesunken, seinen Bestimmungshafen erreichte.

Mit Lloyd's Umzug in das Gebäude Lime Street im Jahre 1958 hatte auch dieses Rostrum zunächst ausgedient. Sein Nachfolger wurde dem modernen Underwriting Room angepaßt und die Glocke wieder in ihre alte Eisenarmatur verbannt. Erst in dem zwölfgeschossigen »Containerturm« von 1986 kam das Rostrum in dem reichverzierten Glockenstuhl erneut zu Ehren. Sorgfältig restauriert, erhielt es auch seinen ursprünglichen Teakholzton zurück. Die St. Jean-Glocke wird heutzutage vorwiegend bei zeremoniellen Anlässen geläutet. Nicht nur ihr Name gibt Rätsel auf. Auch das Geheimnis um das Gold der LUTINE ist noch immer nicht gelöst. Nach wie vor gehen Anfragen von Tauchexperten bei Lloyd's ein ... Es sieht so aus, als würde der »Quälgeist« noch lange nicht in Vergessenheit geraten.

Schild auf dem 1774 begonnenen „Buch der Verluste"

Das Buch der Verluste

Lloyd's Traditionsbewußtsein ist eine der Säulen, die den Versicherungsmarkt durch drei Jahrhunderte getragen und seinen Erfolg entscheidend mitgeprägt haben. Der sichtbarste Beweis dieser engen Verbundenheit mit der Vergangenheit ist die Glocke der LUTINE. Abgesehen von LLOYD'S LIST legt aber nichts ein so erschütterndes Zeugnis der Schiffskatastrophen in den letzten 200 Jahren ab wie das *Casualty* oder *Loss Book*, meist nur »The Book« genannt.

Seit Lloyd's im März 1774 die neuen Räumlichkeiten über der Royal Exchange bezog, hat das in Leder gebundene Buch seinen festen Platz auf einem besonderen Pult im Room. In den ersten Jahren wurden neben den Verlusten auch die Ankunft der Schiffe und andere wichtige Schiffsnachrichten darin festgehalten. Als »Verlust-Buch« erlangte es später traurige Berühmtheit. Nach alter Tradition trägt der »Casualty Liaison Officer« auch heutzutage noch jedes als Totalverlust abgeschriebene Schiff mit einem Federkiel darin ein.

In diesen wenigen kurzen Zeilen der inzwischen auf mehrere Bände angewachsenen traurigen Statistik werden Schiffstragödien deutlich, die oft Hunderten das Leben gekostet haben. Wenn allein die Schiffswracks an der britischen Küste auf 10000 bis 250000 geschätzt werden, übersteigt die Tragik, die sich hinter jeder einzelnen dieser Katastrophen verbirgt, unser Vorstellungsvermögen.

Die EMPRESS OF IRELAND wurde 1914, nur zwei Jahre nach der TITANIC, im Loss Book als Totalverlust vermerkt. Während aber die TITANIC-Katastrophe die Menschen noch immer bewegt, ließ der Ausbruch des Ersten Weltkriegs die über 1000 Toten des Canadian-Pacific-Dampfers schon bald in Vergessenheit geraten. Das Schiff kollidierte nachts auf dem St. Lawrence-Strom in einer Nebelbank mit dem schwedischen Kohlendampfer STORSTAD. Der Zusammenstoß riß in die Steuerbordseite der EMPRESS OF IRELAND ein 7 mal 4 Meter großes Loch, in das pro Sekunde 227 000 Liter Wasser schossen. Sie sank innerhalb von 15 Minuten. Die meisten Passagiere wurden im Schlaf überrascht und konnten sich nicht mehr retten.

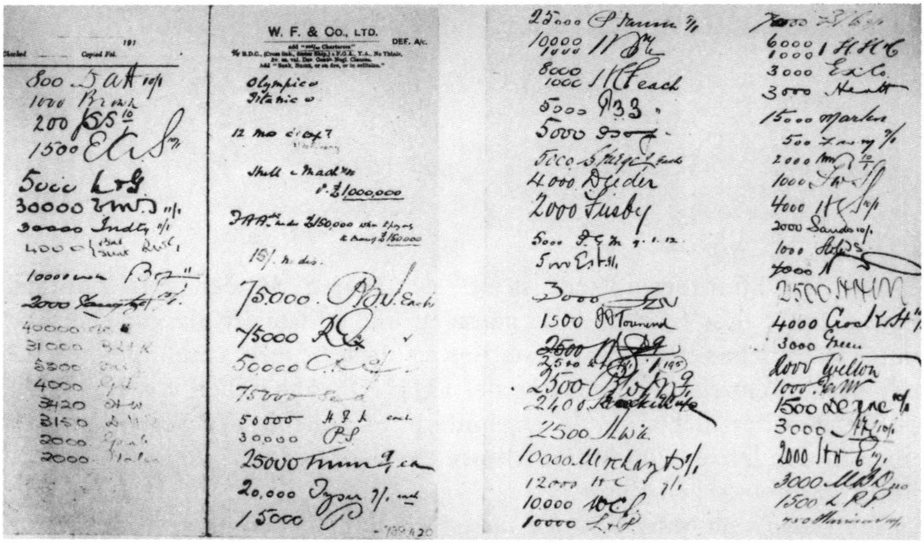

Der „Broker Slip" mit den Unterschriften jener Underwriter, die der TITANIC Versicherungsschutz gaben

Die als „unsinkbar" geltende TITANIC bei ihrem Auslaufen

LLOYD'S LIST brachte über dieses Schiffsunglück detaillierte Berichte. Einer schildert die letzten dramatischen Minuten vor dem Untergang. Ohne den heldenhaften Einsatz des Bordfunkers Ronald Ferguson wäre die Zahl der Opfer noch weit größer gewesen. Nach der Kollision verschwendete Ferguson keine Zeit mit Ankleiden. Im Schlafanzug löste er sofort den weniger erfahrenen 2. Funker ab und morste SOS, ohne die Anweisungen von der Brücke abzuwarten. Als das eindringende Wasser ihm den Stuhl fortriß, klammerte er sich an den Tisch und funkte unbeirrt weiter. Er fing noch den Funkspruch auf, daß zwei Schlepper zur Unglücksstelle unterwegs seien, bevor er über Bord gespült wurde und das Schiff kurz darauf sank. Da das Funkgerät der LADY EVELYN, die ihn gerettet hatte, nicht besetzt war, nahm er, obgleich durchnäßt und erschöpft, seinen Dienst sofort wieder auf. Über Funk forderte er Medikamente, Decken und Nahrungsmittel für die Überlebenden an. Der Untersuchungsausschuß spendete Ferguson und dem 2. Funker, der ebenfalls gerettet worden war, öffentliches Lob: »Sie haben Ihrem Beruf große Ehre gemacht, Gentlemen.«

Das Jahr 1912 ist in die Annalen von Lloyd's als das »Jahr der TITANIC« eingegangen. Kaum eine andere Schiffskatastrophe hat in den Menschen so viele Emotionen hervorgerufen wie das Sinken des »unsinkbaren« Schiffes. Unzählige Legenden und Lügen ranken sich um das Wunderschiff. So auch die unglaubliche Geschichte des Mumiensarges der Prinzessin Amen-Ra im Britischen Museum. Seit er um 1860 aus Luxor nach England kam, soll er eine Reihe seltsamer Todesfälle ausgelöst haben. Alle Menschen, die mit dem »verhexten« Sarg zu tun hatten, wurden vom Unglück verfolgt. Ein reicher Amerikaner bekundete dennoch Interesse an dem wertvollen Stück. 1912, so heißt es, sei der Sarg auf die TITANIC gebracht worden und habe ihren Untergang verschuldet. Seltsamerweise soll der Sargdeckel nicht verlorengegangen sein. In Amerika und Kanada löste er neues Unheil aus. Schließlich entschloß man sich, den unheimlichen Gegenstand auf der EMPRESS OF IRELAND nach England zurückzuschicken. Mit dem Schiff soll auch der Sargdeckel, auf dem die rätselhaften Gesichtszüge der jungen Prinzessin in Emaille und Gold dargestellt waren, in der Tiefe versunken sein. Eine makabre Verquickung dieser tragischen Schiffskatastrophen mit einer Mumienhülle und einem Sargdeckel, die nach Auskunft der Museumsleitung in Wirklichkeit immer noch in den beiden Ägyptischen Sälen des Britischen Museums zu besichtigen sind.

Was die Menschen an der TITANIC-Tragödie so schockierte, waren nicht allein die mehr als 1500 Opfer, die sie forderte, sondern vielmehr das Selbstverständnis einer ganzen Epoche und der naive Glaube an den technischen Fortschritt, die von einem Tag auf den anderen ins Wanken gerieten. Über 80 Underwriter hatten den *Underwriting Slip* für das seinerzeit größte und sicherste Passagierschiff der Welt unterzeichnet, das nach heutiger Währung etwa 100 Millionen Mark gekostet hätte. Die Summen variierten zwischen £ 400 und £ 75.000 bei Prämien von 15 Shilling bis 200 Pfund. Schiffskörper und Maschinen waren insgesamt mit 1 Million Pfund Sterling bei Lloyd's versichert. Bei diesem Wunderwerk der Technik rechnete aber wohl niemand damit, daß ein Schadensfall eintreten könnte. Was dann geschah, ist zur Genüge in Romanen, Reportagen und Filmen nachvollzogen worden. Da die TITANIC-Tragödie aber einer der schwersten Einzelverluste ist, die der Versicherungsmarkt erlitten hat, darf eine kurze Chronik der Katastrophe, wie sie sich uns heute aus Dokumenten, Untersuchungen und Augenzeugenberichten darstellt, in einem Buch über Lloyd's nicht fehlen.

Der 46329 BRT-Luxusdampfer der White Star Line lief am 31. Mai 1911 vom Stapel. Konstruiert für eine Höchstgeschwindigkeit von 22 Knoten, hatte die Reederei, entgegen anderen Behauptungen, nie darauf spekuliert, mit der TITANIC das »Blaue Band« zu erringen. Auch dies eine der vielen Unwahrheiten. Der schwimmende Hotelpalast mit seinen 762 Zimmern maß 269 Meter in der Länge und war 28 Meter breit. Er besaß einen fast mannshohen Doppelboden. 15 Schotte unterteilten das Schiff in 16 wasserdichte Abteilungen, deren Durchgänge sich von der Brücke aus hydraulisch schließen ließen. Die Sicherheit des Schiffes war kaum noch zu überbieten.

»Nicht einmal die schwerste See kann uns etwas ausmachen, wir lachen über stürmisches Wetter«, hatte einer der Offiziere erklärt, bevor die TITANIC am Mittwoch, den 10. April 1912 um 13 Uhr, mit über 2200 Menschen an Bord von Southampton aus ihre Jungfernreise nach New York antrat. Als der Schiffsriese die Docks verließ, wäre es fast zu einer Kollision mit dem amerikanischen Dampfer NEW YORK gekommen, den der Sog aus seiner Vertäuung gerissen hatte. Die Seeleute munkelten von einem »bösen Omen«. Danach verlief die Fahrt glatt bis zu jener verhängnisvollen Nacht vom 14. zum 15. April. Der weiße Tod lauerte südlich der Neufundlandbänke, einem Gebiet, in dem die Schiffe in gefährliche Nähe der von der Arktis herantreibenden Eisberge gerieten. Nach der TITANIC-Katastrophe wurde diese nördliche Route aufgegeben.

Die Nacht war dunkel und sternklar, das Meer spiegelglatt. Obgleich mehrere Funksprüche vor einem großen Eisfeld gewarnt hatten, setzte Kapitän Smith entgegen den Vorschriften die Geschwindigkeit nicht herab, wohl auf den soliden Stahlrumpf seines Schiffes vertrauend. Sonntag, kurz vor Mitternacht, meldete der Ausguck: »Eisberg voraus«. Kurz darauf, um 23.40 Uhr ging auf 41 Grad 54 Minuten nördlicher Breite und 50 Grad 24 Minuten westlicher Länge ein leichter Ruck durch den Schiffskörper. Keineswegs dramatisch anzuhören, eine harmlos erscheinende Erschütterung, der ein sekundenlanges Schrammen folgte. Umso verheerender waren die Auswirkungen. Die glasharte, scharfkantige Eismasse hatte die stählerne Außenhaut unter der Wasserlinie vom Vorsteven bis fast zur Schiffsmitte aufgeschlitzt. Ohne das Schottensystem wäre das Schiff sofort gesunken. Durch den 90 m langen Riß schoß das Wasser unaufhaltsam in den Schiffsrumpf und füllte die ersten fünf der abgeschotteten Abteilungen. Fast unbemerkt begann die TITANIC zu sinken. Erst das Schweigen der Maschinen löste eine leichte Unruhe aus.

Um 0.05 Uhr werden die Passagiere aufgefordert, Schwimmwesten anzulegen und aufs Bootsdeck zu gehen. Viele im Zwischendeck »vergißt« man. Die Bordkapelle spielt. Alle sind ruhig und gefaßt. An eine ernstliche Gefahr für das »unsinkbare« Schiff will niemand glauben.

0.15 Uhr der erste Notruf: CQD »Come quickly, danger«) – MGY (Code der TITANIC). Darauf folgt das neu eingeführte SOS. Der britische Frachter CARPATHIA funkt zurück: »Kurs geändert – wir kommen mit äußerster Kraft.« Er ist jedoch noch 58 Seemeilen entfernt. Der sich in Sichtweite befindende Dampfer CALIFORNIAN kann die Notrufe nicht empfangen, weil das Schiff stilliegt und damit auch die Lichtmaschinen abgeschaltet sind. Die von der TITANIC abgeschossenen weißen Leuchtraketen hält man dort für ein Feuerwerk zur Belustigung der Passagiere. Rote Leuchtraketen befinden sich nicht an Bord des Luxusdampfers, wie es auch nicht genügend Rettungsboote gibt.

Als um 0.45 Uhr die ersten Boote aus 21 Meter Höhe zu Wasser gelassen werden, sind sie nicht einmal zur Hälfte besetzt. Die Menschen wähnen sich auf dem Schiff sicherer als in den schwankenden Nußschalen. Währenddessen sinkt die TITANIC stetig. Unaufhörlich gehen ihre Hilferufe durch den Äther: »Wir sinken schnell. Passagiere gehen in die Boote. MGY«, mehrere Schiffe nehmen Kurs auf die TITANIC. Es ist ein Wettlauf mit der Zeit.

1.40 Uhr. Die letzte Rakete wird abgefeuert. Das Schiff beginnt sich langsam nach Backbord zu neigen. Alles drängt jetzt zu den Booten. »Frauen und Kinder zuerst!« Über diese seit dem Untergang des amerikanischen Truppentransporters BIRKENHEAD im Jahre 1852 für die Seefahrt der ganzen Welt geltende Disziplin versucht sich mancher hinwegzusetzen. Ein Mann wird von einem Offizier erschossen, weil er eigenmächtig in ein Boot klettert. Um 2.05 Uhr wird das letzte Rettungsboot hinabgefiert. Viele Verzweifelte wagen den Sprung in die eisigen Fluten. Nur wenige finden Platz in den rettenden Booten. Noch immer spielt die Bordkapelle. Keiner der acht Musiker überlebt. Um 2.10 Uhr wird der letzte Funkspruch abgesetzt. Das Vorschiff taucht immer tiefer in den Atlantik ein, während sich das Achterschiff höher und höher hebt. Um 2.15 Uhr ragt es 60 Meter fast senkrecht aus dem Wasser. Hunderte finden keinen Halt mehr und stürzen schreiend in die Tiefe. Das Inferno erlebt einen grausigen Höhepunkt, als sich einer der riesigen Schornsteine aus seiner Halterung löst. In einer Wolke von Funken und Rauch donnert er in die aufspritzenden Fluten. Noch bis kurz vor dem Untergang wird die unheimliche Szenerie von den festlich erleuchteten Reihen der Kabinen und Salons erhellt. Die gespenstischen Lichter brennen zum Teil sogar unter Wasser weiter, bis sie für immer erlöschen.

Um 2.20 Uhr, zwei Stunden und vierzig Minuten nach dem Aufprall, schießt die TITANIC wie ein Pfeil fast senkrecht in die Tiefe, ein 269 Meter langer Sarg.

Die CARPATHIA erreichte die Untergangsstelle um 4.10 Uhr und nahm die vor Kälte fast Erstarrten aus den Booten an Bord. Für die im Wasser treibenden Menschen kam jede Hilfe zu spät. Nach dem Eintreffen in New York veröffentlichte das »Komitee der Überlebenden« eine Erklärung, in der die Zahl der Geretteten mit 775 und die der Toten mit 1565 angegeben wurde. Nach Berichten in LLOYD'S LIST kamen dagegen 807 Passagiere und 696 Besatzungsmitglieder, insgesamt also 1503 Menschen ums Leben.

Inzwischen war die Nachricht von der Katastrophe schon um die Welt gegangen. Als ein Schlag der LUTINE-Glocke bei Lloyd's den Untergang des »unsinkbaren« Schiffes verkündete, verwandelte sich der Room in einen Hexenkessel. Es gab aber weder Zusammenbrüche noch Zahlungsverzug. Lloyd's zahlte innerhalb von 24 Stunden die gesamten Schadensansprüche in Höhe von £ 1.400.000.

Am Dienstag, den 16. April 1912 erfolgte die übliche Eintragung ins Casualty Book:

> *TITANIC |s| British Mail Southampton for New York foundered April 15 about 2.20 a.m. in lat 41.16 North long 50.14 West after collision with ice.*
>
> *(Reported by wireless from OLYMPIC |s| to the Cape Race wireless station) Further reports state that loss of life so very persons.*

Unter den Fall TITANIC war damit aber noch kein Schlußstrich gezogen. Auch 75 Jahre nach dem Drama sind die Akten bei Lloyd's nicht abge-

oben: Bestürzung im Underwriting Room nach Bekanntwerden des Unterganges der TITANIC
unten: Die Eintragung vom Untergang der TITANIC ins „Buch der Verluste" vom 16. April 1912

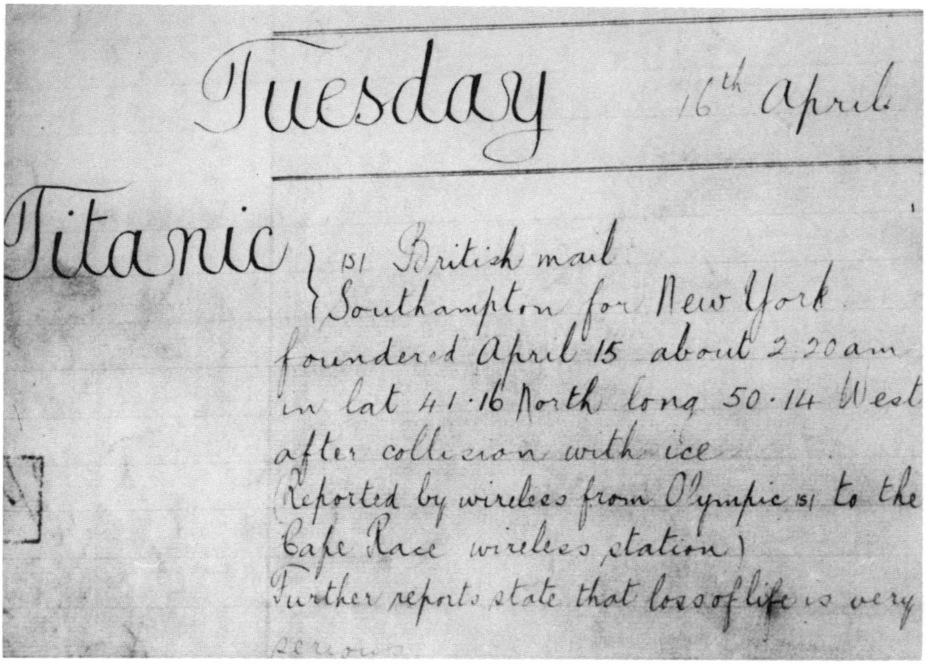

Tuesday 16th April

Titanic } (s) British mail
Southampton for New York
foundered April 15 about 2.20am
in lat 41·16 North long 50·14 West
after collision with ice
(Reported by wireless from Olympic (s) to the
Cape Race wireless station)
Further reports state that loss of life is very
serious

schlossen. Im Gegenteil. Seit eine amerikanisch-französische Expedition unter dem Tiefseeforscher Robert D. Ballard das »Wrack des Jahrhunderts« am 1. September 1985 in 3800 Meter Tiefe ausfindig machte, ist die TITANIC erneut ins Kreuzfeuer der Meinungen geraten. Durch Fotos und Videobänder des geborstenen Luxus-Liners und die vom Meeresboden geborgenen Fundstücke wird uns die Katastrophe wieder gegenwärtig. Die Bilder werfen aber auch neue Fragen nach der Ursache des Unglücks auf.

Ballard legte an der TITANIC zwei Gedenktafeln nieder und sprach sich entschieden gegen eine Plünderung oder Bergung des Wracks aus. Der »Mission TITANIC 87« wird vorgeworfen, »aus dem Massengrab eine Goldmine zu machen«. Ob die Menschen in ihrer Sensationsgier das Wrack weiterhin ausbeuten werden, oder es doch noch gelingt, das legendäre Schiff, von der Tiefsee konserviert, als »nationales Mahnmal« unter Denkmalschutz zu stellen, kann erst die Zukunft zeigen. Das Kapitel TITANIC wird Lloyd's wohl auch noch im 21. Jahrhundert beschäftigen.

VIII

EIN WELTZENTRUM FÜR RISIKO-VERSICHERUNGEN

Das Erdbeben von San Francisco

»In ein paar Jahren werden all diese elenden Kolonien unabhängig sein. Sie sind wie Mühlsteine an unserem Hals«, hatte Disraeli 1852 prophezeit und damit einen Ausspruch Turgots aufgegriffen, daß die Kolonien wie Früchte seien, die abfallen, wenn sie reif sind. Mit diesem Mitte des 19. Jahrhunderts verbreiteten Argument versuchte man im nachhinein den Abfall Amerikas nicht als geschichtliche Schuld, sondern als ein natürliches Ereignis darzustellen.

Solche nachträglichen Beschönigungen konnten jedoch nicht darüber hinwegtäuschen, daß die Loslösung der Kolonien die Wirtschaft des Mutterlandes schwer getroffen hatte. Als unbestrittene Beherrscher der Meere waren die Engländer darum auch keinesfalls bereit, amerikanischen Firmen den Handel mit dem Erzfeind Frankreich zu gestatten. So wurden allein zwischen 1804 und 1807 mehr als 1000 US-Handelsschiffe wegen illegalen Handels von der Royal Navy beschlagnahmt oder versenkt. Der erfolglose Krieg um Kanada 1812 brachte den jungen Vereinigten Staaten weitere große Verluste. Er endete 1814 mit der Einnahme Washingtons durch englische Truppen.

Die Nachricht, daß die Engländer das Kapitol und das Weiße Haus niedergebrannt hatten, war für Lloyd's Underwriter jedoch nur ein schwacher Trost, wenn sie die Verlustmeldungen am Casualty Board im Room verfolgten. Kaum ein Tag verging ohne den Verlust mindestens eines Handelsschiffes. In 30 Kriegsmonaten wurden von amerikanischen Freibeutern 1300 Schiffe samt Ladung im Wert von 40 Millionen Dollar gekapert. Erst der Friede von Gent am 24. Dezember 1814 machte den Feindseligkeiten ein Ende. Die »Ära des guten Einvernehmens« dauerte aber nur wenige Jahre. Englands mangelnde Neutralität im amerikanischen Sezessionskrieg (1861 - 1865) hätte fast erneut zu einem Krieg mit Amerika geführt. Die englische Regierung und die Oberklasse sympathisierten mit den Südstaaten, während sich die Unterschicht unter dem Reformpolitiker John Bright mit dem Norden identifizierte. Der Sieg des sowohl zahlenmäßig als auch materiell überlegenen Nordens über die Südstaaten wurde durch hohe Verluste an Menschenleben teuer erkauft. Erst im Lauf der Zeit normalisierten sich die wirtschaftlichen Beziehungen zwischen England und seinen ehemaligen Kolonien. Gegen Ende des 19. Jahrhunderts hatten sie sich weitgehend gefestigt und das Gemeinsame zwischen den beiden englisch sprechenden Staaten setzte sich endgültig durch.

Die Vereinigten Staaten von Amerika entwickelten sich schon bald zu einer Wirtschaftsmacht, deren Bedeutung nicht zu gering geschätzt werden durfte. Mit wachsendem Reichtum stieg auch das Bedürfnis, das Erworbene abzusichern. Die Morgans, die Vanderbilts und Carnegies hatten ihre mächtigen Imperien aufgebaut und erwogen die Vorteile des Londoner Versicherungsmarktes. Mit den von Lloyd's maßgeschneiderten Feuerversicherungen konnten die heimischen Unternehmen nicht konkurrieren. Lloyd's gab den erfolgreichen amerikanischen Großindustriellen genau die Risikodeckung, die ihren Vorstellungen entsprach.

In dieser Zeit des Wohlstandes, Anfang des 20. Jahrhunderts, ereignete sich die größte Katastrophe, die Amerika bis dahin erlebt hatte. Das Erdbeben von San Francisco, das als eines der verheerendsten aller Zeiten bezeichnet wird, machte den Namen Lloyd's innerhalb kürzester Zeit in den Vereinigten Staaten zu einem Begriff.

San Francisco, die blühende Metropole am Pazifik, galt um die Jahrhundertwende als lebenslustige Stadt, in der man sein Geld »genauso schnell machen wie loswerden« konnte. Am Abend des 17. April 1906 trat Enrico Caruso dort als Don José in *Carmen* auf. Der Beifallssturm für den bekanntesten Operntenor der damaligen Zeit ließ die Wände der alten Oper erbeben. Bis in die Morgendämmerung feierte die High-Society im Palace Hotel das große musikalische Ereignis. Um 5.12 Uhr begann sich plötzlich die Erde in wellenförmigen Bewegungen zu heben und zu senken. Das Beben wurde von eigenartigen Geräuschen begleitet. Einige behaupteten später, ein »Rumpeln und Dröhnen wie bei einer Kanonade« vernommen zu haben. Die Gebäude schwankten, einige stürzten wie Kartenhäuser zusammen, Kirchenglocken begannen von selbst zu läuten. Die Straßen glichen Zickzacklinien. In ihrem zerborstenen Pflaster öffneten sich gähnende Spalten. Dieser Spuk am frühen Morgen des 18. April 1906, dessen Stärke auf der Richterskala mit 8,3 angezeigt wurde, dauerte kaum eine Minute. Danach folgte eine unheimliche Stille.

Dies war aber erst der Anfang der Katastrophe. Der Schaden an den Wohnhäusern hielt sich in Grenzen, da sie größtenteils aus Holz gebaut waren und so eng standen, daß sie sich gegenseitig stützten. Aus den geborstenen Leitungen aber entströmte das Gas, umgekippte Holz- und Kohleöfen sorgten für den Rest. Überall in der Stadt brachen Brände aus. Die Feuerwehr konnte nicht löschen, da die Hauptwasserleitungen geplatzt wa-

San Francisco nach dem Erdbeben vom 18. April 1906

ren. Der vom Ozean kommende Wind trieb das Flammenmeer über die gesamte Stadt. Vergeblich versuchte man, durch das Sprengen von Gebäuden Feuerschneisen zu schaffen. In einigen Gegenden der Stadt war Wein die einzige Flüssigkeit zur Feuerbekämpfung. Sofern sich die Einwohner nicht auf die weniger bebauten Hügel retten konnten, wurden sie mit Schiffen auf die andere Seite der Bucht evakuiert.

Das Inferno dauerte drei Tage. Vier Fünftel der Stadt brannten ab. »Die Stadt San Francisco (...) gibt es nicht mehr«, schrieb Jack London. 315 Tote und 352 Vermißte waren zu beklagen. 28000 Gebäude wurden zerstört. Der Sachschaden kostete die Versicherungen damals 350 Millionen Dollar. Diese Summe stellt nach heutiger Umrechnung einen Gegenwert von mehr als 4,5 Milliarden Dollar dar. Damit gilt das Erdbeben von San Francisco wie die erstmals durchgeführte Langzeituntersuchung einer Schweizer Rückversicherungs-Gesellschaft ergab, als bislang teuerster Versicherungsfall der Geschichte.

»San Francisco in Trümmern ... Vergeblicher Versuch, mit Dynamit die Flammen in Schach zu halten«, berichtete die *World* am 19. April, während sich andere Presseberichte schon mit der Schadensdeckung befaßten. Millionen seien für Brandschäden abgeschlossen worden, aber kein einziger Cent zur Deckung von Erdbebenschäden, hieß es. Die Eigentümer, deren Besitz durch das Erdbeben zerstört worden sei, werden für ihre Versicherungspolicen keinen Dollar kassieren, obgleich die zerstörten Häuser später durch Feuer vernichtet worden wären, prophezeiten die Kommentatoren. Für die Versicherungen war das eine heikle Situation. Sechs Wochen später, am 7. Juni, machte der *San Francisco Chronicle* Schlagzeilen mit der Forderung: »Versicherungsgesellschaften müssen ihre Karten aufdecken.«

Dieser Appell konnte den Londoner Markt jedoch nicht mehr brüskieren. Binnen einer Woche nach der Katastrophe hatten die Underwriter von Lloyd's in London damit begonnen, Schadenersatz zu leisten, wobei sie sehr viel guten Willen bewiesen und sich über das Kleingedruckte auf den Policen großzügig hinwegsetzten. Die britischen und einige amerikanische Gesellschaften waren Lloyd's Beispiel gefolgt. Viele Versicherer kamen jedoch ihren Zahlungsverpflichtungen nicht nach. Mit dieser Bereitwilligkeit, die Schwierigkeiten der Schadensregulierung in kulanter Weise zu lösen, legte Lloyd's das Fundament für sein großes Ansehen auf dem amerikanischen Markt.

Das Prämienaufkommen schnellte nun sprunghaft in die Höhe. Praktisch über Nacht war Lloyd's in den Vereinigten Staaten so bekannt geworden, daß es von vielen unreellen Maklerfirmen plagiiert wurde, die sich, dem günstigen Trend folgend, Lloyd's nannten, ohne die geringste Verbindung zu den Londoner Underwriters zu haben. Schließlich mußte sogar ein Gesetz gegen diesen Namensmißbrauch erlassen werden. An dem Tag, bevor es verabschiedet wurde, ließen sich allein in New York nicht weniger als 30 Firmen unter der Bezeichnung Lloyd's eintragen. Einige von ihnen setzten auch ein Jahrzehnt später noch nachgeahmte Policen in Umlauf, die teilweise sogar den Anker trugen. 1936 mußte der damalige Chairman, Neville Dixey, neue Vereinbarungen treffen, um die Interessen der Corporation mit dem amerikanischen Recht in Einklang zu bringen und es dem echten Lloyd's zu ermöglichen, seine Geschäfte über den Atlantik hinweg fortzusetzen. Mit der Gründung des American Trust Fund für US Dollar-Prämien im Jahre 1939 erfüllte Lloyd's seinerseits die amerikanischen Forderungen.

Die Bezeichnung Lloyd's wurde vom amerikanischen Vokabular übernommen und findet sogar in gesetzlichen Entscheidungen Verwendung. Ganz allgemein gesagt kennzeichnet sie die Technik des privaten Underwriting im Unterschied zu den gesellschaftlichen Versicherungen. Auch heute noch ist es in den USA üblich, wenn man auf den Londoner Markt verweisen will, von Lloyd's of London zu sprechen. Der Name des Kaffeehausbesitzers ist längst zu einem internationalen Begriff geworden. Versicherungsgesellschaften und Schiffahrtslinien aller Länder benutzen ihn als Zusatz zu ihrer Firmenbezeichnung, so zum Beispiel Hapag-Lloyd, Rotterdamsche Lloyd, Svenska Lloyd, Lloyd Triestino und andere.

Das Transatlantikgeschäft des »Goliath« Lloyd's of London hat seit Beginn des Jahrhunderts einen solch außergewöhnlichen Umfang angenommen, daß das amerikanische Prämienaufkommen in den siebziger Jahren bereits ungefähr die Hälfte des jährlichen Umsatzes von Lloyd's of London ausmachte. Diese Entwicklung war aber erst möglich, nachdem die Underwriter begonnen hatten, ihre Versicherungsdienste neben den Seetransport-Versicherungen auch auf andere Gebiete auszudehnen. Den Anlaß dazu gab ein Mann, der für das neue Lloyd's richtungweisend werden sollte.

Cuthbert Eden Heath, »Vater des neuen Lloyd's«

Mit Beginn des 20. Jahrhunderts war die Zeit der imperialen »Splendid Isolation«, der Bündnislosigkeit unter Queen Victoria, zu Ende gegangen. Victorias ältester Sohn, der ihr 1901 als Edward VII. mit 60 Jahren auf den Thron folgte, hegte eine persönliche Abneigung gegen seinen Neffen Kaiser Wilhelm II., die er auf Deutschland übertrug. Hinzu kam, daß England in der aufstrebenden Handelsmacht und zunehmenden Flottenstärke des Deutschen Reiches eine gefährliche Konkurrenz sah. Die 1904 von König Edward forcierte *Entente cordiale* zwischen Großbritannien und Frankreich, die die kolonialpolitischen Gegensätze bereinigte, war gewissermaßen eine Folge hiervon. Mit dem Regierungsantritt Edward VII. wurden in Buckingham Palace und Windsor Castle die Schutzbezüge von den Möbeln entfernt. Der Hof residierte wieder dort. Die Zeit der offiziell-inoffiziellen Hoftrauer unter der »Witwe von Windsor« war vorbei. Nun saß der »König der Lebemänner« auf dem Thron. Seine nur ein knappes Jahrzehnt dauernde Regierungszeit ging als »Edwardian« in die Geschichte ein. König Edward machte London wieder zum Zentrum eines glanzvollen gesellschaftlichen Treibens. Wie vor ihm König George IV., galt auch er als der »erste Gentleman« Europas. Disraeli hatte schon über den damaligen Prince of Wales gesagt: »Er hat alles gesehen und kennt jeden.« Als Kosmopolit entkräftete Edward die Vorstellung von der isolierten Lage Englands. Erbprinzen des Empire und russische Großfürsten bildeten sein glänzendes Gefolge auf seinen Europareisen. Jeder Monat hatte sein genau festgesetztes Reiseziel. Während sich der König im März in Biarritz und im April in Paris aufhielt, verbrachte er den Mai in London. Der Juni blieb stets einem der großen Ereignisse der Saison, dem Pferderennen in Ascot vorbehalten. Ein weiterer Höhepunkt des Jahres war die »Cowes Week« des Königlichen Jachtclubs auf der Isle of Wight im August. Den September pflegte er in Marienbad zu verbringen und den Oktober in Balmoral Castle, Victorias und Alberts bevorzugter Residenz. Erst spät auf den Thron gelangt und mittlerweile ein älterer Herr, führte Edward ein vergnügungsreiches, leichtfertiges Leben. Die Gesellschaft beeilte sich, dem Beispiel des Monarchen zu folgen. Weder Ibsen noch Marx oder Shaw vermochten mit ihren sozialkritischen Werken etwas gegen diese neuerliche Verschwendungssucht der Aristokratie und Hochfinanz auszurichten.

Ein zunehmender Hang zu Luxus und Prachtentfaltung hatte sich bereits in den achtziger und neunziger Jahren in London bemerkbar gemacht. Fortschritt und Wohlstand sorgten für eine neue extravagante Atmosphäre in Restaurants, Music Halls und Theatern. Selbst die großen Warenhäuser wurden nach amerikanischen Vorbildern modernisiert, mit Prunkfassaden ausgestattet und mit Lifts versehen.

Die Underwriter verfolgten diese Entwicklung mit Neid, zumal die satirische Zeitschrift *Punch* den Room, das »Allerheiligste« von Lloyd's, als ziemlich nostalgisch bezeichnete, »ein malerisches Überbleibsel der Vergangenheit«, wie es wörtlich darin hieß. Diese Anzüglichkeit traf aber, obwohl mehr oder weniger ungewollt, noch einen anderen schwachen Punkt der Versicherungsbörse. Die Deckung von Risiken war zu der Zeit sehr gefragt. Die Abwicklung wurde jedoch bei Lloyd's so schwerfällig und pedantisch gehandhabt, daß viele Kunden zu anderen Versicherungen wechselten. Übergroße Vorsicht beherrschte den Room und hemmte das Geschäft. Außerhalb der Schiffahrtskreise war kaum noch etwas von Lloyd's zu hören.

Die Warnungen progressiver Kreise, die befürchteten, Lloyd's könnte eines Tages wirklich nur noch »ein malerisches Überbleibsel der Vergangenheit« sein, wurden ignoriert.

Und wieder einmal kam der richtige Mann im richtigen Augenblick. Cuthbert Eden Heath, ein Admiralssohn, dem die gesundheitlichen Voraussetzungen für den Eintritt in die Marine fehlten, erschloß Lloyd's einen völlig neuen Kundenkreis. Als er 1880 als Einzelversicherer im Room zugelassen wurde, konzentrierte sich das Geschäft dort in der Hauptsache auf Seetransport-Versicherungen. Nur wenige Underwriter besserten ihre Einkünfte nebenbei durch den Abschluß von Feuerversicherungen auf. Heath' Engagement für diese Versicherungssparte stieß anfangs auf große Skepsis. Im Room wurden sogar Wetten abgeschlossen, wie lange es dauern würde, bis er ruiniert wäre. Seine Sachkenntnis und überraschenden Erfolge auf dem Feuerversicherungssektor überzeugten mit der Zeit aber selbst die größten Pessimisten. Viele Underwriter wandten sich nun gleich ihm diesem einträglichen neuen Geschäft zu.

Feuerversicherungen gab es in London bereits seit Anfang des 18. Jahrhunderts, wie die bereits erwähnte *Sun Insurance*. Heath entdeckte nun aber auch in ganz anderen Risikobereichen Versicherungsbedarf. So machte in den achtziger Jahren eine neue Art von Kriminellen die englische Hauptstadt unsicher, die nach der Methode des legendären viktorianischen

Kriminellen Charlie Peace vorgingen. Peace war wegen Mordes 1879 gehängt worden. Bewaffnete Raubüberfälle wiederholten sich so oft, daß die Londoner von einer »Einbruchs-Saison« sprachen. Sie machten ihrem Ärger Luft und diskutierten Pläne, die Polizeitruppen zu bewaffnen und ein Selbstschutz-Korps zu bilden. Heath dagegen handelte.

Da ihn ein Broker beim Abschluß einer Feuerversicherung für die Einrichtung seines eigenen Hauses mehr scherzhaft fragte, ob er sein Eigentum nicht auch gegen Einbruch versichern lassen könnte, unterschrieb Heath, ohne sich lange zu besinnen, die erste Einbruchdiebstahl-Versicherungspolice. Zwei Jahre später, 1889, brachte die *Pall Mall Gazette* unter der Überschrift »Insurance against Burglary« ein Interview mit einem Broker von Lloyd's über diese sensationelle Neuerung auf dem Versicherungsmarkt.

Als bald darauf eine Verwandte von ihm ihren Schmuck verlor, der zwar gegen Diebstahl aber nicht gegen Verlust versichert war, kam Heath die Idee, persönliches Eigentum gegen jeglichen Verlust abzusichern. Der auf ein halbes Prozent festgesetzte Prämiensatz dieser *all risks policy,* einer Art Universalversicherung, galt für die nächsten 50 Jahre als Richtlinie.

Auch eine andere günstige Gelegenheit wußte Heath geschickt zu nutzen. Der Buchhalter eines Diamanten-Händlers aus dem Londoner Stadtteil Holborn äußerte sich besorgt über das Risiko, das sein Arbeitgeber Tag für Tag einging, wenn er mit seinen Edelsteinen die Kunden besuchte. Heath zögerte nicht, sogleich eine Prämie festzusetzen, durch die die kostbare Ware fortan versichert war, wo immer sie sich befinden mochte. Der Buchhalter war so beeindruckt, daß er auch anderen Diamanten-Händlern eine derartige Versicherung empfahl und sich als Broker auf Schmuck-Versicherungen spezialisierte. Seitdem schützen sich Edelstein-Händler in aller Welt durch Abschluß spezieller *jewellers block policies* bei Lloyd's. Heath mit seinem sicheren Gespür für finanziell lohnende Geschäfte, erkannte bald auch die wachsenden Chancen auf anderen Gebieten. So führte er bei Lloyd's die Unfallversicherung und die Gewinnverlustversicherung ein. Der neue Komplex *non-marine insurance*, etwa unserer Sachversicherung vergleichbar, nahm einen immer größeren Umfang an. Die Vorteile lagen so klar auf der Hand, daß nicht nur die Seeversicherer, sondern auch Außenstehende bestrebt waren, sich ihren Anteil an diesem einträglichen Geschäft zu sichern. Weder die alteingeführten noch die neuen Underwriter verfügten jedoch über spezielle Kenntnisse auf diesem vielseitigen Gebiet. Dies war der Zeitpunkt für einen bedeutsamen Wandel im Versicherungsgeschäft. Von nun an trug nicht mehr der einzelne Underwriter das Risiko. Der *underwriting agent* zog in den Room ein und mit ihm kamen die *un-*

derwriting names oder »members«, die sich zu Syndikaten zusammmenschlossen.

Ihre persönlichen Geldmittel sorgen für die finanzielle Leistungsfähigkeit, die der »professionelle Underwriter« benötigt, um seine Geschäfte zu tätigen. Sie tragen auch das Risiko. Die ersten Syndikate begannen mit drei oder vier Namen. Heute repräsentieren einige der ungefähr 370 Syndikate mehr als 1000 Mitglieder. Es ist dadurch möglich geworden, ein Risiko über eine große Anzahl von Syndikaten zu verteilen, um dem finanziellen Druck hoher Versicherungsansprüche begegnen zu können.

Das Risiko für den Einzelnen klein zu halten, ist einer der bedeutendsten Versicherungsgrundsätze. Eine Methode, dem Versicherer gegen entsprechende Prämie einen Teil des Risikos abzunehmen, gab es schon sehr viel früher. Bereits 1846 wurde in Köln die erste Rückversicherungsgesellschaft der Welt gegründet. Auch in England konnten sich Versicherungsunternehmen gegen ungewöhnlich hohe Risiken rückversichern lassen. Das Verfahren war jedoch so zeitraubend und kompliziert, daß bis zum Eintritt des Versicherungsschutzes zuviel Zeit verging. Cuthbert Eden Heath bewirkte auch hier eine Vereinfachung, die schließlich zu einer neuen Form der Rückversicherung führte. In den späten achtziger Jahren unterschrieb er die erste Lloyd's Rückversicherungspolice für eine englische Gesellschaft, die in den USA Geschäfte machte. Die großen Schadensersatzforderungen nach dem Erdbeben von San Francisco veranlaßten Heath, die Schadenexzedenten-Rückversicherung einzuführen. Sie wird nur dann wirksam, wenn eine Gesellschaft ungewöhnlich hohe Schadensansprüche zu decken hat. Daneben werden heutzutage noch zahlreiche andere Formen angeboten.

Heath' zukunftsweisende Maßnahmen brachten den Mitgliedern von Lloyd's Erfolg. Er hat erreicht, daß an der Versicherungsbörse theoretisch, wenn auch nicht immer in der Praxis, jedes Risiko jeglicher Art gedeckt werden kann. Mit Recht brachte man bei festlichen Gelegenheiten einen Toast auf Heath aus und ehrte ihn als »The Father of Modern Lloyd's«. Dank seines Weitblicks entwickelte sich das neue Lloyd's zu einem Weltzentrum für Risikoversicherungen.

Die »Selbstbeweglichen« – neue Chancen für den Versicherungsmarkt

Das Automobil hat viele Väter, die den Ruhm für sich in Anspruch nehmen, das »Selbstbewegliche« (griech.-lat. autos »selbst«, mobilis »beweglich«) »in die Welt gesetzt« zu haben. Es war ein alter Wunschtraum der Menschheit, einen Wagen zu bauen, der von alleine fährt. Hunderte von Erfindern tüftelten daran, trugen jeder für sich mit Phantasie und Geschick ein Stück zur Verwirklichung dieses Traumes bei. Die meisten blieben auf der Strecke oder gerieten in Vergessenheit, während die Nachfolger oft die Früchte ihrer Arbeit ernteten. Auch für die Erfindung des Automobils gilt, was der Engländer Thurston in seiner Geschichte der Dampfmaschine geschrieben hat:

> *»Eine Erfindung ist keine Schöpfung, sondern eine Entstehung, und jede große Erfindung ist tatsächlich entweder eine Vereinigung aus kleineren Erfindungen oder der letzte Schritt in einer Entwicklungsreihe.«*

Seit der Franzose Amadée Bollée der staunenden Menge sein 1873 entwikkeltes riesiges Dampfautomobil vorführte, betrachten sich die Franzosen als Erfinder des Autos. Bollée und sein Landsmann Lenoir hatten mit Dampf beziehungsweise mit Leuchtgas experimentiert. Der Österreicher Siegfried Marcus verwendete dagegen als erster ein »Abfallprodukt« bei der Erdölgewinnung als Treibstoff, das Benzin. 1864 konstruierte er den ersten Benzinmotor der Welt. Bei der Probefahrt über 200 Meter im Jahre 1875 machte die Maschine noch solchen Lärm, daß die Polizei ihm die »Fahrerlaubnis« entzog. Marcus ist heute fast vergessen. Sein Benzinmotorwagen steht im Wiener Technischen Museum für Industrie. Zum 75jährigen Jubiläum 1950 wurde dieses »Ur-Auto« vorgeführt. Es fuhr! Können demnach nicht auch die Österreicher mit gutem Recht behaupten, die ersten gewesen zu sein? Die Amerikaner halten dagegen ihren »Mr. Auto«, wie sie Henry Ford nannten, für den Erfinder des Kraftwagens. Die Ford-Legende, er habe sein erstes Auto, den »Quadricycle«, ganz selbständig und unabhängig von anderen gebaut, ist jedoch anfechtbar. Dieser große

Einzelgänger, einer der macht- und widerspruchsvollsten Männer unseres Jahrhunderts, errichtete aber immerhin zwischen 1900 und 1927 ein Auto-Imperium und machte mit seiner neuartigen Fließbandproduktion Automobilgeschichte.

Für uns Deutsche hat nie ein Zweifel daran bestanden, daß wir die Erfinder des Autos sind. Bei uns stritt man sich vielmehr darüber, welcher Erfinder der erste gewesen sei: Otto, Daimler oder Benz. Nikolaus August Otto gebührt zweifellos der Ruhm, den ersten Viertaktmotor gebaut zu haben. Gottlieb Daimler und Karl Benz haben zur gleichen Zeit unter oft unüberwindlich scheinenden Schwierigkeiten an derselben Idee gearbeitet, ohne voneinander zu wissen. Daimlers Patent vom 29. August 1885 ist ein halbes Jahr älter als das von Benz. Man darf wohl mit Recht beide in einem Atemzug als Erfinder des Automobils nennen. Im Deutschen Museum in München stehen Benz' und Daimlers älteste Modelle nebeneinander.

Wo auch immer diese lärmenden stinkenden Gefährte auftauchten, erregten sie bei der Bevölkerung Staunen und Bewunderung, oft genug aber auch Mißtrauen. In Deutschland galten sie lange Zeit als »nicht hoffähig«. Kaiser Wilhelm bezeichnete sie als »Stinkkarren«. Überhaupt wollten die Warnungen vor dem »aufjaulenden Blechsaurier mit dem fehlenden Gehirn und den scheußlichen Benzinwinden« kein Ende nehmen. Man möchte fast meinen, daß die Menschen damals schon instinktiv die Gefahren ahnten, die mit diesen Benzinkutschen auf sie und die Nachwelt zukommen würden. Viele Umweltprobleme wären uns erspart geblieben, hätte man das Elektromobil weiterentwickelt. Schon zu Beginn dieses Jahrhunderts rollten in England mit Porsche-Motoren ausgerüstete Kutschen im 20-Stundenkilometer-Tempo nahezu geräuschlos dahin. Natürlich wollen auch die Engländer das Auto erfunden haben. Schließlich war es doch James Watt, der 1769 das denkwürdige Patent 913 für die erste brauchbare Dampfmaschine erhielt. Ihre Erfindung führte Anfang des 19. Jahrhunderts zu Richard Trevithicks Konstruktion einer Dampfkutsche, Vorläufer von Eisenbahn, Straßenbahn und Auto zugleich. Auch der 1827 von Goldworthy Gurney einer Landkutsche nachgebildete Dampfwagen lief bereits erfolgreich mit einer Geschwindigkeit von mehr als 20 Kilometer in der Stunde. Er konnte 18 Passagiere bis in die weitere Umgebung von London befördern. Bald beherrschten immer mehr Dampfwagen Englands Straßen. 1830 waren in London schon 26 dieser Ungetüme zu sehen. Da sie der Eisenbahn ernste Konkurrenz zu machen begannen, wurden strenge Gesetze erlassen, um ihren Betrieb einzuschränken. So mußte jedem Fahrzeug ein Mann mit einer roten Flagge vorauslaufen, um die Bevölkerung zu warnen und die Strecke freizumachen. Dieser »Red Flag Act«, der erst 1896 aufgehoben wurde, hat die Ausbreitung des Automobils in England sehr verzögert.

Wer nun auch immer als Vater des Autos gelten mag, die Erfindung dieses »schnaufenden Ungeheuers« eröffnete dem Versicherungsmarkt neue Aussichten. Die ersten Automobile wurden bei Lloyd's versichert. Schon 1904 führte ein Syndikat bei Lloyd's eine kombinierte Versicherung für Kraftwagen ein, die auf einem Pfund Sterling Prämie pro Jahr für jede Pferdestärke basierte. Gleichzeitig wurden überall im Land Reparaturwerkstätten als »official repairers« benannt. Für die breite Öffentlichkeit blieben die Syndikate anonym, sie waren nichts als Unterschriften unter den Lloyd's-Policen. Um dem Mann auf der Straße mehr Anreiz zu bieten, brachen die Kraftfahr-Syndikate mit dieser Tradition und legten sich auffällige Namen zu, wie *Red Star* und *Kinloch Motor Policies.* Erst in den letzten Jahren gingen sie auch von einer anderen Regel ab. Hatten die Kraftfahrversicherungen bis dahin nur über Lloyd's Makler abgeschlossen werden können, so dürfen in Großbritannien nach neuester Übereinkunft nun auch Makler, die nicht bei Lloyd's akkreditiert sind, direkt mit Lloyd's Motor Underwriters Versicherungen abschließen.

Seit über 70 Jahren versichern Lloyd's Underwriter die Automobilisten im United Kingdom und im Commonwealth. Landesweit bieten mehr als 40 Kraftfahr-Syndikate jegliche Art von Deckung an. Jeder siebte private britische Autofahrer ist dort versichert. Wie immer sich auch die Technik im 21. Jahrhundert entwickeln und das Auto der Zukunft aussehen mag, ob es mit Sonnenbatterien, Holz, Alkoholkraftstoff, Wasserstoff oder durch die magnetische Anziehungskraft der Erde angetrieben werden wird, Lloyd's Underwriter sind auf jedes Risiko vorbereitet.

IX

GEISTERSCHIFFE UND SCHATZWRACKS

»Als vermißt gemeldet . . .«

Geisterschiffe waren für die Seeleute von jeher Vorboten nahenden Unheils. Als treibende Wracks bildeten sie in früheren Zeiten eine nicht zu unterschätzende Gefahr für die Schiffahrt. Die zu Aberglauben neigenden Seeleute meinten in ihrem spukhaften Auftauchen eine Erklärung für das spurlose Verschwinden vieler Schiffe zu finden. Am meisten fürchteten sie den *Fliegenden Holländer,* ein Geisterschiff, das angeblich Tod und Verderben ankündigt. Das Meer ist eine unerschöpfliche Quelle von Legenden. Solch einer Legende zufolge soll sich der Kapitän dieses unheimlichen Schiffes, der Holländer Cornelius Vanderdecken, dem Teufel verschrieben haben. Als Strafe wurden er und seine Mannschaft von Gott dazu verdammt, für alle Ewigkeit ruhelos über die Meere zu fahren. Selbst bei Flaute jagt das Schiff stets unter vollen Segeln dahin. Durch Richard Wagner und Heinrich Heine ist das berüchtigte Geisterschiff in Musik und Literatur eingegangen.

Auch der amerikanische Schriftsteller Hermann Melville (1819–1891), Verfasser des *Moby Dick,* ließ sich von einem Geisterschiff, der SOMERS, inspirieren, auf der sein Cousin als Erster Offizier fuhr. In seiner posthum erschienenen Novelle *Billy Budd* versuchte er, den Sinn des Bösen in der Welt zu ergründen. Auf dem Zweimaster SOMERS hatte sich 1842 der einzige bekannt gewordene Meutereiversuch in der Geschichte der US-Marine abgespielt. Die mutmaßlichen Anführer an Bord des Schiffes waren danach gehängt worden, darunter auch der 18jährige Sohn des damaligen US-Kriegsministers John Canfield Spencer.

Die SOMERS sank 1846 während des mexikanisch-amerikanischen Krieges in einer plötzlichen Böe. 32 Seeleute kamen dabei ums Leben. Fortan galt sie als Geisterschiff, auf dem angeblich die Seelen der hingerichteten Meuterer spukten. 1987 fanden amerikanische Taucher an der Küste des Golfs von Mexiko wenige Meilen vor Vera Cruz in 33 Meter Tiefe das völlig zerfallene Wrack, das bereits im Juni 1986 von einem Forscherteam geortet worden war.

Als das »berühmteste Geisterschiff der Sieben Meere« gilt immer noch die amerikanische Brigantine MARY CELESTE. Am 5. Dezember 1872 wurde sie, nur spärlich unter Segeln, östlich der Azoren im Atlantik treibend, von der britischen Bark DEI GRATIA aufgefunden. Die MARY CELESTE hatte am 7. November 1872 mit acht Mann Besatzung sowie Frau und Tochter des Kapitäns an Bord New York mit Kurs Genua verlassen. Ihre Ladung bestand aus 1700 Fässern Rohalkohol. Der erste und zweite Offizier und ein Matrose der DEI GRATIA, die als erste das gespenstisch stille Schiff betraten, fanden keine lebende Seele vor. Alles deutete darauf hin, daß die MARY CELESTE von der Besatzung in unerklärlicher Panik fluchtartig verlassen worden sein mußte. Die Rettungsboote fehlten. Abgesehen von den teilweise zerrissenen Segeln und allerlei Merkwürdigkeiten war das Schiff aber in einwandfreiem Zustand. Aus der letzten Positionsbestimmung vom 25. November um 8 Uhr früh ging hervor, daß sich die MARY CELESTE zu diesem Zeitpunkt nordwestlich der östlichsten Azoreninsel Santa Maria befunden hatte. Sie mußte demnach ohne ein menschliches Wesen an Bord einige hundert Seemeilen mit wechselndem Kurs durch den Atlantik gesegelt sein. In Erwartung eines angemessenen Bergelohns übernahm der Erste Offizier der DEI GRATIA mit zwei Matrosen das herrenlose Schiff und brachte es nach Gibraltar.

Der Kapitän der MARY CELESTE, seine Frau mit dem zweijährigen Kind und die Besatzung blieben verschollen. Vier Mann stammten von den Inseln Föhr und Amrum. Als die Preisgabe des Schiffes am 16. Dezember 1872 im Lloyd's-Verzeichnis eingetragen wurde, passierten gleich zwei Fehler. Statt als amerikanische wurde es als österreichische Brigantine bezeichnet und auch sein Name mit MARIE CELESTE falsch geschrieben. Die Gerüchte und Verleumdungen um das Schiff wollten kein Ende nehmen. Durch die Schlagzeilen in der *New York Sun* vom 12. März 1873 erhielten sie neuen Auftrieb: »Preisgegebenes Schiff: Keine Meuterei, sondern ein Komplott zum Versicherungsbetrug«. Aber auch dieser Verdacht konnte nie bewiesen werden, genauso wenig wie alle anderen Mutmaßungen. Weder die mehrmals durchgeführten Untersuchungen, noch die Verhandlungen vor dem britischen Admiralitätsgericht brachten Licht in das geheimnisvolle Dunkel um die MARY CELESTE. Die Zeit tat ihr übriges, um Dichtung und Wahrheit immer enger miteinander zu verweben, bis das Schiff zu einer Legende wurde. Der Lösung des Rätsels um die MARY CELESTE am nächsten kam wohl erst sehr viel später, im Jahre 1967, ein Versicherungsexperte von Lloyd's, Sir William Charles Crocker, mit seiner Theorie, explodierende Alkoholdämpfe könnten die Besatzung zum Verlassen des Schiffes gezwungen haben.

Das Meer birgt aber noch viele andere ungelöste Rätsel. Nicht nur Schiffsbesatzungen sind verschollen, sondern ganze Schiffe verschwanden.

Edward Lloyds Schiffslisten von 1701 und 1702 zählen zu den frühesten »Statistiken« über vermißte Schiffe. Allein in der Liste von 1702 werden 59 Schiffe aufgeführt, von denen man nie wieder etwas hörte. Bei den Gefahren, die die Seefahrt zur Zeit der großen Segler mit sich brachte, war es nichts Ungewöhnliches, wenn Schiffe verlorengingen. Als jedoch Mitte des 19. Jahrhunderts mit Beginn der Dampfschiffahrt das Vertrauen in die Technik langsam zunahm, entsetzte es die Menschen umso mehr, daß selbst so ein Schiffskoloß spurlos von der Oberfläche des Meeres verschwinden konnte. In der ersten Zeit sah es so aus, als würde die Zahl der vermißten Schiffe sogar ansteigen.

1841 meldete LLOYD'S LIST zum ersten Mal den Verlust eines solchen Schiffsmonstrums. Der Raddampfer PRESIDENT der *Britisch and American Steam Navigation Company* war am 11. März von New York mit Ziel Liverpool ausgelaufen. An Bord befanden sich 136 Passagiere und Besatzungsmitglieder. Unter ihnen waren der Herzog von Richmond und der berühmte irische Komödiant Tyrone Power, angeblich ein Vorfahre des Filmstars. Einmal war die PRESIDENT noch gesehen worden, als sie offensichtlich »mit irgendwelchen Schwierigkeiten zu kämpfen hatte«. Danach blieb sie verschollen. Nicht ein einziges Wrackteil wurde von ihr gefunden.

Eine der schlimmsten Schiffskatastrophen jener Jahre muß sich 1854 ereignet haben. Am 1. März meldete LLOYD'S LIST, daß der Motorsegler CITY OF GLASGOW mit 480 Menschen an Bord von Liverpool nach Philadelphia ausgelaufen sei. Das Auswandererschiff wurde vom Meer verschluckt, als hätte es nie existiert.

Ebensowenig wird das Rätsel um das Blue-Anchor-Linienschiff WARATAH jemals gelöst werden. Ihr Verschwinden gilt bis heute als »größtes Geheimnis der See seit der MARY CELESTE«.

Das 142 Meter lange britische Passagier- und Frachtschiff von 9300 BRT, nach den Vorschriften von Lloyd's Register of Shipping gebaut und mit »+100 Al« klassifiziert, war für damalige Verhältnisse ein modernes, sicheres Schiff, das auch über genügend Rettungsboote verfügte. Allerdings hatte die WARATAH noch keine Funkanlage an Bord. Vor Antritt ihrer zweiten Australienreise war sie von Lloyd's Register Surveyors noch einmal genau inspiziert worden. Die Hinreise verlief glatt. Auf ihrer Rückreise nach London legte sie zunächst in Durban an. Von dort lief sie am 26. Juli 1909 mit 92 Passagieren und 119 Mann Besatzung aus. Ihr nächstes Ziel war Kapstadt. Die Besatzungsmitglieder des kleinen Dampfers CLAN MACINTYRE, dem sie auf Anfrage am 27. Juli ihren Namen signalisierte, waren die letzten, die sie mit Sicherheit gesehen haben. In Kapstadt ist sie nie angekommen. Alle Suchaktionen blieben ohne Erfolg. Man fand nichts, keine Boote, keine Leichen. Am 15. Dezember 1909 wurde die WARATAH schließlich von Lloyd's als verschollen erklärt.

Von Anfang an waren in Seefahrtskreisen und unter Fachleuten Zweifel an der Seetüchtigkeit und Stabilität des Schiffes geäußert worden. Die Seeamtsverhandlung erbrachte jedoch keine befriedigende Klärung. So kursierten die unzähligen Gerüchte und abenteuerlichen Geschichten auch weiterhin und machten das Verschwinden der »großen schwarzen WARATAH« nur noch mysteriöser. Nach neuesten, Ende der siebziger Jahre entwickelten Theorien, ist das Schiff ein Opfer der abnorm hohen Wellen geworden, die an der ostafrikanischen Küste häufig vorkommen und schon viele Schiffe in die Tiefe gerissen haben. Gefunden hat man das Wrack aber bis heute noch nicht.

Man kann viele Erklärungen für das Verschwinden eines Schiffes geben. Die meisten beruhen jedoch nur auf mehr oder weniger begründeten Vermutungen, denn in den grenzenlosen leeren Weiten der Ozeane ist es geradezu unmöglich, die Unglücksursache nachzuweisen, wenn man keinerlei Spuren findet. Selten ist wohl so gründlich nach einem Segelschiff gesucht worden wie nach der Fünfmastbark KØBENHAVN. In den zwanziger Jahren unseres Jahrhunderts war sie das größte und schönste Segelschulschiff der Welt. Die 131 Meter lange Bark der dänischen Ostasiatischen Compagnie wurde nach Lloyd's Register of Shippings höchster Klasse gebaut und entsprach den strengsten amtlichen Vorschriften. So verfügte sie auch über eine weitreichende Funkanlage. König Christian X. von Dänemark besichtigte den Großsegler, bevor er im September 1921 auf seine Jungfernreise ging, und war des Lobes voll für dieses schöne Schiff. Die zehnte Reise sollte seine letzte werden. Am 14. Dezember 1928 war die KØBENHAVN von Buenos Aires nach Australien ausgelaufen. Sie hatte am 22. Dezember noch einmal Funkkontakt mit dem norwegischen Dampfer WILLIAM BLUMER. Danach verschwand sie ohne einen einzigen SOS-Ruf abzusetzen auf dem riesigen südlichen Ozean. Von den 60 Mann Besatzung waren 45 Kadetten im Durchschnittsalter von siebzehneinhalb Jahren. Keiner kam zurück.

Am 12. März 1929 wurde die KØBENHAVN von Lloyd's als »überfällig« gemeldet. Für die Versicherer bedeutet das, es liegen keine Nachrichten über das Schiff vor - ein Alarmsignal also. Solange noch Hoffnung besteht, haben sie nun die Möglichkeit, Schiff oder Ladung rückzuversichern. Im Fall der KØBENHAVN betrug die Rückversicherungsprämie zunächst 12 Prozent, drei Tage später 50 Prozent und am 4. April schließlich 90 Prozent. Währenddessen lief eine so großangelegte Suchaktion, daß man das Schulschiff oder was von ihm übriggeblieben sein mochte, nach menschlichem Ermessen hätte finden müssen. Nirgends entdeckte man aber auch nur den geringsten Hinweis. Die KØBENHAVN wurde nun von Lloyd's als »Vessel for Inquiry« angezeigt. Damit gilt ein Schiff schon so gut als wie verloren. Für das Komitee von Lloyd's ist es ein letzter Versuch. Eine Woche lang wird in jeder Ausgabe von LLOYD'S LIST um Informationen über das vermißte Schiff gebeten. Erst wenn all diese Möglichkeiten erschöpft sind, prüft das Komitee, ob ein Schiff als verschollen »posted missing« gelten soll. Dieser letzte Schritt beinhaltet gleichzeitig die Entscheidung des Committee of Lloyd's, den Totalverlust im Loss Book einzutragen und die Abschlußbuchung »closing entry« vorzunehmen.

Die Grabschrift für die KØBENHAVN wurde am 1. Januar 1930 in LLOYD'S LIST veröffentlicht:

> *KØBENHAVN - ABSCHLUSSBUCHUNG IN LLOYD'S AKTEN Gestern entschied das Komitee von Lloyd's, für die dänische Fünfmastbark KØBENHAVN, die am 14. Dezember 1928 Buenos Aires mit Ziel Melbourne verließ, die Abschlußbuchungen durchzuführen ... (Dies) beendet die Geschichte des unglücklichen Kadettenschiffs ... gründliche Erkundigungen sind in Kopenhagen schon eingeholt worden ... Eigner war die East Asiatic Company ... Als sie Buenos Aires verließ, hatte sie 45 Kadetten an Bord. Mit Handelskapitän Anderson und den Offizieren machte die Besatzung 15 Mann aus.*

Zehn Jahre später ereilte ein ähnlich unerklärliches Schicksal das deutsche Segelschulschiff ADMIRAL KARPFANGER. Die beiden Fälle glichen sich in unheimlicher Weise. Auch bei dieser Viermastbark der HAPAG handelte es sich um ein ausgezeichnetes Schiff, das sich dreißig Jahre lang auf vielen Reisen bewährt hatte, einen richtigen Kap Hornier. An Bord befanden sich die Offiziersanwärter der großen Dampferlinien, 33 Kadetten im Alter zwischen 15 und 18 Jahren. Die ADMIRAL KARPFANGER war am 8. Februar 1938 von Südaustralien ausgelaufen. Am 12. März hatte sie noch den Empfang eines Funkspruchs bestätigt. Dann trat Funkstille ein. Nach fünf Monaten kam das Schiff auf die Liste der »Überfälligen«. Die Rückversicherungsrate von 80 Prozent bewies die geringe Hoffnung auf seine Rückkehr. Am 22. September 1938 meldete LLOYD'S LIST, daß die ADMIRAL KARPFANGER für verschollen erklärt worden sei:

> *ADMIRAL KARPFANGER (Segelschiff) - London, 21. September. - Viermastbark ADMIRAL KARPFANGER aus Hamburg,*

2853 BRT, Kapitän Walker, am 8. Februar von Port Germein nach Falmouth, Plymouth oder Queenstown mit Weizen ausgelaufen, am 12. März mit Norddeich Radio in Funkverbindung, wurde heute von Lloyd's als verschollen erklärt.

Von beiden Schulschiffen hieß es später, sie könnten auf einen Eisberg gelaufen sein – Vermutungen. Für Lloyd's zählen aber nur Fakten. Schon seit Mitte des vorigen Jahrhunderts setzt sich das Komitee intensiv für die Sicherheit der Schiffe ein. So veröffentlichte es beispielsweise am 13. Januar 1854 eine Liste von 165 »Life Boat, Rocket and Mortar Stations on the British Coast«. Die von Lloyd's geführten Verlustlisten aus den Jahren 1846 bis 1850 berichten über nicht weniger als 9268 Schiffskatastrophen. Weitere 2665 kehrten schwer beschädigt in den Hafen zurück. Mindestens 60 gingen Jahr für Jahr spurlos verloren. Diese Aufstellungen dienten schon damals als Grundlage für genaue Untersuchungen der Unfallursachen. Seit 1854 veröffentlicht LLOYD'S LIST die Listen der untergegangenen und verschollenen Schiffe und gibt alljährlich statistische Tabellen darüber heraus. Sogar noch in den Jahren von 1977 bis 1986 mußten 3661 Schiffe als Totalverlust abgeschrieben werden. 4262 Todesopfer waren dadurch zu beklagen. Das schlimmste Jahr war 1978 mit allein 473 Schiffsverlusten.

Die Akten über vermißte Schiffe werden seit 1866 bei Lloyd's in großen roten Büchern, den »Missing Vessels Books« gesammelt. Wie die Zahlen beweisen, gehen auch heute noch viele Schiffe ohne ersichtlichen Grund spurlos verloren. Von 1977 bis 1986 waren es immerhin 51. Somit gelten 6288 Menschen als vermißt. Besonderes Aufsehen erregte das Schicksal des deutschen Erzdampfers MELANIE SCHULTE. Das nagelneue 40000-Tonnen-Schiff war Weihnachten 1952 auf der Fahrt von Narvik zum Golf von Mexiko verlorengegangen. 1979 »verschwand« sogar ein Supertanker in der Größe mehrerer Fußballfelder, die SALEM. Das ist aber ein Kapitel besonderer Art.

Die modernen Piraten

Es gibt auch »Geisterschiffe« ganz anderer Art, und nicht jedes verschollene Schiff muß ein Opfer der See geworden sein. Für sein Verschwinden könnte es eine sehr plausible Erklärung geben – Piraten. Früher befuhren sie unter der schwarzen Totenkopfflagge die Weltmeere und nahmen fremde Schiffe gewaltsam in Besitz. In unserem Jahrhundert sitzen die Piraten in seriös wirkenden komfortablen Büros und streichen ihre Millionen ein, ohne sich die Hände schmutzig zu machen. Ihr Job heißt Versicherungsbetrug. Auch den gab es schon in der Antike. So brachte Demosthenes, der bedeutendste griechische Redner, in seiner Anklage gegen Zenothemis vor, der Schiffseigner hätte mit Hegastratus ein Komplott geschmiedet, zwischen Syrakus und Marseilles ein Schiff zu versenken und das Versicherungsgeld einzukassieren. Das geschah im 4. Jahrhundert vor Christus.

Wie Samuel Pepys berühmte Tagebuchaufzeichnungen beweisen, kannte man sich zu seiner Zeit ebenfalls recht gut in puncto Seehandelsbetrug aus. Am 30. November 1663 notierte er:

> *». . . im Coffee-house, wo ich die beste Geschichte über einen Betrug hörte, den ein Handelskapitän geplant hatte. Er verpfändete ein und dasselbe Schiff gleich zweimal gegen ein Darlehen. Schiff und Ladung versicherte er außerdem über ihrem Wert. Danach setzte er das Schiff vor der französischen Küste auf Grund . . . und schlug jeden ihm angebotenen Lotsendienst aus. Der Gouverneur der Gegend . . . sandte es hierher, um seinen Eigentümer zu finden. So sind Schiff und Fracht sicher und gut zurückgekehrt. Ihr Gesamtwert beträgt £ 500. Er hat auf die eine oder andere Weise aber £ 3,000 dafür eingenommen. Anstatt aus Butter bestand seine Ladung nur aus Talg, der mit Butter überstrichen war.«*

Die Versicherer machten also schon damals ihre schlechten Erfahrungen und mußten sich in dem betrügerischen Spiel genau auskennen. Reeder versicherten Schiffe, die bereits als verloren gemeldet waren. Schiffe mit vorgetäuschter Ladung wurden versenkt. Gefälschte Konnossemente und Rechnungen, rückdatierte Briefe, all diese Möglichkeiten des Versicherungsbetrugs stellten für die Underwriter schon von jeher ein zusätzliches Risiko dar. Da aber Betrügereien im Seefrachtverkehr riesige Gewinne abwerfen, üben sie auf verbrecherische Elemente nach wie vor eine große Faszination aus.

In der Chronik von Lloyd's ist die spektakuläre Geschichte des Captain Codling überliefert. Unter seinem Kommando lief 1802 die Brigg ADVENTURE von London aus. Ihre für Gibraltar und Livorno bestimmte Fracht, Eßbestecke, Uhren, Musikinstrumente und anderes, war für rund £ 5000 versichert. Codling legte noch in Yarmouth, Deal und Aldeburgh an, wo er weitere Waren an Bord nahm. Einen Monat später kreuzte er an einem schönen windstillen Tag vor Brighton auf. Vor den Augen der am Strand promenierenden Menschen begann die Brigg plötzlich ohne ersichtlichen Grund zu sinken. Einige Fischerboote eilten zur Hilfe herbei, wurden aber mit einem Schwall von Schimpfworten vertrieben. Codling und seine Besatzung verließen das sinkende Schiff und ruderten in einem Beiboot an Land. Das Wasser war so flach, daß der Mast der ADVENTURE noch herausragte. Die Männer steuerten geradeswegs auf das *Old Ship Inn* zu, wo sie sich für einige Wochen ein angenehmes Leben machten. Währenddessen bargen die Beauftragten von Lloyd's das Wrack. Als sie nicht nur das »Leck« im Schiffsrumpf entdeckten, sondern gleich daneben auch das Werkzeug, mit dem es gebohrt worden war, konnte sich die Besatzung gerade noch davonmachen. Der Kapitän, der sich unter einem Stapel Decken versteckt hatte, wurde festgenommen und zusammen mit den Schiffseignern vor ein Gericht gestellt, das ihn zum Tode durch Erhängen verurteilte.

Am Galgen endeten aber wohl die wenigsten Betrüger. Noch weit ungewöhnlicher ist es jedoch, einer Zeitung für die Vereitelung eines Betruges eine Gedenktafel zu widmen. Nur der Sorgfalt des Brüsseler Korrespondenten der *Times* war es 1840 zu verdanken, daß eine Scheinfirma in den Niederlanden, der verschiedene mittellose französische Aristokraten und sogar ein Mitglied des Parlaments angehörten, aufflog, bevor sie einen Millionenschwindel durchführen konnte.

> *»Diese Gedenktafel wurde errichtet zur Erinnerung an die außergewöhnlichen Bemühungen der Zeitung ›The Times‹ in der Aufdekkung eines beträchtlichen Betrugs an der Handelsgemeinschaft. Die Enthüllung hat die Gesellschafter vor einem sehr teuren Gerichtsverfahren bewahrt«*

heißt es einleitend auf dem Stein, der noch bis vor wenigen Jahren bei Lloyd's zu sehen war. Dann folgt eine genaue Schilderung des großangelegten Schwindels. Die *Times* selbst muß derartige Enthüllungen wohl als selbstverständliche journalistische Pflicht angesehen haben. In ihrer Geschichte findet dieses Ereignis jedenfalls keine besondere Erwähnung.

Einen anderen Seefrachtbetrug berichtet Lloyd's von einem türkischen Schiff, das Gold im Gegenwert von £ 75 000 von Port Said nach Beirut zu befördern hatte. Dort sollten die Goldbarren zum Weitertransport nach Marseille umgeladen werden. Die Tinte auf der Versicherungspolice war kaum getrocknet, als die Nachricht eintraf, das Schiff sei vor Beirut gesunken und die Besatzung hätte nur unter großen Schwierigkeiten gerettet werden können. Dem Sachverständigen war es trotz des seichten Wassers nicht einmal mit Hilfe von Tauchern möglich, Reste des Wracks aufzuspüren. Er konnte aber einen libanesischen Fuhrmann ausfindig machen, der einen Goldbarren aus einer Kiste gestohlen hatte, die während des Umladens zu Bruch gegangen war. Die Enttäuschung des Mannes muß groß gewesen sein, als er feststellte, daß das vermeintliche Gold in Wirklichkeit Eisen war. Wie der Surveyor außerdem herausfand, setzte sich die »mit knapper Not gerettete« Besatzung aus den besten Schwimmern von Beirut zusammen. Aufsehen und Empörung erregte auch die Aufdeckung der schmutzigen Geschäfte einer Bande, die Pferde in die USA und nach Südafrika verschiffte. Die Tiere verendeten regelmäßig während des Transports. Da die Gauner aber schlau genug waren, auf jeder Reise nur für eine angemessene Anzahl Schadenersatz zu fordern, konnten sie jahrelang die Tiere vergiften, ohne daß man ihnen auf die Schliche kam. Eines Tages entdeckten die Underwriter jedoch, daß drei Pferde, die für £ 1 400 versichert worden waren, in Wirklichkeit nur einen Wert von £ 30 hatten.

Ebenso gehörten die »schwimmenden Särge«, auf denen die Seeleute ihr Leben für die Profitgier betrügerischer Reeder einsetzten, zu den finsteren Praktiken, gegen die die Underwriter immer wieder zu kämpfen hatten. Meist überladen und dabei kaum noch seetüchtig, wurden diese »Totenschiffe« von den Eignern hoch versichert. Wenn so ein »Rosteimer« sank, steckte der Reeder das Versicherungsgeld ein und hatte einen größeren Verdienst, als wenn das Schiff seinen Bestimmungsort erreicht hätte.

Unter der Überschrift »Ships that do not come home«, deckte der *Daily Express* am 28. Juli 1921 den Untergang von 29 griechischen Schiffen zwischen September 1920 und Februar 1921 auf. »Ihr Versicherungswert betrug £ 2 360 000. Diese Zahl hat sich nun noch erhöht auf 50 Schiffe, die zu einem Gesamtwert von £ 3 500 000 versichert waren«, hieß es in der Zeitungsmeldung weiter. In all diesen Fällen waren die Fakten verdächtig. Bei völlig ruhigem Wetter entstanden plötzlich gewaltige Lecks; Schiffe wurden von Minen beschädigt in Gebieten, in denen es gar keine Minen geben konnte, oder sie strandeten ohne ersichtlichen Grund. Es gab eine einleuchtende Erklärung dafür. Der Wert der Schiffe war nach dem Ersten Weltkrieg sprunghaft gestiegen. Als die Frachtgüter dann aber zurückgingen, standen einige Reeder vor dem Bankrott. Es blieb ihnen nur die Möglichkeit, sich der Schiffe, die sie zu Spitzenpreisen erworben hatten, zu entledigen, um eine hohe Versicherungsentschädigung dafür einzustreichen.

Man könnte diese Aufzählung von Versicherungsbetrügereien der Vergangenheit beliebig fortsetzen. Mancher mag darin noch einen Hauch Seefahrer-Romantik entdecken. Vielleicht schmunzelt man sogar über die Dummköpfe, die sich derart hereinlegen ließen. Vorsicht! Es gibt sie immer noch – die Piraten. Sie finden auch heutzutage ihre Opfer. Betrug auf See wird allgemein fast schon als Alltagsdelikt angesehen. Das Geschäft ist allerdings komplizierter als früher, und es wird anders betrieben, in viel größerem Stil – von Experten. Die Piraten wenden immer gerissenere Tricks an und treiben die Verluste internationaler Schiffsversicherungen in schwindelnde Höhen. Allein von 1975 bis 1978 haben nach Schätzungen von Lloyd's die Schäden 400 Millionen Mark überschritten. Infolge der großen Konkurrenz im Versicherungsgeschäft hüten sich die Versicherer oft, allzu strenge Maßstäbe anzulegen, wenn Forderungen für ein verlorengegangenes Schiff erhoben werden.

Die »Geisterschiffe«, die in der Versicherungskriminalität ihr Unwesen treiben, existieren oft nur auf dem Papier. Für kurze Zeit aus dem Nichts hervorgezaubert, verschwinden sie genauso schnell, wenn sie ihren Zweck erfüllt haben. So manches der Versicherung als Totalverlust gemeldete Schiff, das »spurlos« unterging, tauchte in einer anderen Reinkarnation wieder auf. Man sparte sich dadurch die Mühe des Umladens. Ein neuer Name ist schneller aufgepinselt. Viele dieser »Geisterfrachter« ändern während einer Reise sogar mehrfach ihren Namen und verschieben wertvolle Ladungen auf hoher See.

Zu den bevorzugten und spektakulärsten Praktiken gehört immer noch die Selbstversenkung eines Schiffes. Aus dem einfachen Grundschema vergangener Zeiten haben sich inzwischen viele Spielarten entwickelt. Wenn beim Sinken eines Schiffes niemand zu Schaden kommt, erregt das natürlich bei den Versicherungsgesellschaften Verdacht. So haben sich regelrechte Selbstversenkungs-Teams zusammengefunden, die sich auf das »warme Abbrechen« verstehen. »Wir machen eine Bomba«, nennen sie dieses Geschäft. Manche Schiffsunfälle forderten auch »Opfer«, die später unter anderem Namen frisch und munter wieder auftauchten. Es sind aber ebenso Fälle bekanntgeworden, in denen Seeleute auf mysteriöse Weise verschwanden. Ganze Schiffsbesatzungen werden zuweilen gehandelt. Größere Verluste noch als durch die Selbstversenkungsmethode entstehen jedoch durch Dokumentenfälschung mit Hilfe des Akkreditiv-Systems und durch Unterschlagungen von Charter-Fracht.

In den Lloyd's-Berichten fällt immer wieder der Name des nigerianischen Hafens Lagos. So lief etwa die KAYODE BAKARE mit einer Ladung Zucker für Lagos von Antwerpen aus. Wegen großer Zeitverluste meldete der Schiffseigner Konkurs an. Daraufhin verließ das Schiff Lagos, ohne die Ladung zu löschen und tauchte unter den Namen OREA, SOPHIE ONE, HOBOKEN und WILLIAM in verschiedenen Häfen der afrikanischen Westküste auf. Der Zucker landete schließlich illegal in Beirut, wie man annimmt, in den Händen unbefugter Empfänger.

Auch der zypriotische Frachter BETTY der Greek Shipping Line of Nikosia wechselte mehrfach seinen Namen. Er verließ am 16. August 1977 Italien. Wie das *Israel Shipping Research Institute* herausfand, wurden nach einer Geisterfahrt durch die Ägäis, mehrmaligem Mannschafts- und Kommandowechsel sowie Eignerwechsel von Scheinfirmen im Dock von Piräus lediglich noch 1100 Tonnen Holz der ursprünglich aus 3500 Tonnen Stahl und 5000 Kubikmeter Holz bestehenden Fracht vorgefunden. Der größte Teil der Ladung soll bei rechtsorientierten libanesischen Milizen wieder-aufgetaucht sein. Internationale Versicherungen, Hafen- und Zollbehörden stehen dieser Entwicklung mehr oder weniger hilflos gegenüber.

1979 wird ein 210 000 Tonnen Supertanker für über 12 Millionen Dollar von einem Mann gekauft, der bis dahin weder Reeder gewesen war, noch über nennenswertes Vermögen verfügt hatte. Das Schiff ist bereits elf Jahre alt und trägt seinen dritten Namen: SALEM. Die neue Besatzung besteht aus Griechen und Tunesiern. Als die SALEM am 10. Dezember 1979 Kuwait verläßt, hat sie 193 000 Tonnen leichtes Rohöl geladen, das einer genuesischen Gesellschaft gehört und für Italien bestimmt ist. Aber statt auf Italien nimmt die SALEM, die plötzlich LEMA heißt, Kurs auf Südafrika. In Durban wird das Rohöl im Wert von 56 Millionen Dollar illegal gelöscht. Die so erleichterte LEMA sticht erneut in See und nimmt wieder ihren früheren Namen an.

Nachdem der Tanker über einen Monat als vermißt gilt, wird er am 17. Januar 1980 von dem BP-Tanker BRITISH TRIDENT vor der westafrikanischen Küste gesichtet. Er hat schwere Schlagseite. Die Besatzung, die ihr persönliches Eigentum retten konnte, sitzt bereits in den Rettungsbooten. Kurz nachdem die BRITISH TRIDENT die Männer an Bord genommen hat, versinkt die SALEM in einem der tiefsten Gräben im Nordatlantik. Die befürchtete Ölkatastrophe bleibt aus, obgleich sich die Rohöl-Ladung theoretisch noch an Bord hätte befinden müssen. Als die Fernschreiber bei Lloyd's den Untergang der SALEM meldeten, schlug die Nachricht wie eine Bombe ein. Der Tanker war mit 24 Millionen Dollar weit über Marktwert versichert. Außerdem mußten die Underwriter auch noch für die Ladung aufkommen. Wie spätere Untersuchungen ergaben, war das Schiff durch Fluten der Ladetanks versenkt worden. Kapitän und Leitender Ingenieur als Hauptbeteiligte wurden von der zuständigen Hafenstaatsbehörde jedoch wegen angeblichem Mangel an Beweisen schnell aus der Haft entlassen.

Alles was auf See passiert, ist nur sehr schwer zu beweisen. Hinzu kommt, daß die Gerichtshoheit eines jeden Landes auf die Hoheitsgewässer begrenzt ist. Die Polizei hat in internationalen Gewässern keinerlei Befugnisse. Das offene Meer ist also praktisch gesetzlos. Einer Veröffentlichung von LLOYD'S LIST vom 23. November 1979 zufolge hat das *Far East Regional Investigation Team* (FERIT) vier Monate lang mehr als 60 Totalverluste im Fernen Osten untersucht. Von 28 Schiffen, die unter »ominösen Umständen« von 1976 bis 1978 verlorengingen, wurden 16 »überführt«, zumindest den »versuchten Betrug« begangen zu haben. Als Drahtzieher vermutete FERIT einen Expertenring, dessen Hintermänner über die ganze Welt verteilt sind. Allerdings reichten die Indizien für den Beweis nicht aus. Die Untersuchungen ergaben auch, daß viele kleine Unternehmen bevorzugt Frachten als wertvollen elektronischen Artikeln, Textilien und gefrostetem Fisch mit überalterten Schiffen verschwinden ließen. Meist sanken sie bei gutem Wetter in flacher See und die Besatzung konnte sich »retten«. Gegen dieses weitverzweigte Netz von verbrecherischen Organisationen können nur Maßnahmen auf internationaler Ebene Erfolg haben. So wurde 1980 von der internationalen Handelskammer in London das *International Maritime Bureau* (IMB) gegründet, das bereits über ausgezeichnete Kontakte und ein Netz von Repräsentanten in vielen Ländern der Erde verfügt. Allein 1987 sind dem IMB Gesamtschäden von 156,5 Millionen Dollar gemeldet worden. Immer wieder liegt es an der mangelnden Information, wenn Banken, Versicherungen und andere Unternehmen den Betrügereien und Verbrechen in der Handelsschiffahrt zum Opfer fallen. Dabei würde oft schon eine Anfrage bei Lloyd's of London Press in Colchester, einer 1973 gegründeten Tochtergesellschaft von Lloyd's of London, genügen, um sich vor den üblen Tricks krimineller Elemente zu schützen. Lloyd's of London Press, Herausgeber von LLOYD'S LIST, ist das Publikations- und Nachrichtenorgan der Vereinigung. Es verfügt über den umfassendsten auf Computerbasis arbeitenden Nachrichtendienst, sowie ein weltweites Agenten- und Korrespondenten-System und ist somit in der Lage, über Standort, Zustand und Routen der Schiffe rund um die Uhr genau zu informieren.

Gold auf dem Meeresgrund

Gold ist das Kostbarste von allen Gütern. Wer immer Gold besitzt, kann alles erwerben, was er in dieser Welt begehrt. Wahrlich, für Gold kann er sogar seiner Seele Eingang ins Paradies erkaufen.

Christoph Kolumbus

Schon in alten Zeiten sind die Menschen auf Goldsuche gegangen. Früher zogen sie in die Berge und Wüsten, um das kostbare Metall zu finden. Die Schatzjäger unserer Tage suchen es in der Tiefe. Auf dem Grund der Weltmeere vermuten Fachleute Gold und Silber im Wert von 100 Milliarden Mark. Nur selten aber haben Schatzsucher soviel Glück wie jene vier jungen amerikanischen Sporttaucher, die vor einigen Jahren unweit der Bahamas durch Zufall ein Schatzwrack entdeckten. Die Goldbarren lagen nahezu griffbereit in nur vier Meter Tiefe – ihr Wert 12 Millionen Mark!

Die Zahl der Schiffe, die in den letzten 2000 Jahren gesunken sind, wird von einem deutschen Seeverkehrsrechtler auf etwa eine Million geschätzt. Unter ihnen müssen sich ganze Flotten von Schatzschiffen befinden; denn immer wieder war es die Goldgier, die die Eroberer zum Plündern verführte und nur zu oft den Untergang der mit Beute überladenen Schiffe zur Folge hatte.

Bereits Mitte des vergangenen Jahrhunderts entdeckte man, daß der Boden des Mittelmeers eine Fundgrube antiker Kostbarkeiten ist. An Wracks und deren Ladungen lassen sich viele geschichtliche Zeitläufe ablesen. Im Pariser Louvre steht eine Statue des Apollo aus der Zeit um 460 v.Chr. Sie stammt, wie viele andere Skulpturen, Amphoren und Säulen, aus griechischen Tempeln, die von den Römern geplündert wurden. Auch die spanischen Entdecker waren in Wirklichkeit Ausbeuter. Ihnen ging es vor allem um das Gold der Inka und das Edelmetall aus den mexikanischen Minen, das sie mit ihren berühmten Silberflotten in großen Mengen aus der Neuen Welt nach Spanien brachten. Die Werte, die mit ihren Schiffen zwischen 1660 und 1692 untergingen, werden auf über 14 Milliarden Mark geschätzt.

In der Straße von Florida verschwanden 289 mit Gold, Silber und Geschmeide beladene spanische Galeonen. Auch das Flaggschiff einer aus zehn Schiffen bestehenden spanischen Armada, die NUESTRA SEÑORA DE LA CONCEPTION, zerschellte am 3. November 1641 in der Nähe von Haiti an einem Korallenriff. Mit ihr versank fast die gesamte Gold- und Silberladung der Armada. Aber wie bei vielen anderen Schatzschiffen begann auch die Geschichte der CONCEPTION erst mit ihrem Untergang. Etwa 40 Jahre später gelang es William Phips 32 Tonnen Gold- und Silberbarren sowie kostbare Edelsteine im damaligen Wert von £ 300 000 aus 18 Meter Tiefe zu bergen. Dabei soll es sich aber nur um ein Drittel des Schatzes gehandelt haben. König James II. von England adelte den erfolgreichen Kapitän daraufhin und bestallte ihn als »amtlichen Schatzsucher«.

Die meisten Schätze, die auf dem Meeresboden in unbekannten Tiefen ruhen, blieben jedoch jahrhundertelang unerreichbar. Es fehlten die technischen Mittel, um die unzähligen Wracks entlang der großen Schiffahrtsrouten, in der Karibik, im Mittelmeer und in der Ostsee überhaupt erst einmal zu orten. Zwar enthielten schon die ersten Ausgaben von LLOYD'S LIST regelmäßige Hinweise auf die Bergung von Schiffen. Dabei handelte es sich aber zumeist um Havarien und Strandungen oder die Rettung eines Schiffes, das auf See verlassen aufgefunden worden war. Die Ladung konnte zu jener Zeit nur geborgen werden, wenn das Wrack nicht allzu tief lag. Mit fortschreitender technischer Entwicklung verbesserten sich auch die Chancen für die Underwriter, zumindest für einen Teil der erlittenen Verluste entschädigt zu werden. Aber erst unsere heutige Technik mit hochempfindlichen Unterwasserdetektoren, Magnetometern, Taucherglocken und ferngesteuerten Kleinst-U-Booten macht es möglich, kostbare Schiffsladungen auch aus größeren Tiefen zu heben.

Versunkene Schätze übten seit jeher eine besondere Faszination auf den Menschen aus. Sie haben die Kraft, den Romantiker und Abenteurer, der in ihm steckt, zu wecken. In allen Weltmeeren ist man den Schätzen auf der Spur. Ein wahrer Goldrausch hat diese maritimen »Goldgräber« erfaßt. Einem der bekanntesten und erfolgreichsten unter ihnen, Mel Fisher, Chef der Schatzsucher-Firma Treasure Salvors Inc., gelang es 1985 nach sechzehnjähriger »Jagd«, den 400-Millionen-Dollar-Schatz der NUESTRA SEÑORA DE ATOCHA vor der Südspitze Floridas aufzuspüren. Seit über dreieinhalb Jahrhunderten ruhten die Reichtümer dieser spanischen Galeone auf dem Boden der Karibischen See, etwa 60 km vor der Insel Key West. Die ATOCHA, das Flaggschiff einer Flotte von 22 Schiffen, mit Smaragden, Gold- und Silberbarren der Inka an Bord, war 1622 auf dem Weg von Kuba nach Spanien in einem Hurrikan gesunken. Insgesamt wurden mehr als 300 000 Gegenstände aus der Tiefe geborgen. Ein Fund, der neben diesen Kostbarkeiten geradezu unansehnlich wirkte und zunächst kaum beachtet wurde, sollte sich später als ein Schatz besonderer Art entpuppen. Einer der Archäologen fand 1987 in 16 Meter Tiefe Getreidekörner. Nachdem er sie aus dem Schlick herausgesiebt und an Land in frisches Wasser gelegt hatte, begannen sie – nach 365 Jahren – zu keimen. Zwei der Schößlinge schlugen sogar Wurzeln und wuchsen heran. Es handelte sich um eine Weizenart. Eine der vielen Überraschungen, die die Jagd in der Tiefe immer wieder bereithält.

Das Wrack einer anderen spanischen Galeone wurde 1987 unter dem Treibsand der Bahama-Inseln gefunden. Aufzeichnungen im Generalarchiv von Sevilla über die Untergangsstelle sowie eine aus dem Wrack geborgene Goldmünze mit der Jahreszahl 1655 bestätigten, daß es sich nur um das bisher reichste Schatzschiff, die MARAVILLA, handeln konnte. Sie war 1656 nach einer Kollision mit einem anderen Segler zerschellt und gesunken. Im Juni 1987 wurde damit begonnen, die aus Gold, Silber und Smaragden im gegenwärtigen Wert von fast 3 Milliarden Mark bestehende Ladung zu bergen. Die Finder müssen allerdings 25 Prozent an den Inselstaat abtreten. Aber auch schon im Mittelalter gab es Gesetze, die die Eigentumsverhältnisse beim Entdecken eines Schatzes regelten.

Neuerdings bemühen sich Unterwasser-Archäologen aus Frankreich und Ägypten um die Erfassung und schrittweise Bergung der Reste der Napoleonischen Flotte, die 1798 in der Bucht von Abukir östlich von Alexandria von den Briten unter Admiral Nelson versenkt wurde. An Bord des Flaggschiffs L'ORIENT sollen sich Bonapartes Kriegskasse mit 600 Goldpfund Löhnung sowie der aus der Eroberung Maltas stammende Gold- und Silberschatz des Malteser-Ordens befunden haben, dazu noch viele andere Kostbarkeiten.

Aufgrund der genauen Berichterstattung über Schiffsuntergänge in allen Teilen der Welt ist LLOYD'S LIST eine wahre Fundgrube für Schatzjäger und alle, die sich für die Bergung von Schatzwracks interessieren. Unter den am 19. Mai 1922 von Tilbury bei London ausgelaufenen Schiffen führte die Seite *Shipping Movements* in LLOYD'S LIST auch den Passagierdampfer EGYPT der P & 0 Line (Peninsular and Oriental Steamship Co.) auf.

Der 1897 vom Stapel gelaufene britische 8000 BRT-Dampfer hatte schon den Ersten Weltkrieg ehrenvoll überstanden. Gründlich überholt und mit einem neuen Anstrich versehen, wurde er nun wieder auf der Mittelmeer-Route eingesetzt. Auf dieser Reise nach Ägypten und dem Fernen Osten, die ihre letzte werden sollte, beförderte die EGYPT Gold- und Silberbarren und Kisten mit gemünztem Gold im Gesamtwert von £ 1 058 979. Da Lloyd's bei einem Schiff dieser Klasse das Versicherungsrisiko als gering ansah, war die Prämie für die wertvolle Ladung nur auf 7,5 Prozent festgesetzt worden. Am Abend des 20. Mai befindet sich die EGYPT im Golf von Biskaya mit Kurs auf Ushant. Die aufziehenden Nebelbänke verdichten sich immer mehr. Um 18.45 Uhr gibt Kapitän Collyer Befehl, die Maschinen zu stoppen. In der Ferne meint er, das undeutliche Nebelsignal einer Dampfpfeife zu vernehmen. Zwei Minuten später hören er und sein Dritter Offizier den Ton erneut, diesmal lauter. Darauf ordnet Collyer anhaltende Warnsignale an. Im nächsten Moment, als sich der Nebel für kurze Zeit lichtet, sehen die beiden Männer eine weiße Bugwelle mit ziemlicher Geschwindigkeit direkt auf sich zukommen. Die schwachen Konturen eines Schiffes sind gerade noch zu erkennen. Das Kommando »hart Backbord« kommt zu spät. Schon schneidet der messerscharfe Bug des fremden Schiffes tief in die Backbordseite der EGYPT. Innerhalb von 8 Minuten hat sie Schlagseite und ist in weniger als 20 Minuten gesunken. Von den 338 Passagieren und Besatzungsmitgliedern werden 252 von dem französischen Frachter SEINE an Bord genommen. Für die übrigen gibt es keine Rettung mehr.

Die Kollision der beiden Schiffe hatte für die EGYPT einen so katastrophalen Ausgang genommen, weil der Bug der SEINE eine spezielle Verstärkung für Fahrten durch das Eismeer besaß.

Als die Unglücksbotschaft am 21. Mai 1922 im Room von Lloyd's eintraf, rief sie unter den Underwriters große Bestürzung hervor. Die für den Schatz erhobenen Schadensansprüche von mehr als einer Million Pfund wurden jedoch innerhalb von zehn Tagen voll bezahlt. Erst dann stellte sich heraus, daß der Wert der Goldbarren £ 20 000 höher war als in der Versicherung vereinbart. Die Underwriter von Lloyd's kamen auch für diese Summe auf, obgleich das zusätzliche Risiko genaugenommen nicht versichert war.

An der Untergangsstelle der EGYPT ist das Meer 130 Meter tief. Niemand hielt es für möglich, von dort auch nur einen einzigen Goldbarren zu bergen. Noch nie zuvor hatte sich ein Mensch in diese Tiefe hinabgewagt. Das Hauptproblem für die Taucher war der hohe Wasserdruck. Ein britisches und ein französisches Bergungsunternehmen scheiterten an diesen technischen Schwierigkeiten. Das Gold der EGYPT schien für immer verloren zu sein.

Der Ingenieur C.P. Sandberg, Mitinhaher der Firma Sandberg & Swinburne in London, war jedoch anderer Meinung. Wenngleich er seit 1924 erfolglos nach dem Wrack suchte, wollte er doch nicht aufgeben. Die von der Kieler Firma Neufeldt & Kuhnke GmbH (jetzt Hagenuk GmbH) gebauten Panzerstahl-Tiefseetauchgeräte gaben bei seinen Verhandlungen mit dem

Leiter der italienischen Bergungsfirma Sorima, Commendatore Giovanni Quaglia, schließlich den Ausschlag. Diese neue Konstruktion würde es den Tauchern ermöglichen, in Tiefen über 50 Meter vorzudringern.

Im Sommer 1928 beginnt die Suche nach dem Wrack der EGYPT. Die beiden Bergungsschiffe der Sorima, ARTIGLIO und ROSTRO, kämmen in dem durch Schwimmbojen markierten und in Einzelfelder unterteilten Untergangsgebiet mit Hilfe einer Stahltrosse den Meeresboden ab. Als die Herbststürme einsetzen, müssen die Arbeiten unterbrochen werden. Auch das Jahr 1929 vergeht, ohne daß das Wrack gefunden wird. Erst 1930 hat man endlich Erfolg. Ungefähr 5 Seemeilen von der errechneten Position entfernt verhakt sich die Trosse am 29. August auf dem Meeresboden. Ein Taucher wird hinabgelassen. In seinem monströsen Panzeranzug ähnelt er einem Phantasiegebilde von Jules Verne. In 130 Meter Tiefe findet er auf dem Meeresboden ein riesiges Wrack – die EGYPT? Erst nachdem die Männer in wochenlanger Arbeit den Weg zur Kapitänskajüte freigesprengt und den Safe gefunden haben, ist auch der letzte Zweifel ausgeräumt. Aus den Schiffspapieren geht einwandfrei hervor, daß es sich wirklich um das Schatzschiff handelt. Neben vielen völlig durchweichten Dokumenten und Postsendungen des britischen Außenministeriums enthält der Safe auch den Schlüssel zum *Strong Room.* Eine Schiffsskizze gibt Auskunft über die Lage des Tresorraums, in dem sich das Gold der EGYPT befinden muß.

Unter Anleitung Quaglias beginnen die Taucher nun, einen Schacht in das Schiffsinnere zu sprengen, eine gefahrvolle und nervenaufreibende Arbeit. Mit schweren Greifern müssen die losgesprengten Eisenteile Stück für Stück fortgeräumt werden. Die Zeit drängt, da die Herbststürme bevorstehen. Aber genau in dem Augenblick, als der Erfolg fast greifbar ist, müssen die Arbeiten wiederum verschoben werden. Für Quaglia ist diese Unterbrechung verhängnisvoll. Im Dezember bekommt er von der französischen Regierung den Auftrag, das amerikanische Munitionsschiff FLORENCE, das 1917 in der Bucht von Quiberon auf eine Mine gelaufen war, zu sprengen. Obgleich die Taucher mit größter Vorsicht ans Werk gehen, explodiert die ganze Ladung des Munitionsschiffes auf einmal. Die Druckwelle erfaßt auch die ARTIGLIO und tötet 14 Mann ihrer Besatzung, darunter die Taucher-Elite der Sorima. Quaglia will die Bergungsarbeiten einstellen, läßt sich schließlich aber doch überreden, es im nächsten Jahr noch einmal zu versuchen. Die ARTIGLIO II wird gebaut und eine neue Tauchermannschaft ausgebildet. Der ganze Sommer 1931 vergeht jedoch in einem aussichtslosen Kampf gegen die Weststürme. Es wird Juni 1932, bis man in dem 12 Meter tiefen Schacht durch die drei Schiffsdecks weitervordringen kann. Am 22. Juli 1932 sind die Taucher endlich am Ziel. Der Tresorschlüs-

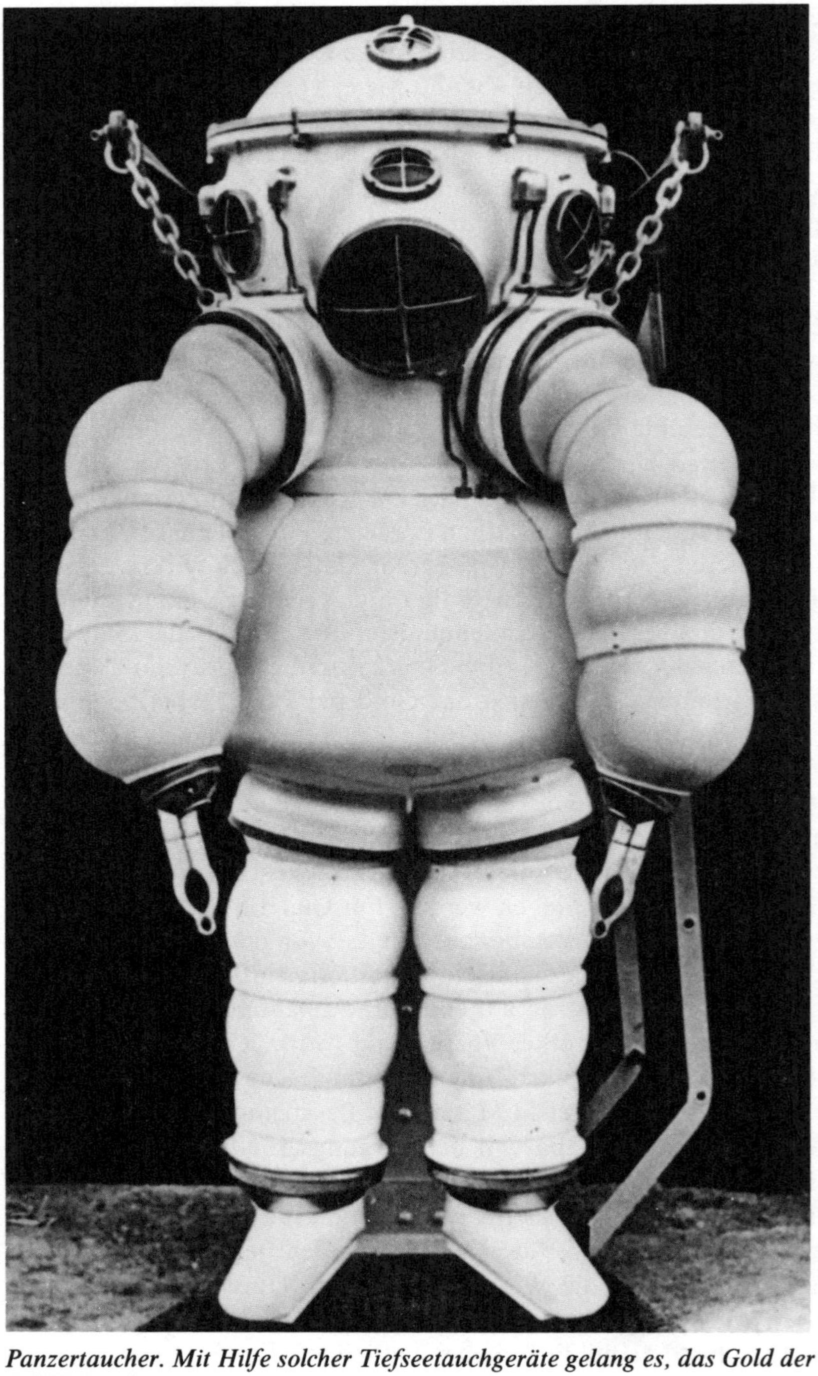

Panzertaucher. Mit Hilfe solcher Tiefseetauchgeräte gelang es, das Gold der EGYPT zu bergen

sel öffnet ihnen die Tür zum Gold der EGYPT. Als die ersten beiden Goldbarren nach oben befördert werden, schlägt in London die Glocke der LUTINE zweimal an. Innerhalb von 24 Stunden werden weitere Barren im Wert von mehr als £ 80 000 aus der Tiefe geborgen.

Am 24. September 1932 berichtete LLOYD'S LIST über einen Besuch der Underwriter bei der Bergungsgesellschaft in Plymouth, wo sie die dort eingetroffenen Gold- und Silberbarren persönlich in Augenschein nahmen. LLOYD'S LIST *Annual Review* vom 30. Dezember 1932 veröffentlichte die gesamte Bergungsgeschichte. Es vergingen aber weitere drei Jahre, bis das Bergungsunternehmen Sorima seine Arbeiten abgeschlossen hatte. Vier Fünftel des Schatzes im Wert von £ 1 183 000 konnten gehoben werden. 50 Prozent des Gewinns erhielt die Sorima, 37,5 Prozent Lloyd's und 12,5 Prozent die Firma Sandberg & Swinburne.

Aus der Zeit um die Mitte des vorigen Jahrhunderts, als man bemüht war, einen anderen berühmten Schatz zu heben, das Gold der LUTINE, datieren erste Maßnahmen bei Lloyd's, eine *Salvage Association* ins Leben zu rufen. Sie ergaben sich aus der Notwendigkeit, Schiffen in Seenot beizustehen und eine offizielle Regelung für die Bergung von Wracks zu finden. Dafür war ein zentrales und technisch erfahrenes Direktorium notwendig, das Lloyd's und die stetig wachsende Zahl von Versicherungsgesellschaften beraten sollte, wie sie bei bestimmten Schiffsverlusten zu verfahren hätten und welche Möglichkeiten beständen, Schiff und Ladung zu bergen. Am 2. Juli 1856 billigte die Hauptversammlung von Lloyd's die Gründung der »Vereinigung zum Schutz von Handelsinteressen bezüglich gestrandeten und beschädigten Eigentums«, so der offizielle Titel. Das Gründungskapital wurde von Lloyd's und den fünf führenden Seetransport-Versicherungsgesellschaften sowie einer Reederei, der *Royal Mail Steam Packet Company,* aufgebracht. Inzwischen ist die Salvage Association in der ganzen Welt vertreten. Hauptaufgabe ihrer Gutachter ist es, Schäden an Schiffen zu inspizieren, aus denen sich Forderungen an die Versicherer ergeben könnten, aber auch Hilfeleistung bei Bergemanövern gehört dazu. Berichte der Salvage Association über Schiffsverluste und ihren voraussichtlichen Ausgang werden täglich von LLOYD'S LIST veröffentlicht.

Bergungsschiffe, meist Hochsee-Schlepper, die heutzutage für alle Arten der Hilfeleistung ausgerüstet sind, werden aber nicht nur in Notfällen, wie zur Bergung in Seenot geratener oder manövrierunfähiger Schiffe eingesetzt. Sie können auch Bohrinseln, Schwimmdocks und Baggergerät über viele Seemeilen schleppen. Eines der ungewöhnlichsten Objekte, die ein Bergungsschiff je hinter sich hergezogen hat, dürfte wohl ein 3000 Jahre alter Obelisk gewesen sein. LLOYD'S LIST hielt auch dieses spektakuläre

Ereignis fest. Zwei Obelisken, die »Nadeln der Kleopatra«, schmückten einst den Eingang zum Caesareum im antiken Alexandrien. Seitlich angebrachte Beschreibungen der Taten von Thutmosis III. und Ramses II. sprechen für die Annahme, daß sie bereits 1500 v. Chr., zur Zeit Thutmosis III., vor dem Tempel in Heliopolis gestanden haben. Das Caesareum, ursprünglich von Kleopatra als Heiligtum für Antonius begonnen, wurde von Augustus zur göttlichen Verehrung der römischen Kaiser vollendet. Den einen der beiden Obelisken machte der ägyptische Vizekönig Mohammed Ali 1819 der britischen Regierung zum Geschenk. Es war aber nicht möglich, die 21 Meter hohe Sonnennadel nach England zu transportieren. Erst 1878 fand man eine Lösung und baute ein spezielles Schiff rund um den Obelisken. Die CLEOPATRA erwies sich jedoch schon bald als nicht besonders seetüchtig. Nachdem das Schiff in der Biskaya einige Zeit hilflos Wind und Wellen preisgegeben war, wurde es von einem Spezialfahrzeug, der ANGLIA, ins Schlepp genommen. Das Eintreffen der beiden Schiffe in der Themse-Mündung war eine Sensation. Die Kinder bekamen schulfrei. Ihr Jubel begleitete den Schleppzug auf seiner Fahrt stromaufwärts.

Die »Nadel der Kleopatra« wurde vor den Victoria Embankment Gardens direkt am Themse-Ufer aufgestellt und ist längst zu einem weithin sichtbaren Wahrzeichen Londons geworden. Der zweite Obelisk steht heute in New York.

Von der Feder zum Computer – Lloyd's Register of Shipping

Für gewöhnlich macht Lloyd's Register of Shipping keine Schlagzeilen in der Presse. Sie ist die älteste und größte unter den neun international anerkannten Klassifikationsgesellschaften, deren Einsatz für die Sicherheit auf See von der Öffentlichkeit oft kaum wahrgenommen wird. Ende 1987 aber kündeten große Überschriften in den Zeitungen einen sensationellen Fortschritt an, die Entwicklung der ersten »Black Box« für die Schiffahrt. In der Luftfahrt ist dieser wichtige Datenschreiber schon seit vielen Jahren eine Selbstverständlichkeit. Lloyd's Register of Shipping in London ist es mit dem *Voyage Data Recorder* nun erstmals gelungen, eine Black Box auch für Schiffe einzuführen. Die moderne Technologie macht es möglich, alle Daten während der Reisedauer eines Schiffes auf einem Band von der Größe einer Videocassette zu speichern. Sinkt das Schiff, klinkt sich der Datenschreiber automatisch aus und treibt an der Oberfläche, wo ein Minisender das Auffinden erleichtert. So kann nachträglich die Ursache eines Schiffsunglücks genauer analysiert werden. Allerdings ist zu befürchten, daß die allgemeine Einführung dieser » Black Box« bei der schwierigen wirtschaftlichen Lage in Schiffbau und Schiffahrt an den Investitionskosten scheitern könnte.

Genau wie andere Organisationen, die Lloyd's in ihrem Namen führen, werden auch Lloyd's Register of Shipping und Lloyd's of London häufig in Zusammenhang gebracht. Lloyd's Register of Shipping ist aber eine völlig selbständige und unabhängige Organisation. Beide haben allerdings ihren gemeinsamen Ursprung in Edward Lloyd's Coffee-House in der Lombard Street. Ebenso wie LLOYD'S LIST führt Lloyd's Register of Shipping seine Anfänge zurück auf Edward Lloyds *»A LIST of SHIPS that are Sail'd from England, for East-India and China, and that are not Return'd or known in England to Miscarry, and to whom they belong«* aus den Jahren 1701 und 1702. Darin waren die Schiffe je nach Eigner bereits in drei Klassen unterteilt. Die Bezeichnung O stand für die alte und E für die neue East India Company, während private Eigner mit einem P gekennzeichnet waren.

Im Jahre 1670 wurde in Lloyd's Coffee-House das erste *Lloyd's Register of Shipping,* auch »Underwriters' Register« oder »Green Book« genannt, ins Leben gerufen. Das älteste überlieferte Register, das die Jahre 1764 bis 1766 umfaßt, wird im Britischen Museum aufbewahrt. Es enthielt, unterteilt in zwölf Spalten, schon alle wichtigen Angaben über ein Schiff. Buchstaben kennzeichneten die Einstufung in unterschiedliche Klassen. So wurde ein erstklassiges Schiff mit guter Ausstattung mit den Buchstaben AG benotet, während die Buchstaben UB ein Schiff der niedrigsten Klasse mit schlechter Ausstattung klassifizierten. Später wählte man für die zweite Bewertungsnote Zahlen statt Buchstaben. Ein erstklassiges Schiff mit erstklassiger Ausstattung bekam die Güteeinstufung A1. Für die Underwriter war dieses Klassifizierungssystem eine wichtige Grundlage beim Abschluß von Seetransport-Versicherungen.

Eine Kontroverse über Klassifizierungs-Methoden veranlaßte die Schiffseigner 1797, ihr eigenes Register, das sogenannte »Red Book« herauszubringen. Durch sein Erscheinen 1799 erhielt das »Green Book« eine scharfe Konkurrenz. Allgemeine Finanzprobleme führten 1834 endlich eine Aussöhnung der rivalisierenden Parteien herbei. Am 21. Oktober desselben Jahres wurde Lloyd's Register of Shipping als eigenständige Gesellschaft gegründet. Die Klassifizierung »A1 at Lloyd's« ist seither überall ein Begriff. Heutzutage kennt man nur noch diese eine Klasse. A1 steht weltweit für Qualität, Sicherheit und Zuverlässigkeit. Ein Schiff, das diese Benotung nicht erreicht, muß genauso aus dem Verkehr gezogen werden wie ein Auto ohne TÜV-Plakette.

Aus dem »Grünen« und dem »Roten Buch« entstand ein neues Lloyd's Register of Shipping. Dieser anerkannte Führer der Handelsschiffahrt gilt als »Bibel der Schiffsindustrie«. Sämtliche zugelassenen Handelsschiffe von mehr als 100 Bruttotonnen mit allen wichtigen technischen Daten sowie Reeder, Bauwerft und Güteeinstufung sind in dem drei Bände umfassenden Register, das jedes Jahr neu herausgegeben wird, in alphabetischer Reihenfolge aufgeführt – insgesamt über 76 000. Jedes von Lloyd's registrierte Schiff bekommt eine LR-Nummer, die es nie mehr verliert. Sie wird weltweit benutzt, auch von den Behörden.

Die einzige Verbindung zu Lloyd's of London, die sich erst in jüngerer Zeit wieder ergab, besteht in einem gut funktionierenden Schiffs-Informationsdienst. Sie ist eine Art Interessengemeinschaft zwischen Lloyd's Register of Shipping in London und Lloyd's of London Press in Colchester auf kommerzieller Basis. Lloyd's Shipping Information Service stellt Informationen, die auf Computer-Dateien beider Organisationen gespeichert sind, zur Verfügung. So können Schiffsbewegungen und Verluste elektronisch mit technischen Daten aus dem Registerbuch in Verbindung gebracht werden.

Neben den verschiedensten Publikationen und Aktivitäten liegt die Hauptaufgabe von Lloyd's Register of Shipping aber nach wie vor in der Besichtigung und Klassifizierung von Schiffen. Etwa ein Viertel der Welthandelsflotte – 96 Millionen Bruttotonnen – trägt das berühmte Zeichen LR. Diese Klassifikation dient gleichzeitig auch als Basis für die Versicherung. Etwa 1800 Gutachter, Surveyors, in nahezu 250 Büros, die sich auf mehr als hundert Länder verteilen, überwachen Bau und Ausrüstung der Schiffe auf Einhaltung der *Lloyd's Register Rules and Regulations* sowie auf Übereinstimmung mit den international vereinbarten Sicherheitsvorschriften.

Zu den wichtigsten von Lloyd's Register of Shipping seit 1834 aufgestellten Sicherheitsregeln gehört die Einhaltung der Tiefladelinie. Die rücksichtslose Profitgier vieler Reeder, die ihre Schiffe ständig überluden, führte früher zu erschreckend hohen Verlusten an Menschenleben und Gütern. Betroffen waren in erster Linie auch die Versicherer. Es entwickelten sich ganz spezielle Methoden. Man verwendete schrottreife Schiffe, überlud sie, damit sie untergingen und kassierte die Versicherungssumme. Diese Praktik der »Totenschiffahrerei« hatte es auch schon in früheren Zeiten gegeben, Mitte des 19. Jahrhunderts nahm sie aber derart zu, daß sie 1865 Gegenstand einer Parlamentsdebatte wurde.

Nicht etwa ein Seemann war es, der sich in dieser Angelegenheit besonders engagierte, sondern ein liberaler Unterhausabgeordneter, der Bierbrauer Samuel Plimsoll. Von 2700 Ertrunkenen seien Vierfünftel unnötigerweise umgekommen, klagte er die Reeder an und forderte die Abschaffung der »coffin ships«. 1873 erreichte er beim Parlament die Ernennung einer königlichen Kommission, die die Lebensbedingungen der Matrosen an Bord britischer Handelsschiffe untersuchen sollte. Das Gesetz, das die Regierung daraufhin nach zwei Jahren vorlegte, wurde jedoch auf Grund von Interventionen der Reeder von der Regierung Disraeli schon bald wieder fallengelassen. Plimsoll machte seiner Empörung gegenüber den Parlamentariern Luft: »Ich werde die Gauner entlarven, die tapfere Männer in den Tod geschickt haben«. Er ließ sich sogar dazu hinreißen, den Präsidenten des Unterhauses zu bedrohen. Natürlich mußte er sich entschuldigen. Dafür wurde er aber durch ein Gesetz entschädigt, das die Regierung 1876 zugunsten der Schiffsbesatzungen verabschiedete. Es schrieb die Kennzeichnung aller Schiffe durch eine Freibordmarke vor, bis zu der sie beladen werden durften. Wo sie angebracht wurde, soll in der ersten Zeit noch im Ermessen des Schiffseigentümers gelegen haben, wird behauptet. So hätte ein Spaßvogel die Tiefgang-Markierung am Schornstein seines Schiffes aufgemalt.

In Deutschland führte Albert Ballin für die Hamburg-Amerika-Linie als erster die Plimsollmarke ein. Heutzutage sind diese mitschiffs an beiden Bordwänden angebrachten Markierungen von Wasser- und Ladelinien in den meisten Staaten Vorschrift. Berechnet werden sie nach den Bestimmungen der jeweiligen Klassifikationsgesellschaft. Seine Geburtsstadt Bristol setzte Plimsoll ein Denkmal. Nur bei Lloyd's erinnert nichts an diesen Mann, der den Versicherern einen so großen Dienst erwiesen hat, es sei denn die Freibordmarke selbst, der Strich in einem von LR, Lloyd's Register of Shipping, flankierten Kreis – die historische Plimsollmarke.

Schon Mitte des vorigen Jahrhunderts wurde auch in Frankreich eine Klassifikationsgesellschaft gegründet, das *French Lloyd's Register of Continental and American Vessels*, bekannt auch als Bureau Veritas, Paris, mit dem Zeichen BV. Weitere Klassifikationsgesellschaften entstanden um 1860, so der Germanische Lloyd, GL. Sie alle sind zusammengeschlossen in der *International Association of Classification Societies* (IACS), die Beraterstatus bei der Schiffsorganisation der Vereinten Nationen (IMO) hat. Über diese Mitgliedschaft sind die Klassifikationsgesellschaften unmittelbar an den internationalen Beratungen über Schiffssicherheit beteiligt und können sowohl ihre praktischen Erfahrungen als auch wichtige Verbesserungsvorschläge, wie jetzt die »Black Box«, zum Nutzen aller Nationen einbringen.

X

DAS RISIKO WÄCHST MIT DER ENTFERNUNG ZUR ERDE

Die Eroberung der Luft

»Es ist in jeder Hinsicht bewiesen, daß es dem Menschen ganz unmöglich ist, sich in die Lüfte zu erheben oder auch nur sich darin zu halten.«

Diesen Standpunkt vertrat der bekannte Astronom Joseph Jérôme de Lalande 1782 in einer Veröffentlichung im *Journal de Paris.* Er schrieb, ein Mitglied der Akademie der Wissenschaften hätte durch Berechnung der menschlichen Kräfte nachgewiesen, zum Fliegen benötige der Mensch Flügel von 12 000 bis 15 000 Fuß Größe, die er mit einer Geschwindigkeit von drei Fuß in der Sekunde bewegen müßte.

Seit altersher träumte der Mensch davon, wie ein Vogel in die Lüfte aufzusteigen und der Sonne entgegenzuschweben. Viele versuchten es. Leonardo da Vinci aber war der erste, der die Verwirklichung dieses Traumziels auf streng wissenschaftlicher Basis in Angriff nahm. Der Marquis de Bacqueville sprang 1742 in Paris aus einem Fenster seines Hauses, um mit »Engelsflügeln« über die Seine zu schweben. Er kam mit einem Beinbruch davon. Ludwig Berblinger, der »Schneider von Ulm«, setzte sich dem Gespött der Leute aus, als er bei seinem Flugversuch im Mai 1811 in die Donau fiel. Viele andere »Turmspringer«, die ihr Leben den Vögeln nachgebildeten Flügeln anvertrauten, mußten ihren Optimismus mit dem Tod bezahlen.

Eine andere Möglichkeit, »der Erdenschwere zu entfliehen«, entdeckten die Brüder Montgolfier. Einer von vielen Versionen zufolge soll ihnen ein zum Trocknen über dem Ofen aufgehängter Unterrock, der sich plötzlich aufbauschte und zur Decke emporstieg, die zündende Idee zur Erfindung des Luftballons geliefert haben. Wie es auch immer gewesen sein mag, fest steht, daß sie die auftreibenden Eigenschaften von erhitzter Luft herausfanden. Am 4. Juni 1783 führten sie in dem französischen Ort Annonay ihren ersten Warmluftballon vor. Er blieb immerhin zehn Minuten in der Luft. Noch im September desselben Jahres stieg in Versailles im Beisein Ludwigs XVI. eine *Montgolfière* mit »Passagieren« in den Himmel. An Bord befanden sich eine Ente, ein Hahn und ein Schaf. Da sie wohlbehal-

Der Aufstieg der ersten bemannten Montgolfière am 21. November 1783 in La Muette bei Versailles

ten zur Erde zurückkehrten, wagten schon zwei Monate später zwei Franzosen die erste »Reise« in einem Ballon. Sie führte drei Kilometer über Paris hinweg und dauerte 25 Minuten. Es waren also die Auftriebsballons, die den Traum, durch die Lüfte zu schweben, als erste verwirklichten.

Weniger Glück hatte der Physiker J. A. César Charles mit seinem Gasballon, den er am 27. August 1783 vom Pariser Marsfeld steigen ließ. Er hielt sich zwar 42 Minuten in der Luft; seine Landung in dem Dorf Gonesse erschreckte die Bauern aber so, daß sie dem Himmelsungeheuer mit Mistgabeln und Dreschflegeln den Garaus machten.

Der Wunsch, die »Ozeane der Luft« zu erkunden, ließ die Menschen immer wagemutiger werden. Während es dem Franzosen Blanchard und dem Engländer Jefferson am 7. Januar 1785 glückte, den Kanal von Dover nach Calais in zwei Stunden mit einem Gasballon zu überqueren, bezahlten Rozier und Romain den gleichen Versuch knapp ein halbes Jahr später mit dem Leben, als ihr Wasserstoff-Warmluftballon in Brand geriet. Sie waren die ersten Todesopfer, die die Luftschiffahrt forderte. Auch andere riskierten ihr Leben. So der fliegende Verlagsbuchhändler Wölfert, der 1897 bei der Erprobung seines motorbetriebenen Lenkballons in der abstürzenden Gondel verbrannte.

Nicht länger »ein Spiel des Windes zu sein«, sondern den Ballon lenkbar zu machen, war für die Erfinder das größte Problem. »Solange wir diese Fahrzeuge nicht steuern können, taugen sie nicht viel. Lieber möchte ich da ein Heilmittel gegen das Asthma finden«, erklärte der englische Schriftsteller Dr. Samuel Johnson.

Nach der »Hochzeit« der Dampfmaschine mit dem Ballon schlug endlich die Geburtsstunde des Luftschiffs. Der Maschineningenieur Henry Giffard hatte in einen spindelförmigen Langballon eine kleine Dampfmaschine eingebaut. Dadurch konnte er wenigstens horizontal gelenkt werden. Am 24. September 1852 legte Giffard damit in 1800 Meter Höhe über Paris eine Entfernung von 27 Kilometern zurück. Aber erst dem Brasilianer Alberto Santos-Dumont gelang es, seinen Ballon aus der Abhängigkeit der Winde und Luftströme zu befreien. Durch den Einbau eines kleinen Benzinmotors konnte er mit seinem Luftschiff Nr. 1 schon eine Doppelschleife fliegen. Am 19. 0ktober 1901 gewann er den von H. Deutsch de la Meurthe ausgesetzten Preis von 125 000 Francs, als er mit seinem sechsten Luftschiff den Eiffelturm umkreiste und noch unter der festgesetzten Zeit von dreißig Minuten blieb. Später verlor er das Interesse an Luftschiffen. In Europa war er der erste, der mit einem Aeroplan »flog«. 1906 erhielt Santos-Dumont für seinen »Luftsprung« von 60 Metern den Archdeacon-Preis. Zu der Zeit war der erste motorisierte Flug der Brüder Orville und Wilbur

oben: Die „Kitty Hawk" der Gebrüder Wright 1903
unten: Ein Flugzeug der Gebrüder Wright, Oktober 1909

Wright in Nord-Karolina aber schon in die Geschichte der Luftfahrt eingegangen. Das »Zeitalter des Flugzeugs« hatte begonnen.

Die »fliegenden Brüder«, wie man die Wrights inzwischen nannte, vollendeten das Werk des großen deutschen Flug-Pioniers Otto Lilienthal, der 1896 bei einem Unfall seines Gleitfliegers ums Leben gekommen war. Ihr historischer Flug mit dem »Flyer« am 17. Dezember 1903 dauerte 12 Sekunden und »übersprang« 53 Meter. Nach diesem ersten Erfolg Orville Wrights startete der *Flyer* noch dreimal. Beim vierten Flug erreichte Wilbur einen Rekord von 59 Sekunden, bei dem er 260 Meter zurücklegte. Nach der Landung wurde der Doppeldecker von einer plötzlichen Böe erfaßt und herumgewirbelt. Dabei waren einige Verstrebungen gebrochen und die Verkleidung eines Flügels mußte erneuert werden. Irgendwie fand ein Stück der alten Verkleidung seinen Weg zu Lloyd's, wo es als Zeugnis eines großen Augenblicks in der Bibliothek hoch in Ehren gehalten wird.

Einer von Wilbur Wrights französischen Flugschülern, Graf G.A. de Lambert, schaffte am 18. Oktober 1909 mit dem Flugzeug, was Santos-Dumont 1901 mit dem Luftschiff gelungen war, die Umkreisung des Eiffelturms. In der Überquerung des Ärmelkanals waren die Luftschiffe den lauten kleinen »Kisten« sogar 124 Jahre voraus. 1909 winkte dafür ein Preis der *Daily Mail* von 25 000 Francs. Von den drei Franzosen, die sich heimlich auf den Flug vorbereiteten, hatte der als Pechvogel bekannte Louis Blériot die geringsten Chancen. Und doch war er es, der von Calais aus am 25. Juni 1909 nach 32 Minuten Flugzeit mit seinem Eindecker *Blériot XI* sicher in Dover landete. Das Jahr 1909 brachte noch ein weiteres fliegerisches Ereignis, die Flugwoche von Reims im August, bei der Preise im Wert von über 80 000 Mark ausgesetzt wurden. Im Herbst des Jahres veranstaltete auch Großbritannien in Blackpool, Hendon und Doncaster die ersten Fliegertreffen. Nichts hätte die Risiken der Luftfahrt deutlicher demonstrieren können solch ein öffentliches Schauspiel. Die Stars der Lüfte versuchten einander in ihren spektakulären Mutproben zu überbieten, um die riesige staunende Menge zu beeindrucken. Das von der *Daily Mail* veranstaltete Luftrennen »rund um London« lockte allein 45 000 zahlende Besucher an. Viele tollkühne junge Flieger kamen bei derartigen Wettbewerben ums Leben, wie die Franzosen Lefévre und Delagrange und die Amerikaner Johnstone und Moisant. In Doncaster verhinderte allein die Geistesgegenwart des Piloten Hubert Le Blon, daß seine Maschine in das wogende Menschengewühl auf der Haupttribüne stürzte. Bei der Bruchlandung seiner *Blériot* nur wenige Meter hinter der Tribüne riskierte er sein Leben und rettete unzählige Menschen.

Nach diesem Schock waren die Organisatoren bestrebt, sich für künftige

Veranstaltungen gegen derartige Risiken abzusichern. Noch bevor das Jahr 1910 zu Ende ging, hatte Lloyd's die erste Haftpflichtversicherung gegen Luftfahrtrisiko akzeptiert. Die erste genormte Versicherungs-Police *White Wings* aus dem Jahre 1911 wird in der Bibliothek von Lloyd's aufbewahrt. Eine der ersten Veranstaltungen, die in dieser Form abgesichert wurden, war der London-Manchester-Preisflug im Frühjahr 1911. Eine weise Voraussicht, wie sich hinterher herausstellen sollte. Claud Graham-White konnte nur knapp eine Landung mit seiner *Blériot* auf dem Bahndamm in Lichfield verhindern. Die Eisenbahnschienen boten den Fliegern damals als eine Art »eiserner Kompaß« eine der wenigen Möglichkeiten, sich zu orientieren. Beim zweiten Start wenige Tage später kam es zu einem Wettflug zwischen ihm und seinem Landsmann Louis Paulhan. Graham-White kämpfte verbissen um den Sieg. Nachts dienten ihm der Mond und die Scheinwerfer der ihn begleitenden Autokolonne als einzige Lichtquellen.

Lloyd's Underwriter zeigten in jenen Anfangsjahren nicht weniger Wagemut und Unternehmungsgeist als die Piloten selbst. Als die Belmont-Park-Verwaltung in New York 1910 bekanntgab, daß die Attraktion ihrer Oktober-Veranstaltung ein Flug rund um die Freiheits-Statue sein würde, weigerten sich die Versicherungsgesellschaften in Amerika, die Organisatoren gegen jegliche Art von Haftung zu versichern. Die gewählte Flugstrekke war tatsächlich gefährlich, da sie große Gebiete des dicht bevölkerten Brooklyn überquerte. Lloyd's dagegen erklärte sich zu einem Versicherungsabschluß über £ 100 000 bei einer Prämie von nicht mehr als £ 500 bereit. Es war fast wie eine Belohnung für die Initiative der Underwriter, daß das große Ereignis von Graham-White gewonnen wurde.

Obgleich Flugzeuge selbst ursprünglich nicht zu versichern waren, hatten 1912 einige Underwriter dennoch den Mut, Deckung für eine Anzahl von Flugzeugen anzubieten, die an Militärübungen in der Ebene von Salisbury teilnahmen. Das Wetter war jedoch schlecht. Es gab zahllose Bruchlandungen. Nach diesen Verlusten waren die meisten Underwriter nicht mehr bereit, ähnliche Risiken einzugehen.

Der Ausbruch des Ersten Weltkrieges setzte der Zivilluftfahrt ein jähes Ende. Aus einem riskanten Sport wurde tödlicher Ernst. Schon 1783 hatte man in Frankreich die Möglichkeiten erwogen, den Ballon für militärische Zwecke zu nutzen. 1794 gründeten die Franzosen das *Aerostatische Korps,* die älteste Militärluftschiffertruppe der Welt, und setzten es erstmals zur Luftaufklärung ein. Bomben und Brandkugeln abzuwerfen, galt noch im 18. Jahrhundert als ein »Frevel, den Gott niemals zulassen werde«. Dennoch probte das Aerostatische Korps bereits 1798 auf dem Pariser Marsfeld den Bombenwurf. Erstmals zum Einsatz kamen Luftbomben im Jahre

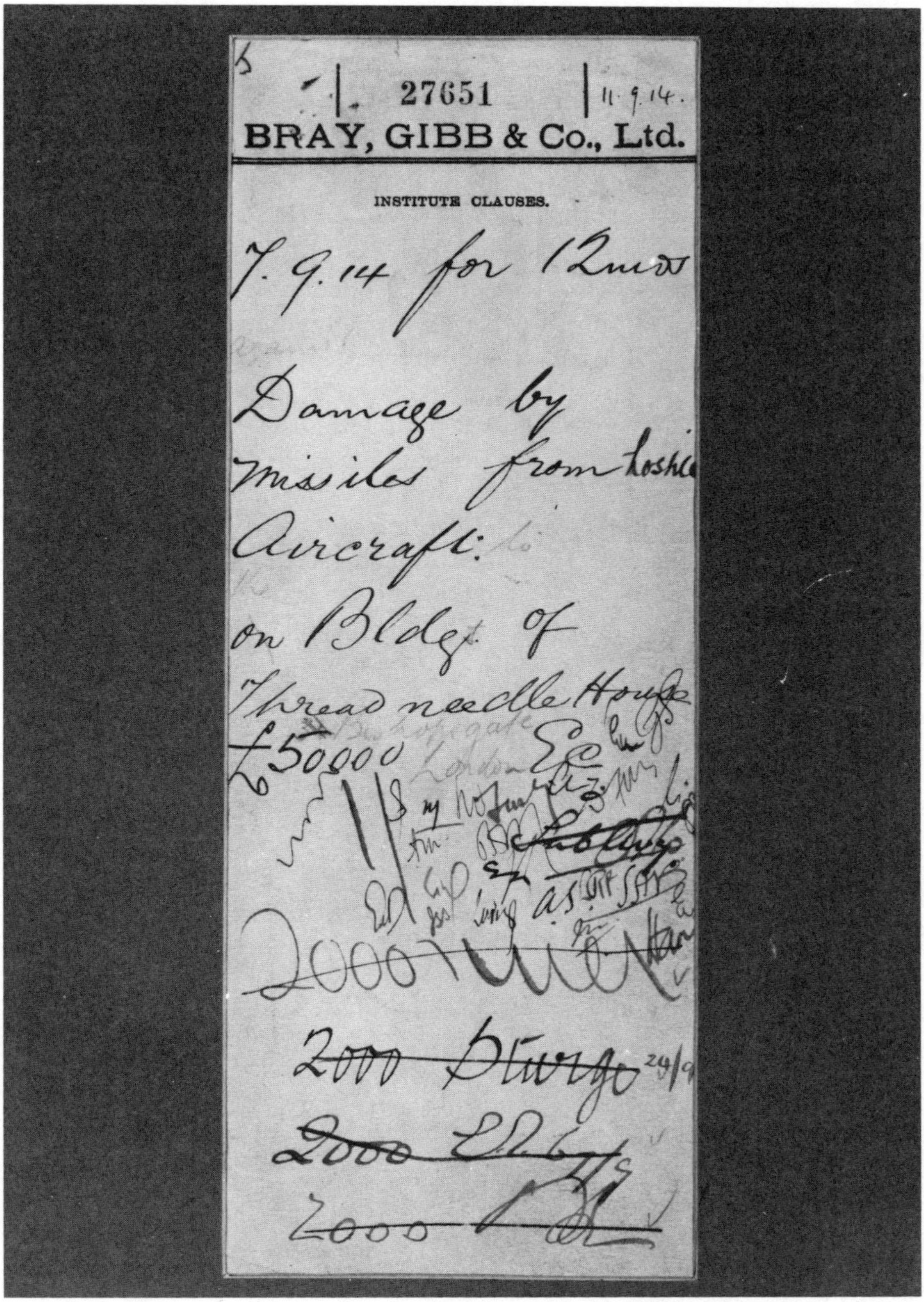
27651 11.9.14.
BRAY, GIBB & Co., Ltd.
INSTITUTE CLAUSES.
7.9.14 for 12 mos
Damage by missiles from hostile Aircraft:
on Bldg. of Threadneedle House
Bishopsgate London E.C.
£50000
~~2000~~
~~2000~~
~~2000~~
~~2000~~

„Broker Slip" von Lloyd's erster Versicherung gegen Schäden durch feindliche Flugzeuge

1848, als die Österreicher Venedig bombardierten. Die Franzosen bauten 1905 das erste Militärluftschiff der Welt, Lebaudy 1904. Der Erste Weltkrieg unterbrach auch die friedliche Weiterentwicklung des berühmtesten Luftschiffes, des Zeppelins. Dieser Name war zu der Zeit schon fast zu einem Symbol geworden. Besonders mit seinen Verkehrsluftschiffen hatte der »verrückte Graf« ungeahnten Erfolg gehabt. Bis 1914 waren fast 10 000 Menschen in den riesigen Silberfischen mehr als 270 000 Kilometer durch das Luftmeer geschwommen. Nun sollten viele Zeppeline bei Heer und Marine für kriegerische Operationen eingesetzt werden. Die technische Entwicklung in der Luftfahrt brachte für die Kriegführung einen entscheidenden Wendepunkt. Der neuen Bedrohung, dem Tod, der aus den Wolken kam, war auch die Zivilbevölkerung ausgesetzt. Besonders Großbritannien, das sich seit Napoleons vergeblichen Invasionsversuchen uneinnehmbar wähnte, wurde 1914 durch das Bombardement der Ostküstenhäfen unsanft aus seinem Inselgefühl aufgeschreckt. Als im Mai 1915 zum ersten Mal die »fliegenden Zigarren« des Grafen Zeppelin über London auftauchten, drängten sich die Menschen zunächst auf den Dächern und waren von der schwerfälligen Majestät dieser Ungetüme beeindruckt. Erst nachdem die ersten Bomben fielen, flüchteten die Londoner panikartig in die U-Bahn-Schächte. Die psychologische Wirkung dieser Waffe war jedoch größer als der Schaden, den sie anrichtete.

In den ersten Tagen des Krieges hatten sich die Eigentümer eines Gebäudes in der Londoner City bei Lloyd's nach der Höhe einer Versicherung gegen Bombenschäden erkundigt. Der spätere Chairman Sidney Boulton, der von einem derartigen Risiko noch nie gehört hatte, nannte eine Prämie von zwei Shilling pro 100 Pfund Sterling. Erst nachdem dies von den Hauseigentümern akzeptiert worden war, stellte sich heraus, daß Boulton die Anfrage nicht ernstgenommen und die Summe nur im Spaß genannt hatte. Er stand jedoch zu seinem Wort und unterzeichnete die Police, die erste ihrer Art in der Geschichte. Damit hatte sich Lloyd's wieder einmal die richtige Versicherung zur rechten Zeit einfallen lassen. Es war genau das, was die Leute wollten. Ein regelrechter Ansturm auf Luftangriff-Versicherungen setzte ein und machte Lloyd's in den nächsten drei Jahren zum Mittelpunkt dieser neuen Sparte. Da der Einsatz der Zeppeline für Deutschland aber ein verhängnisvoller Fehlschlag wurde, erwies sich die Bombenschaden-Versicherung als höchst lukrativ, obgleich eine 80prozentige Steuer auf Übergewinne der Sache bis zu einem gewissen Grade den Reiz nahm.

Wenige Jahre nach Kriegsende war die Luftschiffahrt bereits wieder im Aufwärtstrend begriffen. 1919 überquerte das britische R 34, ein Nachbau des erbeuteten deutschen Zeppelins L 33, als erstes Luftschiff den Atlantik. Aber schon drei Jahre nach diesem großen Erfolg erlitten die Briten schwere Rückschläge. 1921 mußte nicht nur R 34 als Totalverlust abgeschrieben werden, auch R 38, das von der amerikanischen Kriegsmarine in Auftrag gegeben worden war, verunglückte. Bei einem Versuchsflug brach es in zwei Teile und stürzte brennend in den Humber. Alle 44 Insassen kamen ums Leben. Ebensowenig Glück hatten die Amerikaner mit ihren Konstruktionen. Ihr dem Zeppelin L 49 nachgebautes Luftschiff *Shenandoah* wurde 1925 von einer Sturmböe erfaßt und brach auseinander. 29 Mann der Besatzung fanden den Tod.

Einem der erfolgreichsten Luftfahrzeuge, *Graf Zeppelin*, gelang 1929 die erste Weltumrundung. Das transatlantische Luxus-Verkehrsschiff unter Führung von Dr. Hugo Eckener hatte 20 Passagiere und 60 Mann Besatzung an Bord. Für die Umkreisung der Erde in größter Bequemlichkeit und Sicherheit benötigte es 20 Tage und 4 Stunden. Man gewöhnte sich bald an den Gedanken, den Ozean in der Luft zu überqueren. Nach 1933 entwikkelte sich eine regelmäßige Transozean-Passagierluftschiffahrt, die 1937 jedoch ein jähes Ende nehmen sollte. England war das einzige Land, das dieser Idee des kommerziellen Passagierfluges folgte. Aber auch seine kühnen Pläne endeten mit einer Tragödie.

Die Briten hatten ihre ganze Hoffnung auf ihr neues Luftschiff R 101 gesetzt, mit dem sie die *Graf Zeppelin* noch zu übertrumpfen gedachten. Obgleich die Erprobung längst nicht abgeschlossen war und sich alle möglichen Mängel herausgestellt hatten, bestand der Luftfahrtminister Lord Thomson darauf, den Zeitplan für den großen Demonstrationsflug nach Indien einzuhalten. Er versprach sich viel von der sensationellen Ankunft in dem größten Luftschiff, das jemals in England gebaut worden war, denn er hoffte, Vizekönig von Indien zu werden. Für sich und seinen Diener hatte er vor Antritt der Reise eine Versicherung abgeschlossen. Bevor R 101 am 4. Oktober 1930 startete, hatte Thomson noch scherzhaft bemerkt: »Ich habe dem Premierminister versprochen, am 20. Oktober zurück zu sein.« Er ist nie in Indien angekommen. Als das riesige Schiff in der darauffolgenden Nacht nahe der nordfranzösischen Stadt Beauvais abstürzte, war Thomson unter den 48 bis zur Unkenntlichkeit verbrannten Opfern. Acht Menschen konnten sich wie durch ein Wunder aus den Flammen retten. Als Grund für dieses Unglück nahm der Untersuchungsausschuß später einen von dem heftigen Sturm über dem Ärmelkanal verursachten Riß in der Außenhaut an. Für jeden, der die Vorgeschichte kannte, war es jedoch klar, daß dieses Luftschiff niemals ein Zertifikat für Flugsicherheit hätte erhalten dürfen.

Nur sieben Jahre später ging ein Foto um die Welt, das dem Slogan vom Luftschiff als dem sichersten und luxuriösesten Reisemittel endgültig ein Ende machte. LZ 129 *Hindenburg*, mit 240 Meter Länge nur wenig kürzer als der größte Überseedampfer, die QUEEN MARY, war am Abend des 6. Mai 1937 beim Andocken an seinen Landemast in Lakehurst (New Jersey) explodiert. Von den 97 Menschen an Bord konnten nur 62 dem Flammeninferno entkommen. Dieses Luftunglück ging als eine der großen technischen Katastrophen, vergleichbar dem Untergang der TITANIC, in die Geschichte ein. Für den Zeppelinbau und den Luftverkehr mit Lenkballonen bedeutete es das Ende. Kein Zeppelin ist je wieder mit Passagieren geflogen, die »fliegenden Zigarren« wurden abgewrackt. »Leichter als Luft - schwerer als Luft?« Dieses Wettrennen um die Eroberung des Himmels war damit endgültig zugunsten des Flugzeugs entschieden. Dr. Eckener stellte 1949 in seinen Erinnerungen *Im Zeppelin über Länder und Meere* resigniert fest: »Die Zeit der Zeppeline ist vorbei, Schnelligkeit ist heute Trumpf.«

Nachdem man jahrhundertelang vergebliche Versuche angestellt hatte, vollzog sich die Entwicklung der Luftfahrt nach Beendigung des Ersten Weltkrieges nun umso schneller. Bereits zwei Wochen bevor das britische Luftschiff R 34 zu seiner ersten Atlantiküberquerung gestartet war, gelang es den britischen Fliegeroffizieren Alcock und Whitten-Brown am 14./15. Juni 1919, mit einem schweren Kriegsbomber ohne Zwischenlandung in sechzehn Stunden den Nordatlantik zu überfliegen. Sie gewannen damit den Preis der *Daily Mail* in Höhe von 10 000 Pfund Sterling. Zu einem der spektakulärsten Ereignisse in der Geschichte der Luftfahrt wurde Charles Lindberghs Alleinflug über den Atlantik im Jahre 1927. Der junge Amerikaner legte mit seiner *Spirit of St Louis*, einem unerprobten Eindecker, ohne Funkverbindung die Entfernung von 5800 Kilometern in 33,5 Stunden zurück.

Schon zwölf Jahre später flogen die ersten Passagierflugzeuge über den Atlantik, und bald hatte Lloyd's Maschinen zu versichern, die größer und teurer waren, als die Underwriter es sich jemals hätten träumen lassen. Viele mutige und wohlhabende Leute vertrauten sich den Flugzeugen an. Die Nachfrage nach Luftfahrt-Unfallversicherungen war ständig im Steigen begriffen und betrug in vielen Fällen bis zu 100 000 Pfund. Das Luftfahrtgeschäft bietet heutzutage Versicherungsschutz für alle Arten von Flugzeugen an, von Hubschraubern über Jumbo-Jets und Concordes bis zur Passagier-Haftpflicht. Die Luftfahrtrisiken schließen aber nicht nur Schäden am Flugzeug selbst ein, sondern auch die damit verbundenen Haftpflichtrisiken, ob es sich nun um Flugpersonal, Flughafenbehörden oder Flugzeughersteller handelt. Sie alle sehen sich oft riesigen Schadensansprüchen der Opfer von Flugzeugkatastrophen gegenüber. Tatsächlich sind die Haftpflichtansprüche, die aus Flugzeugunglücken resultieren, gewöhnlich weit höher als der Wert des Flugzeugs, das immerhin ein Objekt von mehreren Millionen darstellt. Wenn auch die Seetransport-Versicherer im Room nach wie vor am stärksten vertreten sind, so haben sich doch mittlerweile schon etwa 25 Syndikate auf Luftfahrt-Versicherung spezialisiert.

Der Flug ins All

Die schnelle Entwicklung der Technik wirft ständig neue Versicherungsprobleme auf. Von den Tiefen des Ozeans bis ins ferne Weltall hat jeglicher Fortschritt seine Auswirkungen auch auf die Versicherer. Der Mut zum Risiko ist aber eine der menschlichen Eigenschaften, ohne die es keine Fortentwicklung geben kann. Abgesehen von der Gefahr, zu Schaden zu kommen, sind die komplizierten Geräte, die den Weltraum oder die Meerestiefen erforschen, besonders störanfällig und allein deswegen teuer. Luftfahrtversicherungen schließen auch die Nachrichtensatelliten und den Weltraumflug ein. Von der ersten Versicherungspolice »White Wings« im Jahre 1911 bis zum Flug des Raumtransporters Space Shuttle vollzog sich eine Entwicklung, wie sie Flugpioniere nicht einmal in ihren kühnsten Träumen für möglich gehalten hätten. Aus dem Bericht »Brokers set up $ 1 Billion Shuttle Cover« vom 21. Mai 1983 in LLOYD'S LIST geht hervor, daß das Space Shuttle-Programm der NASA die Versicherungszahlen in astronomische Höhen klettern ließ. Mit »Steigende Risiken« könnte man die beiden Bilder überschreiben, die den ersten bemannten Aufstieg einer *Montgolfière* im Jahre 1783 und die Startrampe des Space Shuttle *Orbiter Enterprise* im Jahre 1979 zeigen.

Die Underwriting Agents erzielen Rekordabschlüsse, indem sie immer größere Risiken eingehen. Wenn sie beim Lunch zusammensitzen und über mögliche Katastrophen diskutieren, werden sie oft aber auch recht nachdenklich. Das totale Desaster droht ständig und überall. Was wäre etwa, wenn zwei Jumbos über Heathrow zusammenstießen. Beinahe-Zusammenstöße sind keine Seltenheit, wie die Fälle aus jüngster Vergangenheit beweisen. Allein in den Jahren von 1977 bis 1981 wurden durchschnittlich 33 gemeldet. Von 1982 bis 1986 waren es immerhin noch 16 gewesen. Der mißlungene Start oder der Verlust von Nachrichtensatelliten, die mit enormen Kosten gebaut wurden, ist ein Versicherungsfall, mit dem sie längst konfrontiert worden sind. Allein aber die Vorstellung, ein riesiges Weltraumlabor, vielleicht sogar mit Atomantrieb, könnte seine Leistungsfähigkeit verlieren und in einem tödlichen Regen radioaktiver Fragmente auf die Erde zurückkommen, dürfte nicht nur die Underwriting Agents in Panik versetzen. Wenngleich viel zu viele befürchtete Katastrophen schon eingetreten sind, ist die Bereitschaft zum Risiko bei Lloyd's nach wie vor ungebrochen.

Genauso wie andere Abläufe der Geschichte spiegelte LLOYD'S LIST auch die Entwicklung der Raumfahrt wider, angefangen von dem ersten Menschen im Weltall, Juri Gagarin, im Jahre 1961, bis zu den Mars- und Venus-Missionen und dem Raumlabor Spacelab. Neben den technischen Gesichtpunkten standen in diesen Berichten die Aspekte der Versicherung im Vordergrund. Einen besonders breiten Raum nahm dabei das Kapitel der Mondlandung ein. Schon vor dem historischen Datum 21. Juli 1969, da Neil Armstrong als erster Mensch seinen Fuß auf den Mond setzte, wurden bei Lloyd's die neuen Probleme der Haftpflicht für Schäden an Weltraumfahrzeugen diskutiert. *»Der höchst aktuelle Lebensversicherungsschutz, den Lloyd's den amerikanischen Astronauten gab, die auf dem Mond landeten, war das Symbol einer wichtigen und neuen Ära in der Versicherung«,* heißt es in LLOYD'S LIST vom 18. August 1969. Auch der Hersteller der Fallschirmausrüstung für die Apollo-Astronauten hatte sich bei Lloyd's abgesichert. Das eigens für den Betrieb auf dem Mond entwickelte und gebaute Mondmobil, dessen sich die Besatzungen von Apollo 15, 16 und 17 bedienten, war durch Willis Faber & Dumas bei Lloyd's rückversichert.

Sechs Jahre nach dem »Sputnik-Schock« 1957 begann mit dem ersten amerikanischen Nachrichtensatelliten *Syncom* das Zeitalter der Weltraum-Kommunikation. Satelliten sind besonders kostspielig in der Versicherung. COMSAT, die amerikanische Betriebsgesellschaft für Nachrichtensatelliten, versicherte ihre Satelliten für den Fall, daß sie nicht in die richtige Umlaufbahn gelangten. Welche Werte diese künstlichen Monde aber darstellen, mag weiten Kreisen der Bevölkerung erst bewußt geworden sein, als am 8. Februar 1984 groß aufgemachte Schlagzeilen in den britischen Zeitungen verkündeten: »Satelliten-Verluste können das Vereinigte Königreich 100 Millionen Dollar kosten.« Weiter hieß es in der Meldung:

> *»Die Londoner Versicherungs-Underwriter sind betroffen von Versicherungsansprüchen von wenigstens 100 Millionen Dollar . . ., nachdem zwei Nachrichtensatelliten verlorengingen, die vom Space Shuttle Challenger der Vereinigten Staaten ausgesetzt worden waren.«*

Am 14. November desselben Jahres gelang es den fünf Astronauten des Space Shuttle *Discovery,* die beiden Ausreißer wieder einzufangen. Das Unternehmen wurde finanziert von den Satelliten-Versicherern unter Führung

Das Space Shuttle Orbiter „Enterprise" an der Startrampe, 1979

eines Lloyd's-Syndikats. Aus Anlaß der erfolgreichen Bergung schlug die Glocke der LUTINE zweimal an. Gleichzeitig verkündete der Chairman von Lloyd's, daß die beteiligten Astronauten mit Lloyd's Silbermedaillen für Leistungen im Dienste Lloyd's ausgezeichnet würden. Die Medaillen wurden den Astronauten am 7. Dezember 1984 von Präsident Reagan in Washington persönlich überreicht. Im Februar des folgenden Jahres stattete die Besatzung des Raumtransporters Lloyd' s einen Besuch ab.

XI

SOGAR DAS UNGEHEUER VON LOCH NESS

Ungewöhnliche Versicherungsfälle

Bei Lloyd's kann fast alles versichert werden. Ein Risiko, das im Room nicht unterzubringen ist, dürfte nirgendwo auf der Welt Versicherungsschutz finden. Lloyd's Underwriter sind bekannt für ihre Bereitschaft, sich selbst auf die ausgefallensten Risiken einzulassen. Manche dieser Versicherungsabschlüsse mögen den Chronisten früherer Zeiten so frivol erschienen sein, daß sie zögerten, der Nachwelt derart peinliche Aktivitäten der Underwriter zu überliefern. Die Mehrzahl der Fälle waren aber doch wohl seriöser Art. Sie alle gestatten einen interessanten Einblick in die große Skala menschlicher Ängste in einem Zeitalter zunehmender Bedrohung.

Wen wundert es heutzutage, wenn sich Eltern für den Fall einer Mehrlingsgeburt absichern. Im 19. Jahrhundert muß es aber für die meisten Briten »shocking« gewesen sein, daß sich die Queen gegen das Risiko versichern ließ, Zwillinge zu bekommen. »Dicky« Thornton, ein politisch einflußreicher Allroundman, der sich auch bei Lloyd's als Underwriter betätigte, brachte diese Versicherung zustande. Mit der Police in der Tasche pries er im Room allen jung verheirateten Mitgliedern von Lloyd's Versicherungen gegen ein ähnliches Vorkommnis an.

Eine Filmgesellschaft wollte es gar nicht erst soweit kommen lassen. Sie schloß bei Lloyd's eine Versicherung über eine Million Dollar für den Fall ab, daß eine ihrer Schauspielerinnen sich verlieben und heiraten könnte, solange sie unter Vertrag stand.

Ganz andere Gründe hatte ein Kinobesitzer. Er versicherte sein Publikum dagegen, sich totzulachen. Vermutlich fand der Underwriter den Film gar nicht so spaßig – oder war es ein Werbegag? Auch einige Kneipenbesitzer in Amerika befürchteten wohl, durch ihre Gäste Unannehmlichkeiten zu bekommen. Sie versicherten sich für den Fall, daß ihre Kunden bei Schlägereien zu Schaden kommen und den Wirt regreßpflichtig machen könnten. Dies wurde freilich bald ausgenutzt. Die Raufbolde sprachen sich ab und teilten hernach das Schmerzensgeld. Amerikanische Gesetze ließen es auch zu, das Leben eines prozeßführenden Richters bei Lloyd's zu versichern. Die Kläger in dem Rechtsverfahren behaupteten, falls der Richter vor der Urteilsverkündung sterben sollte, entständen ihnen zusätzliche Kosten, um den Prozeß erneut anzustrengen. Die meisten Versicherungsobjekte haben aber »Hand und Fuß«, und das ist nicht nur eine Redensart. Allein die Aufzählung all der extrem wertvollen Körperteile, für die Lloyd's im Laufe der Zeit Versicherungsschutz geleistet hat, erinnert an eine Raritäten-Sammlung. An Anzahl dürften die Fußballerbeine dabei alle anderen übertreffen. Es sind aber auch so berühmte Beine darunter wie die von Marlene Dietrich und Rudolf Nurejew, die für £ 190 000 versichert wurden. Einen hohen Stellenwert haben die Geruchs- und Geschmacksorgane. So versicherte ein Whisky-Hersteller seine Nase und ein Weinprüfer seine Zunge. Schnozzle Durantes Nase dagegen wurde allein wegen ihrer Größe zum Versicherungsobjekt. Auch Musiker sind unter Lloyd's Kunden. Die Finger des polnischen Pianisten Ignacy Paderewski und die Ohren des Komponisten Richard Stockler genossen dort Versicherungsschutz. Aber was wäre eine solche Sammlung ohne Busen. In den fünfziger Jahren ließ die amerikanische Oben-ohne-Tänzerin Sabrina den ihrigen für 20 000 Dollar versichern. Für jeden Zoll, den sie verlor, durfte sie laut Police 4000 Dollar einstreichen. Sie hatte jedoch keine Vergütung für Volumenminderung zu beanspruchen, die durch Bürgerkrieg oder nationale Invasionen verursacht wurde.

Das Volumen – Thema Nr. 1 beim weiblichen Geschlecht. Die einen haben Angst, zu dick zu werden und versichern sich vorsorglich dagegen. Andere befürchten abzunehmen, wie die »eminent professionell Fat Lady«, ein Versicherungsfall aus dem Jahre 1920. Vielleicht war sie zu der Zeit die »dickste Frau der Welt«? Bette Davis wollte unbedingt ihre schlanke Taille halten. Auch dieses Risiko ging Lloyd's ein.

Mit ihrer Taille haben die Gentlemen kaum Kummer. Bei ihnen fangen die Probleme auf höherer Ebene an, am Kopf. Damit kein Irrtum entsteht, gemeint ist das fadenartige Gebilde, das auf dem Haupt wächst – oder auch nicht. Wer wollte es dem südafrikanischen Schauspieler Kerry Wallace, der sich für den Film *Star Trek* den Schädel kahl scheren lassen mußte, wohl verdenken, wenn er sich für 100 000 Dollar gegen das Risiko versichern ließ, sein Haar könnte nicht mehr in voller Länge nachwachsen. Die meisten Versicherungen haben jedoch einen anderen Grund. Es geht um den Bart – Symbol männlicher Eitelkeit. Oder sollte bei dem Komiker der zu Lloyd's Kunden zählt, der Lacherfolg einzig und allein von seinem Schnurrbart abhängen? Der englische Schnurrbart ist zu einem Begriff geworden. In der Grafschaft Derbyshire haben 40 Bartträger sogar einen Club gegründet, den *Whiskers Club*. Mehr als das. An ihren Bärten lag ihnen soviel, daß jeder den seinen für 20 Pfund gegen Feuer und Diebstahl versichern ließ.

Wieviel begründeter erscheint demgegenüber Liz Taylors Sorge um ihre Augen. In der Serie *Ash Wednesday* stellte sich plötzlich heraus, daß sie für ihre Augen Kunststoff-Make-up verwenden mußte. Sie drohte, aus der Produktion auszusteigen, falls ihre Augen nicht unverzüglich für eine Million Dollar versichert würden. Die Filmgesellschaft schloß daraufhin bei Lloyd's eine Versicherung ab. Für 2 000 Dollar pro Tag ging die Taylor das Risiko ein. Auch ihren Cartier-Diamanten ließ sie versichern. Sein Verlust würde die Mitglieder von Lloyd's $ 1 200 000 kosten. Bei dem Thema Kostbarkeiten kann der Versicherungsmarkt gleich mit einigen Superlativen aufwarten. Einer der kostbarsten vor einigen Jahren gefundenen Diamanten, der *Premier Rose* mit einem Wert von 7 Millionen Pfund, wurde vor seiner Reise von Südafrika nach New York bei Lloyd's versichert. Ebenso der größte Goldklumpen der Welt, der *Golden Beauty*, 4,18 Kilogramm schwer, davon 3,75 Kilogramm reines Gold. Für den Transport von Perth nach Los Angeles bekam er Versicherungsschutz in Höhe von 100 000 Pfund. Und gleich noch zwei weitere Fälle aus Lloyd's Buch der Rekorde: Die längste Zigarre der Welt wurde für die Dauer einer Ausstellung in London für gut 20 000 Pfund, dem Handelswert des Riesen, bei Lloyd's versichert. In der 4,2 Meter langen und 110 Kilogramm schweren Zigarre, deren Anfertigung 315 Stunden gedauert hatte, waren 15 903 vollständige Tabakblätter verarbeitet. Als kleiner Kontrast dazu – Lloyd's schwankt ja von jeher zwischen Extremen – ein Reiskorn. Bei Lloyd's ist es $ 20 000 wert. Aus gutem Grund. Auf ihm sind die Porträts von Königin Elizabeth II. und dem Herzog von Edinburgh eingraviert.

Tiere zu versichern, ist eigentlich nichts Ungewöhnliches – wer würde dabei aber an einen Schwertwal denken. »Namu«, wie man ihn nannte, wurde an der kanadischen Pazifikküste gefangen und sollte zur Ausstellung in einem Aquarium nach Seattle geschleppt werden. Vorsichtshalber ließ man ihn aber zuvor gegen mögliche Zwischenfälle, wie etwa Befreiungsversuche durch Artgenossen, versichern. Sogar ein Fabelwesen genießt bei Lloyd's Versicherungsschutz. Im Jahre 565 will der schottische Mönch und spätere Heilige Columba im Loch Ness zum ersten Mal ein Ungeheuer gesichtet haben. Seitdem ist über Jahrhunderte in mehr als 4000 Augenzeugenberichten immer wieder von dem langen Hals oder Schwanz eines riesigen Reptils und Überbleibsels aus Urzeiten zu lesen. Besonders nachdem 1933 eine Straße an dem See entlang gebaut wurde, der keineswegs zu den schönsten in Schottland gehört, hat das »freundliche Ungeheuer« den Fremdenverkehr enorm angekurbelt. Grund genug für viele, ob nun in der Tourismusbranche oder in den Medien, sich des Wohlbefindens dieses berühmten und als Füllsel für das alljährliche »Sommerloch« so wichtigen

»Loch-Monsters« zu versichern. Zumal andere es fangen möchten. So stellte ein Geschäftsmann demjenigen, der »Nessie« lebendig fangen würde, eine Prämie von einer Million Pfund in Aussicht, sicherte sich aber gleichzeitig bei Lloyd's gegen eine Zahlung ab. Der Underwriting Agent glaubte, auf das Geschäft eingehen zu können. Da die Police zur Bedingung machte, das Monster müsse nach London gebracht und von einem anerkannten Zoologen identifiziert werden, hielt er das Risiko für minimal. Nachdem »Nessie« 1987 sogar die bisher aufwendigste Loch-Ness-Expedition, das Unternehmen »Deepscan«, heil überstanden hat, ist anzunehmen, daß sie Lloyd's als eines der berühmtesten Versicherungsobjekte auch noch ins dritte Jahrtausend begleiten wird.

Züchter sollten vielleicht mehr Verhaltensforschung betreiben, um bessere Zuchtergebnisse zu erzielen. Offenbar verstand der Inhaber einer Chinchilla-Farm etwas von der Psyche der Hasenmaus. Er versicherte sich gegen den Tod seiner Tiere, der durch das Geräusch tieffliegender Maschinen hervorgerufen werden könnte. Es ist überhaupt erstaunlich, wie hoch viele Menschen ihr Berufsrisiko einschätzen. So mußte Lloyd's eine Berufstanzgruppe gegen Verletzungen versichern, die sie sich beim Twisten zuziehen könnte. Vor der Hochzeit von Lady Diana und Prinz Charles, wie auch vor dem Besuch des Heiligen Vaters in England, sicherten sich einige Souvenir-Hersteller für den Fall ab, daß das große Ereignis nicht stattfinden könnte. Einen Grund, sich zu versichern, hatte ein Geigenspieler, der 24 Stunden lang am Dach eines Gebäudes hing und für einen wohltätigen Zweck spielte. Auch für den Stellmacher des Schah von Iran wurde eine Lebensversicherung abgeschlossen. Es hatte sich herausgestellt, daß er der einzige Mann auf der Welt war, der den Bau der Krönungskutsche vollenden konnte. Ein großes Risiko geht ein Stuntman ein, noch dazu wenn er sich an ein Flugzeug binden läßt. Für drei solcher Vorführungen wurde Stuntman Ragotte, *The Human Fly*, wie er sich selbst nannte, bei Lloyd's mit einer Million Dollar versichert. Die zu zahlende Prämie betrug 70 Dollar.

Jedes spektakuläre Unternehmen fordert seinen Preis. Bevor jemand in einer Badewanne auf Segeltour geht, tut er bestimmt gut daran, eine Versicherung abzuschließen. Auf 100 000 Pfund schätzte ein zwanzigjähriger Offizier der britischen Handelsflotte sein Risiko, in einer Badewanne von Dover nach Cap Gris-Nez in Frankreich zu segeln. Eine der auffallendsten Klauseln in der Police besagte, daß der Stöpsel während der Überfahrt nicht herausgezogen werden dürfe.

Von dem irischen Eremiten St Brendan berichtet die Legende, er sei auf der Suche nach dem Gelobten Land mit einem Curragh in See gestochen.

In diesem Boot aus mit Häuten überzogenem Weidengeflecht fuhr er bis nach Island und soll damit, wie die Iren behaupten, sogar als erster Amerika entdeckt haben. Timothy Severin, ein Student aus Oxford, wollte den Beweis für diese alte Überlieferung erbringen. Er segelte von Irland nach Neufundland in einer 12 Meter langen ledernen Schaluppe. Dies war nur eine von vielen Expeditionen, die Lloyd's versicherte. Gegen Severins waghalsiges Unternehmen mag die Überquerung des Nordpols fast wie eine Schlittenpartie erscheinen. Die britische Trans-Arktis-Expedition schloß für die Dauer dieser gefährlichen Tour durch das ewige Eis eine Schadensversicherung über £ 30 000 ab. Als Chris Bonington zu seiner Mount-Everest-Expedition aufbrach, hatten ihn mehrere Organisationen schon im voraus für eine spätere Reihe von Vorträgen unter Vertrag genommen. Sie sicherten sich gegen eine Zurücknahme der verkauften Eintrittskarten ab, falls er nicht von der Expedition zurückkehren sollte. Nach Lloyd's Theorie war das Risiko nicht groß, denn »der Führer einer Expedition kommt beinahe immer lebend zurück«.

Auch Kunstschätze werden versichert, bevor sie auf Reisen gehen: Die Ausstellung von Francisco de Goyas Werken in der Royal Academy für sechs Millionen Pfund. Mit dem gleichen Anliegen wandte sich die Sowjetunion an Lloyd's, bevor sie die bedeutende russische Kunstsammlung der Eremitage in Leningrad für eine Ausstellung in Washington freigab.

Sogar Tote können bei Lloyd's noch Versicherungsschutz erhalten, wie Tutanchamun, die »teuerste Leiche der Welt«, beweist. Ägyptens damaliger Staatschef Anwar El-Sadat schickte den »kleinen König«, der noch im 20. Jahrhundert Politik macht, auf Reisen. Lloyd's ermöglichte das Risiko. Mehr als 40 Millionen Menschen in neun Ländern lockte das Gold der aus 55 Kostbarkeiten bestehenden Kollektion. Überall grassierte das »Tut-Fieber«. Clevere Manager hatten diese perfekte Show für ein staunendes Publikum inszeniert. Für den Pharao standen die Menschen Schlange. Nach Jahren der Wanderschaft durch die Erdteile passierte dann 1980 in Berlin das Malheur. Beim Verpacken der goldenen Holzstatue der Schutzgöttin Selket brach der drohend erhobene Stachelschwanz des Skorpions auf ihrem Haupt ab. Kurz vor Ende der königlichen Tournee wurde die mit 50 Millionen Mark angegebene »Tut-Reiseversicherung« nun doch noch zur Kasse gebeten.

Noch einem anderen, nicht einmal berühmten Toten verhalf Lloyd's zu einer letzten Reise. Eine steinreiche amerikanische Witwe wollte unbedingt den einbalsamierten Leichnam ihres verstorbenen Ehemannes mit auf einen Flugzeugtrip nach Europa nehmen. Aber wieviel ist ein toter Ehemann wert?

Sie konnte keine Gesellschaft finden, die diese Fracht versichern wollte. Das einhellige Urteil der Experten lautete, eine derartige Versicherung wäre nicht möglich, weil der Marktwert des infrage kommenden Gegenstandes nicht festgestellt werden könnte. Bei Lloyd's fand die Witwe schließlich einen Underwriter, der ihre Reise zu zweit möglich machte.

Damit stoßen wir in Bereiche vor, in denen selbst Lloyd's Risikobereitschaft Grenzen gesetzt sein sollten. Wo der Vorstoß des Menschen in den Weltraum endet, wissen wir nicht. Lloyd's ist für alle Risiken, die diese Entwicklung noch mit sich bringen mag, offen. Das beweist der Abschluß einer Versicherung gegen die Auszahlung eines bedeutenden Preises, der demjenigen zuerkannt werden soll, dem es gelingt, den unstrittigen Beweis außerirdischen Lebens zu erbringen.

Die hier aufgeführten Fälle mögen einen Eindruck von dem erstaunlichen Ausmaß des menschlichen Optimismus oder Pessimismus vermitteln. Wenngleich diese Art Versicherungen nicht immer große Prämieneinnahmen abwerfen, so bringen sie doch Abwechslung in die zumeist sachliche und seriöse Atmosphäre im Room. Gleichzeitig bestätigen sie aber auch Lloyd's Ruf als aufnahmefähigster Versicherungsmarkt der Welt.

XII

LLOYD'S AUFBRUCH INS DRITTE JAHRTAUSEND

Unterwasser-Kriege

Mit dem Ausbruch des Ersten Weltkriegs ging das Zeitalter der Ruhe zu Ende. Seit den Napoleonischen Kriegen, fast ein Jahrhundert zuvor, war Großbritannien in keine schweren Konflikte auf See mehr verwickelt gewesen. Aber die Zeiten, in denen das Schicksal eines Staates von dem Ausgang einer Seeschlacht abhing, waren vorüber. Bei Trafalgar wurde die letzte historische Seeschlacht dieser Art ausgetragen.

Als 1916 im Skagerrak die britische und die deutsche Flotte aufeinandertrafen, gab es auf beiden Seiten schwere Verluste, ohne daß eine Entscheidung für den Krieg gefallen wäre. Der eindeutige Sieger hieß »Admiral Tod«. In den beiden Weltkriegen dieses Jahrhunderts soll mehr Schiffsraum versenkt worden sein als in allen anderen Kriegen zuvor. Dies war aber nur möglich durch eine der modernen Kriegsmethoden, die sich aus dem alten Wunsch des Menschen entwickelt hatte, »auch unter dem Wasser fahren zu können«.

Schon Alexander der Große hatte diesen Versuch unternommen, in einem Gefährt, das einer Taucherglocke glich. 1624 gelang es dem Holländer Cornelius Drebbel, eine Unterwassergaleere zu bauen, die sich 4 Meter unter der Oberfläche der Themse rudern ließ. Im Amerikanischen Unabhängigkeitskrieg kam 1776 zum ersten Mal ein von dem Amerikaner David Bushnell konstruiertes Tauchboot zum Einsatz, wegen seiner kugelförmigen Gestalt »Schildkröte« genannt. Der Versuch, die unter einem englischen Kriegsschiff angebrachte Sprengladung zur Explosion zu bringen, schlug zwar fehl, aber das Boot kehrte heil von seinem Einsatz zurück.

Für das von Robert Fulton 1801 in Form eines Fisches konstruierte Unterwasserfahrzeug, die NAUTILUS, interessierten sich weder Franzosen noch Engländer. Großbritannien als herrschende Seemacht sah auch später keinen Sinn in solchen »Unterwasserfischen«. Dagegen unterstützte Rußland das Projekt des Deutschen Wilhelm Bauer, der Mitte des 19. Jahrhunderts mit seinem 16 Meter langen U-Boot bei Kronstadt schon 134 Tauchfahrten unternehmen konnte. Aber erst nachdem der Amerikaner John P. Holland den erforderlichen Antrieb durch einen Elektromotor erzeugt hatte, fanden die Unterwasserfahrzeuge Beachtung. Die weitere Entwicklung der Elektro- und Dieselmotoren versetzte Deutschland in die Lage, sich ab 1905 verstärkt dem U-Bootbau zuzuwenden.

Als diese neue Waffe zu Beginn des Ersten Weltkrieges von deutscher Seite erstmals eingesetzt wurde, waren ihr die Schiffe zunächst wehrlos ausgeliefert. Der Gegner kam unerwartet, ungesehen und verschwand unerkannt. Dadurch bekam der Krieg auf See eine Dimension, deren Tragweite man sich auch in der Seeversicherung erst sehr viel später bewußt wurde. 1903 hatte ein Regierungskomitee in Großbritannien noch das ziemlich überraschende Urteil getroffen, daß private Seeversicherung auch Kriegsschäden erfaßt. In Lloyd's Seeversicherungs-Policen waren demgegenüber Kriegsrisiken schon seit 1898 nicht mehr automatisch enthalten. Die meisten Schiffe hatten einen besonderen Versicherungsschutz gegen Beschlagnahme oder Erbeutung. Ein Jahr vor Ausbruch des Krieges waren ungefähr zwei Drittel der britischen Tonnage in dieser Art abgedeckt. Zum Glück für Lloyd's empfahl das 1913 neu gegründete Regierungskomitee, der Staat solle 80 Prozent aller Risiken übernehmen, die durch private Gesellschaften nicht gedeckt seien. Dieser Satz müsse einheitlich für alle Seereisen gelten.

Für Kriegsrisiko-Policen wurden 48 Stunden Kündigungsfrist zwischen Versicherer und Eigner gefordert. Im Falle eines plötzlichen Kriegsausbruchs war das für Schiffe, die schon beladen waren oder sich auf hoher See befanden, nutzlos.

Wenn auch die Vernichtungsmaschinerie noch nicht so automatisiert war wie später, so hatten die Waffen doch von diesem Krieg an eine zerstörerischere Leistungsfähigkeit. Der Wert der Handelsflotte, die eine gute Zielscheibe bot, war gestiegen. Bereits ein einziger Liniendampfer mit Ladung konnte die Mitglieder von Lloyd's über eine Million Pfund kosten.

Auf Grund der britischen Seeblockade erklärte Deutschland die Seegewässer um England zum Kriegsgebiet und verbot auch neutralen Handelsschiffen die Durchfahrt. Zu Beginn der Auseinandersetzungen war wenigstens noch der Anschein der Humanität gewahrt worden. Mit Beginn der Handelssperre wurde aber ab 1915 zunehmend gegen die völkerrechtliche Vereinbarung verstoßen, unbewaffnete Handelsschiffe nicht ohne vorherige Warnung anzugreifen.

Kaum ein Vorfall hat wohl die Stimmung gegen Deutschland so angeheizt wie der Untergang der LUSITANIA am 7. Mai 1915 vor der irischen Küste. Die Torpedierung dieses Ozeandampfers der Cunard-Linie durch das deutsche U-Boot U 20 forderte 1198 Todesopfer. Alle Passagiere waren zwar in New York vor der Überfahrt gewarnt worden, aber niemand nahm die U-Bootgefahr zu der Zeit wirklich ernst. Später wurde die Behauptung

oben: Torpedierung und Untergang der LUSITANIA am 7. Mai 1915
unten: Die NORMANDIE, ein Truppentransporter, geriet 1942 durch feindlichen Beschuß in Brand und sank

aufgestellt, »offiziellen« Pressenotizen in den USA zufolge habe sich bei der LUSITANIA in Wirklichkeit um einen bewaffneten Kreuzer gehandelt, der von vorn bis achtern mit Munition vollgestopft gewesen sei. Die Meinung, die LUSITANIA habe den Krieg gewonnen, ist gewiß eine Übertreibung. Ein Körnchen Wahrheit mag aber doch darin sein. Immerhin befanden sich unter den Opfern 128 Bürger der damals noch neutralen USA. Wenngleich sich die Vereinigten Staaten durch das deutsche Versprechen, künftig »Handelsschiffe nicht ohne Warnung und ohne für das Leben der Nicht-Kombattanten zu sorgen« zu versenken, zunächst noch zurückhielten, hatte der Vorfall sie doch aus ihrer Isolation aufgeschreckt. Um England und Frankreich von dem ständigen Nachschub an Kriegsmaterial, Rohstoffen und Nahrungsmitteln aus den USA und Übersee abzuschneiden, widerrief der deutsche Reichstag am 31. Januar 1917 die früher gegebenen Zusagen.

Damit war Amerikas Kriegseintritt besiegelt.

Für Lloyd's bedeutete der Krieg eine Periode wechselhaften Glücks. Der Zusammenbruch der deutschen Versicherungsgesellschaften, besonders nachdem Amerika in den Krieg eingetreten war, verlagerte einen großen Teil der Geschäfte nach London. Der uneingeschränkte U-Boot-Krieg betraf die Mitglieder von Lloyd's dann jedoch sehr hart. Allein im Frühling 1917, als die U-Boot-Aktivitäten ihren Höhepunkt erreichten, verlor Großbritannien fast eineinhalb Millionen Tonnen in der Handelsschiffahrt. Während des gesamten Krieges büßte die Regierung siebeneinhalb Millionen Pfund an Frachtversicherung ein. Lloyd's reagierte auf die ungewöhnlichen Probleme und Lasten des Krieges nach altbewährter Art mit Erfindungsgabe und Anpassungsfähigkeit.

Der akute Personalmangel führte 1916 zur Gründung des *Lloyd's Policy Signing Office*. Bis dahin mußte jede Versicherungspolice von den Underwriters persönlich unterzeichnet werden, nachdem sie ihren Anteil am Risiko auf dem Slip des Maklers notiert hatten. Das Unterzeichnungsbüro nahm ihnen von nun an alle weiteren Arbeiten ab. Nach ersten Anlaufschwierigkeiten erfüllte es bald seinen Zweck und wurde später der Corporation of Lloyd's als Abteilung eingegliedert.

Neben den beachtlichen Summen, die Lloyd's für die Kriegshinterbliebenen und das Rote Kreuz spendete, wurde sein besonderer Beitrag zur Kriegsleistung der Nation Jahre später von König George V. noch einmal gewürdigt. Der Staat, so betonte er, sei sehr stark auf Lloyd's Nachrichtennetz angewiesen gewesen. Lloyd's Agents und Signal Stations, wie überhaupt sein gesamtes Kommunikationssystem hätten im Seekrieg eine wesentliche Rolle gespielt.

Auch die Seeschlachten des Zweiten Weltkriegs wurden zum größten Teil unter Wasser ausgetragen. Nachdem Deutschland im August 1940 das Seegebiet um England zur Operationsbasis für deutsche Kriegsschiffe und Unterseeboote erklärt und damit den Angriff auf alle Schiffe ohne Vorwarnung freigegeben hatte, häuften sich die Verletzungen des Völkerrechts in erschreckendem Maße.

LLOYD'S LIST sah sich bei Ausbruch des Krieges vor ein nahezu unlösbares Problem gestellt. Es ging darum, den Informationsfluß über Schiffsbewegungen aufrechtzuerhalten, ohne sie dem Gegner zu verraten. Vom 2. bis 29. September 1939 hatte das Blatt Verbot, öffentlich zu publizieren. Zusammen mit der neuen Ausgabe vom 29. September erhielten die Underwriter ein Merkblatt mit folgendem Wortlaut:

»Der Verkauf von LLOYD'S LIST und SHIPPING GAZETTE wurde am 2. September ausgesetzt, aber heute wieder aufgenommen. Die Zensur von Schiffsnachrichten hatte eine Überprüfung des Inhalts der Publikationen notwendig gemacht. In ihrer neuen Form werden LLOYD'S LIST und SHIPPING GAZETTE ihren Lesern einen Nachrichten-Service in allen für Schiffahrt, Versicherungen und Handelsgemeinschaften wichtigen Bereichen anbieten, in der Hoffnung, daß sie die Publikationen auch weiterhin unterstützen werden.

LLOYD'S, London, E.C.3 29. September 1939«

In der Zwischenzeit waren aber doch Ausgaben erschienen, allerdings in begrenztem Umfang und nur zur streng vertraulichen Verbreitung bestimmt. So enthielt die Ausgabe vom 5. September, deren letzte Seite leer blieb, die tragische Nachricht vom Untergang des Passagierdampfers ATHENIA. Das Schiff war am 3. September 1939, dem Tag, als Großbritannien in den Krieg eintrat, etwa 200 Seemeilen nordwestlich von Irland von dem deutschen U 30 versenkt worden. Der 26jährige Kommandant verstieß damit gegen die strikten Befehle seiner Vorgesetzten. Eine Provokation auf See paßte nicht in Hitlers Pläne. Von den 1418 Passagieren und Besatzungsmitgliedern fanden 112 den Tod. Es waren viele Amerikaner, Kanadier, Polen und Deutsche auf dem Dampfer. Sie hatten sich glücklich geschätzt, angesichts der drohenden Kriegsgefahr noch eine Passage nach Amerika bekommen zu haben. Die Empörung der Weltöffentlichkeit über die Mißachtung der Prisenordnung der Haager Konvention war groß, zumal der Vorfall Erinnerungen an die Versenkung der LUSITANIA wachrief.

Die Opfer, die der Unterwasser-Krieg forderte, nahmen ständig zu. Ihre höchste Zahl war im letzten Kriegsjahr zu beklagen. Die beiden folgenden Meldungen in LLOYD'S LIST dürften wohl kaum als »streng vertraulich« gegolten haben: *In der Nacht vom 30. zum 31. Januar 1945 torpedierte ein russisches Unterseeboot den deutschen ehemaligen Kraft-durch-Freude-Dampfer WILHELM GUSTLOFF und 7000 Männer, Frauen und Kinder kamen ums Leben. Unter ihnen ironischerweise auch die besten und erfahrensten U-Boot-Experten der deutschen Kriegsmarine.* In deutschen Quellen finden sich keinerlei Hinweise, die den Tod dieser Experten bestätigen. Die WILHELM GUSTLOFF, die den Rücktransport deutscher Flüchtlinge übernommen hatte, sank, nachdem sie am 30. Januar 1945 gegen 21 Uhr von drei Torpedos des sowjetischen U-Boots S-13 getroffen worden war. Deutschen Quellen zufolge befanden sich etwa 6000 Flüchtlinge an Bord, von denen 700 aus eisigen Wasser geborgen werden konnten. Die zweite Meldung in LLOYD'S LIST betraf die GENERAL STEUBEN, die zehn Tage später von demselben U-Boot versenkt wurde. Dabei fanden 3000 Menschen den Tod.

Das Geschäft der Underwriter ist besonders in der Seeversicherung seit jeher auf Informationen angewiesen. Während des Zweiten Weltkriegs wurden Schiffsmeldungen nur über die Admiralität weitergeleitet. Auch Lloyd's eigene Sicherheitseinrichtungen entsprachen höchsten Anforderungen. Dennoch befürchtete die Regierung in Washington, Nachrichten über Schiffsbewegungen könnten die Sicherheit gefährden. Sie untersagte, irgendeinen Versicherungsauftrag ins Ausland zu senden, der entweder ein Schiff oder dessen Bestimmungsort betraf. Genauso drastische Maßnahmen richteten sich gegen die inländischen »Allgemeinen Versicherungen«. Dem Underwriter konnte weder für Feuer- noch für Rückversicherungen der Name des Versicherers oder eine Beschreibung des Risikos gegeben werden. Nachdem Lloyd's fast 50 Jahre lang in den Vereinigten Staaten Deckung für Feuer- und Einbruchsrisiken übernommen hatte, waren die Underwriter plötzlich von dem gesamten amerikanischen Markt abgeschnitten. In dieser schwierigen Situation ergriff Sir Eustace Pulbrook die Initiative. Dieser Chairman von Lloyd's nahm das persönliche Risiko und die Unannehmlichkeiten auf sich und flog über den Atlantik, um in langen, ermüdenden Verhandlungen mit der militärischen Bürokratie eine Lösung zu suchen. Man einigte sich schließlich darauf, in New York ein Lloyd's Verbindungsbüro einzurichten, das eine Art Filterfunktion haben sollte. Es würde die Einzelheiten der zu deckenden Risiken entgegennehmen und jeden Versicherungsfall nach London übermitteln, ohne allerdings ins Detail zu gehen. Obgleich sich Lloyd's Underwriter damit auf viele Ungewißheiten einlassen mußten, akzeptierten sie dieses Verfahren. Fortan brauchte ein Underwriter nur noch seine Zustimmung zu geben, dann wurde in dem New Yorker Büro die Police ausgestellt. Auf diese Weise gelang es, die Bindungen zwischen Lloyd's und den USA aufrechtzuerhalten.

Wenngleich ihnen der Unterseeboot-Krieg schwere Verluste eintrug, unterzeichneten Lloyd's Underwriter doch weiterhin Kriegsrisiken. Allein 1942 wurden 7,7 Millionen Bruttoregistertonnen englischen Schiffsraums versenkt. Nicht umsonst schrieb Churchill später in seinen Kriegserinnerungen: »... Das einzige, wovor ich im Kriege wirklich Angst gehabt habe, war die U-Bootgefahr.«

Room ohne Raum

Gesamtstruktur und Grundregeln von Lloyd's lagen bereits bei Ausbruch des Ersten Weltkriegs fest. Die Zeit danach brachte vor allem eine Verbesserung der inneren Struktur und eine fortlaufende Steigerung des weltweiten Engagements, trotz eines weiteren, noch verheerenderen Krieges, bis hin in das Nuklear-Zeitalter. Bei Lloyd's wie anderenorts ging der Trend zur Größe. 1928, während der letzten Tage in der Royal Exchange, betrug das Gesamtprämienaufkommen 22 Millionen Pfund, 1962 waren es schon 350 Millionen. Zehn Jahre später hatten sich diese Zahlen auf 700 Millionen aus 160 Ländern verdoppelt. Nicht weniger dramatisch vollzog sich der Anstieg der Mitgliederzahlen von 2422 im Jahre 1948 auf 7000 Mitglieder 1973.

Eines der größten Probleme, mit dem sich Lloyd's zeit seines Bestehens auseinanderzusetzen hatte, war die akute Raumnot. Schon bald nach Ende des Ersten Weltkriegs stellte sich heraus, daß die Räume in der Royal Exchange nicht mehr ausreichten. Unter dem Vorsitz von Arthur Sturge sicherte sich das Komitee 1923 für eine halbe Million Pfund das Grundstück der alten East India Company. Damit war Lloyd's Besitzer eines der schönsten und größten Grundstücke in der City von London geworden. Eines vorgeschichtlichen noch dazu. Bei den Ausschachtungsarbeiten soll ein sensationeller Fund gemacht worden sein, wie Raymond Flower und Michael Wynn Jones in ihrem Buch *Lloyds of London, An Illustrated History* berichten. Es heißt darin, man hätte damals das Schädelfragment einer Neandertalerin entdeckt. Es war das erste eigene Haus, ganz auf Lloyd's Bedarf zugeschnitten, ein großzügiges Gebäude. Sir Edwin Cooper hatte es entworfen. Das Komitee glaubte, das Platzproblem damit bis ins nächste Jahrhundert gelöst zu haben. Der Room mit einer Grundfläche von 1500 Quadratmetern wurde im neoklassizistischen Stil der Brüder Adam ausgestaltet. Es war nun auch möglich, die auf die gesamte City verteilten Büros unter einem Dach unterzubringen. Im März 1928 eröffneten König George V. und Königin Mary das neue Gebäude in der Leadenhall Street. Bereits 1936 sah sich Lloyd's jedoch gezwungen, das benachbarte, zur selben Zeit errichtete Royal Mail Building dazuzukaufen. Doch selbst diese beiden Gebäude sollten auf Dauer nicht ausreichen. Jeden Mittwochmorgen diskutierte das Komitee die anliegenden Probleme – Woche für Woche, Jahr für Jahr. Meistens beschränkte sich die Tagesordnung auf interne Angelegenheiten. Oft ging es aber auch um folgenschwere Entscheidungen. Noch vor Lloyd's Umzug in die Leadenhall Street trat 1923 eine Situation ein, die sich auch auf die Zukunft auswirken sollte. An einem Mittwochmorgen erschien der Underwriter Stanley Bruce Harrison im Beratungszimmer mit der Nachricht, sein Syndikat sei vollkommen zahlungsunfähig und habe Versicherungsansprüchen in Höhe von 200 000 bis 300 000 Pfund nachzukommen. Daraufhin berief Chairman Arthur Sturge eine außerordentliche Mitgliederversammlung ein. Sie traf eine Entscheidung, die man im Rückblick historisch nennen kann. Falls Harrison seinen Verpflichtungen nicht nachkommen sollte, würde das dem guten Namen von Lloyd's sehr abträglich sein, hieß es. Das Geld müßte also irgendwie beschafft werden. Jedes Mitglied trug seinen Teil dazu bei, damit die Schulden abbezahlt werden konnten. »Harrisons Folly«, wie dieser Fall später allgemein hieß, begründete eines von Lloyd's obersten Prinzipien: Wie hoch die Kosten auch immer sein mögen, die Interessen des Versicherungsnehmers müssen wahrgenommen werden. Dieser Grundsatz führte 1927 zur Einrichtung von *Lloyd's Central Fund,* an den alle Mitglieder eine jährliche Abgabe zu entrichten haben.

Es gehört zu Lloyd's Leitsätzen, sich niemals in die Politik einzumischen. Dennoch läßt es sich nicht verhindern, daß politische Krisen den Versicherungsmarkt von Zeit zu Zeit in Mitleidenschaft ziehen. Genauso wie Lloyd's ständig mit ausländischer Gesetzgebung konfrontiert wird. Unter dem Deckmantel der Sicherheit bringen die Regierungen vieler Länder Gesetze ein, die nur erlassen werden, um ihre eigenen nationalen Versicherungsgesellschaften zu schützen und die Ausländer fernzuhalten. Aber auch diese Schwierigkeiten fanden in den meisten Fällen eine befriedigende Lösung.

Das einzige Problem, das Lloyd's nicht in den Griff bekam, war die Raumnot. Das Haus, von dem man sich für Jahrzehnte zumindest ausreichenden Platz versprochen hatte, erwies sich trotz Erweiterung durch das Nachbargebäude schon bald wieder als viel zu beengt. So sah sich Lloyd's bereits 1952 gezwungen, erneut zu bauen. Durch den Ankauf weiteren Baugeländes wurde die Vereinigung nun zum größten Grundbesitzer in der City nach der Bank von England. Am 6. November 1952 fand im Room in Anwesenheit Ihrer Majestät Königin Elizabeth II. anläßlich der Grundsteinlegung für das neue Gebäude in der Lime Street eine feierliche Zeremonie statt. Das moderne fünfstöckige Gebäude war von Terence

Aus Anlaß der Grundsteinlegung für Lloyd's Gebäude in der Lime Street spricht am 6. November 1952 Königin Elisabeth II. im Underwriting Room

Lloyd's neues Gebäude im Jahre 1958

Heysham entworfen worden. Der Room mit seinen 4100 Quadratmeterm sollte endlich ausreichend Platz bieten. Man glaubte, damit das Raumproblem für alle Zeiten aus der Welt geschafft zu haben.

Der Neubau wurde offiziell am 14. November 1957 durch Ihre Majestät Königin Elizabeth, die Königinmutter, eröffnet. Es dauerte aber noch bis zum 8. April 1958, bis die Arbeit im Underwriting Room aufgenommen werden konnte. Fast auf den Tag genau waren dreißig Jahre seit dem Auszug aus der Royal Exchange vergangen. Mit diesem neuen Gebäude zeigte Lloyd's zum ersten Mal einen Trend zur Moderne, der im futuristischen Bauwerk von 1986 ins Monströse wachsen sollte. Der Bau war weder außen noch innen besonders schön, dafür aber zweckmäßig. In einer Beschreibung der Londoner City wird die Vorderfront des »Riesengebäudes« mit dem »Eingang eines Bahnhofs« verglichen. Mit der Telefonzentrale im unteren Stockwerk konnte nicht einmal die einer durchschnittlichen Provinzstadt konkurrieren. Genauso beeindruckend war die Klimaanlage.

Von Rock Hudson wird erzählt, er habe einmal von der Galerie aus auf den belebten Underwriting Room mit seinen grauen und weißen Marmorwänden hinuntergeblickt und ihn als »a great mine of Danish Blue cheese« bezeichnet. Das schöne alte, extra für die Glocke der LUTINE entworfene Rostrum mit dem prächtigen Glockenstuhl war aus dem Room verbannt und durch ein sehr viel schlichteres ersetzt worden. Doch auch in dieser modernen Sachlichkeit fühlte man sich der Tradition verbunden. Der Caller, der auf dem erhöhten Rostrum saß, und über Lautsprecher die Namen der Broker beziehhungsweise Makler ausrief, die erwartet wurden, trug auch hier seine rote Robe mit schwarzem Kragen. Die Glocke der LUTINE, in ihre frühere Eisenarmatur zurückgekehrt, hatte ihren Platz oberhalb des Rostrums. Dort war auch ein raffiniertes, von Siemens entwickeltes elektronisches Anzeigensystem installiert worden, welches es den umhergehenden Maklern ermöglichte, ihren Aufenthaltsort automatisch anzuzeigen, wenn ihr Name aufgerufen wurde.

Um dem weltweit steigenden Bedarf von Industrie und Handel nachzukommen, mußte das Versicherungsgeschäft immer weiter ausgebaut werden. Ein dreifaches Wachstum der Mitgliederzahlen während der siebziger Jahre und das sprunghaft zunehmende Geschäft beanspruchten erneut Platz. Der Underwriting Room konnte nur noch in die untere Region ausweichen, die bald als »The Yellow Submarine« bezeichnet wurde. Der Room brauchte mehr Raum – ein dritter Neubau innerhalb von 50 Jahren!

Risiko-Zentrum Room

» Die ganze Welt macht Geschäfte bei Lloyd's, und ein großer Teil unserer Stärke beruht darin, daß wir wissen, was überall in der Welt vorgeht. Wir ziehen nicht immer die richtigen Schlußfolgerungen, aber der Rest der Versicherungswelt sieht auf uns, daß wir mit gutem Beispiel vorangehen und ihr den Weg zeigen, Schwierigkeiten zu beseitigen. Besonders bei den Seetransport-Versicherungen blickt die ganze Welt auf London und speziell auf Lloyd's.«

So faßt Paul Dixey, von 1973 bis '74 Chairman von Lloyd's, seine Erfahrungen zusammen. Schreiben aus der ganzen Welt bestätigen den großen Einfluß von Lloyd's. In den siebziger Jahren mochten sich zur Geschäftszeit täglich bis zu 4000 Menschen im Room aufhalten. *»Ich finde es immer noch faszinierend«*, sagte Dixey einmal in einer Ansprache, *»nach unten zu blicken und die verschiedenen Broker beim Abschluß ihrer Geschäfte zu beobachten. Einer mag gerade dabei sein, eine griechische Handelsflotte zu versichern, große Tanker und Erzfrachter. Der Gesamtwert der Flotte könnte 100 Millionen Dollar betragen. Vielleicht hat die Flotte zuvor einen schlechten Ruf gehabt, der Reeder ist nicht sehr wählerisch in der Auswahl seiner Offiziere und Ingenieure gewesen, und es hat Reklamationen über das fahrlässige Verhalten der Crew gegeben. Underwriter werden sicher immer großen Wert darauf legen, daß der Reeder eine hohe Selbstbeteiligung trägt und außerdem einen entsprechenden Prozentsatz an jeder Fahrlässigkeit der Crew selbst zu zahlen hat.*

Ein anderer Makler mag versuchen, eine internationale Fluggesellschaft gegen Luftpiraten zu versichern. Ein Risiko übrigens, das nur Lloyd's Underwriter zu decken bereit sind. Ein dritter versichert vielleicht gerade ein Rennpferd, das plötzlich wertvoll geworden ist, weil es ein großes Rennen gewonnen hat. Ein vierter versucht Deckung für die Schiffsladung einer berühmten Brennerei nach Übersee zu bekommen, während sich sein Kollege zur selben Zeit bemüht, den Gewinnausfall zu versichern, der entstünde, falls der Betrieb abbrennen würde.« Es gibt Aspekte des Versicherungsgeschäfts bei Lloyd's, die durch Worte nicht ausreichend zu erklären sind. Wie findet man den richtigen Prämiensatz für ein Risiko, oder wie unterscheidet man ein akzeptables von einem gewagten Risiko? Bei diesen Überlegungen können sich die Underwriter nach wie vor nur durch Erfahrung und Instinkt leiten lassen. Auf die Frage, wie er ein spezielles Risiko richtig einzuschätzen vermöge, entgegnete ein angesehener Underwriter nach kurzem Überlegen: »Ich habe es im Gefühl.« Den Außenseiter wird diese Antwort kaum befriedigen, aber es gibt wohl keine bessere Erklärung. Wenngleich die technische Perfektion in dem 1986 eröffneten neuen Hauptquartier von Lloyd's kaum mehr zu überbieten ist und dem Underwriter die modernsten Hilfsmittel zur Verfügung stehen, wird er es doch auch weiterhin »im Gefühl« haben müssen, welches Risiko er für sich oder sein Syndikat eingehen kann.

Lloyd's ist keine Gesellschaft, sondern eine Vereinigung von einzelnen Underwriting Members, die alle zum eigenen Vor- oder Nachteil Versicherungsrisiken übernehmen und für ihre Verpflichtungen in voller Höhe ihres Privatvermögens haften. Diese Art Institution ist ohne Parallele auf der ganzen Welt. Nur mit den Underwriting Members, nicht aber mit der Corporation of Lloyd's können Versicherungen abgeschlossen werden. Bei einem Prämieneinkommen von über 20 Millionen Pfund Sterling pro Werktag leistet Lloyd's einen Jahresbeitrag von mehr als einer Milliarde Pfund für die britische Wirtschaft. 1987 hatte Lloyd's über 30 000 Mitglieder aus zahlreichen Berufsschichten und rund 70 Ländern, die sich in etwa 370 Syndikaten zusammengeschlossen haben. Jedes dieser Syndikate, von denen manche aus wenigen, andere aus mehr als 1000 »Namen« bestehen, wird von einem »professionellen Underwriter«, dem Underwriting Agent, geführt, der die Versicherungen im Namen der Mitglieder abschließt. Seine Fähigkeit, die Höhe jedes einzelnen Versicherungsrisikos, das er zeichnet, richtig einzuschätzen, ist für den Erfolg des Syndikats von größter Wichtigkeit. Jedes Syndikat-Mitglied ist im vollen Umfang seiner privaten Mittel persönlich haftbar für den Risikoanteil, den es akzeptiert hat. Es haftet nicht für die Anteile anderer Mitglieder. Einige Underwriting Agents vertreten mehr als ein Syndikat. Die meisten Syndikate sind spezialisiert auf Seetransport-Versicherung oder die anderen alteingeführten Versicherungsarten. Seit Gründung der *Lloyd's Life Ltd.* im Jahre 1972 gehören dazu auch langfristige Lebensversicherungsgeschäfte, die allerdings einen verhältnismäßig geringen Anteil ausmachen.

Zum »Underwriting Member of Lloyd's« kann nur gewählt werden, wer eine Reihe bestimmter Voraussetzungen erfüllt. Jedes Mitglied muß sein Kapital für das Versicherungsgeschäft in einen Prämienfonds, den *Premium Trust Fund*, einzahlen, der auf Grund eines vom Handelsministerium genehmigten Treuhandvertrages verwaltet wird. Lediglich Schadensansprüche, Kosten und Gewinne dürfen diesem Fonds entnommen werden. Die eingezahlten laufenden Prämien dienen dazu, Schadensreserven aufzubauen. Zusätzlich hat das Mitglied auch noch eine Abgabe auf seine Prämieneinnahmen in einen zentralen Fonds, den *Special Reserve Fund,* einzuzahlen, der für eventuelle Zahlungsunfähigkeit eines Mitglieds eingerichtet ist. Die Underwriting Boxen, in denen die Versicherungsgeschäfte heute noch genauso wie früher abgewickelt werden, verteilen sich in dem Neubau auf den Room und mehrere Galerien. Auch die moderne Box besteht aus Tisch und Bank, so wie zu Zeiten Edward Lloyds. Stabil wie eine Werkbank sollte sie sein, fertiggestellt aber wie ein Möbelstück wirken, lautete Lloyd's Forderung an die Designer. Darüberhinaus ist sie mit der neusten Nachrichten-Technologie ausgestattet. Von diesem Schaltpult aus tätigen die Underwriter und ihre Mitarbeiter die vielfältigsten Versicherungsabschlüsse der Welt.

Der Broker oder Makler ist eine Schlüsselfigur für Lloyd's Versicherungsmarkt. Er unterbreitet dem Underwriter, der selbst keinerlei Kontakt mit dem Versicherungsnehmer hat, Deckungsanfragen aus fast allen Ländern der Welt.

Das Prämienaufkommen der Mitglieder von Lloyd's von mehr als 8 Milliarden Pfund pro Jahr, hängt völlig von Initiative und Unternehmungsgeist der Makler ab. Für die Zulassung der 260 von Lloyd's akkreditierten Maklerfirmen ist der Vorstand, *Council of Lloyd's,* verantwortlich.

Der Broker läßt sich von seinem Kunden über die Einzelheiten des Versicherungsbedarfs informieren und berät ihn über die beste Art der Deckung. Auf einem Stück Pappe oder dickem Papier, dem Slip, notiert er in Kurzformeln die Details des Risikos. Damit sucht er bei Lloyd's einen oder mehrere Underwriter in ihren Boxen auf, je nachdem um welche Versicherungssparte es sich handelt, und bespricht alle Schadensfallrisiken. Es ist Pflicht des Maklers, für seinen Kunden die vorteilhaftesten Versicherungsbedingungen auszuhandeln. Hierbei ist er frei, die Risiken bei Lloyd's, bei Versicherungsgesellschaften oder kombiniert unterzubringen. Ist eine Einigung erzielt und der Prämiensatz vereinbart worden, vermerkt der Underwriter auf dem Slip mit welcher Summe er oder sein Syndikat sich an der Deckung des Risikos beteiligen wollen. Der Makler wird noch möglichst vielen Underwriters Gelegenheit geben, das Risiko anteilmäßig mitzutragen, bis ein 100prozentiger Deckungsschutz erreicht ist. Dies entspricht einem bedeutenden Versicherungsgrundsatz von Lloyd's: ein Risiko über die größtmögliche Anzahl von Syndikaten zu verteilen, um dem finanziellen Druck hoher Versicherungsansprüche begegnen zu können.

Der Underwriting Room im Jahre 1983

Sowie der Underwriter seinen Namen unter den Slip gesetzt hat, beginnt der Versicherungsschutz, obwohl der Makler zunächst noch in seinem Büro die Police aufsetzen muß. Sie wird in Lloyd's Policy Signing Office geprüft, mit dem Siegel versehen und danach dem Versicherungsnehmer ausgehändigt. Im Falle eines Schadensanspruchs regelt der Makler die Abrechnung, zieht das Geld von den Underwriters ein und zahlt es vereinbarungsgemäß aus.

Drei Jahrhunderte haben bewiesen, wie die auf einen gemeinsamen Raum konzentrierte Arbeit trotz gegenseitiger Konkurrenz der Syndikate einen gewissen kollektiven Weitblick verleiht – eine Art »Lloyd's-Sicht«, die in der ganzen Welt Beachtung findet. Der Room ist das Kräftefeld, das den Underwriters Selbstvertrauen gibt. Dies erklärt vielleicht, warum bei Lloyd's Risiken unterzubringen sind, die nirgendwo sonst Deckung finden. Viele spektakuläre Versicherungen wären außerhalb dieses Zentrums wohl nie zustandegekommen. Versicherungsprojekte wie etwa das Carlton Centre in Johannesburg mit 25 Millionen Pfund; die Delaware Memorial Bridge, Versicherungswert 35 000 Dollar; das Rapid Transport System an der Bucht von San Francisco, ein Konstruktionsrisiko von 50 Millionen Dollar mit einer zusätzlichen 75-Millionen-Dollar-Haftpflichtversicherung oder der 1967 vollendete Mangla-Damm in Pakistan mit 500 Millionen Dollar wurden im Room unter Dach und Fach gebracht. Risiken liegen hier geradezu in der Luft. An dieser spannungsgeladenen Atmosphäre hat sich seit den frühen Kaffeehaus-Zeiten nichts geändert.

Wie gedrückt mag die Stimmung damals so manches Mal im Room gewesen sein, wenn despotische Herrscher Schiffe beschlagnahmten, wann immer ihnen der Sinn danach stand. Diese Situation konnten die Underwriter 1958 nachvollziehen, als die Indonesier 40 Schiffe einer niederländischen Schiffahrtsgesellschaft widerrechtlich festhielten. Falls sie nicht bis zu einem bestimmten Tag freigelassen werden würden, sahen sich die Versicherer einem hohen Schadensanspruch gegenüber. Harold Hopwood, Chairman von Lloyd's, Roy Merrett, ein prominenter Underwriter, und der spätere Chairman Paul Dixey flogen daraufhin nach Djakarta, um über die Rückgabe zu verhandeln. Die Indonesier standen Großbritannien zwar wohlgesonnen gegenüber, vermochten aber nicht einzusehen, daß der Verlust der Schiffe nicht die Niederlande, sondern Lloyd's treffen würde. Während die Delegation weiterhin im ungewissen blieb, rückte der Ablieferungstermin und damit die Zahlungsverpflichtung über 11 Millionen Pfund immer näher. In dieser frustrierenden Situation erinnerte sich Paul Dixey an eine Begegnung mit dem indonesischen Außenminister zu einer Zeit, als er noch Botschafter in London war. Ein Anruf bei seiner Frau verschaffte ihm eine private Einladung ins Haus des Ministers. In diesem zwanglosen Rahmen gelang es Dixey, ihn von Lloyd's schwieriger Lage zu überzeugen. Der Außenminister erklärte sich bereit, die Schiffe zurückzugeben. Er hielt Wort.

Wenn auch das Versicherungsgeschäft im 20. Jahrhundert in mancherlei Hinsicht noch ähnlich abläuft wie einst in Lloyd's Coffee-House, so hat es doch, vor allem durch die von Lloyd's geschaffenen neuen Versicherungsarten, eine andere Größenordnung bekommen. Hohe Risiken werden durch Rückversicherungsgesellschaften zusätzlich abgesichert, denn die Entschädigungsansprüche steigen ständig. Laut Statistik ereignet sich im Durchschnitt alle drei Tage irgendwo auf der Welt ein Unglück, bei dem das Ausmaß des Schadens einen zweistelligen Millionenbetrag übersteigt. Die volkswirtschaftlichen Schäden, die in den letzten 15 Jahren entstanden sind, werden mit 700 Millionen Dollar veranschlagt. An der Spitze dieser Weltschadensbilanz stehen immer noch die Naturkatastrophen. Der

Mensch hat die Naturgewalten weder zähmen können, noch hat er ein zuverlässiges System gefunden, ihre Stärke vorauszusagen. 1954 wurde Amerika von mehreren Hurrikans heimgesucht, die Schäden von weit über 75 Millionen Dollar anrichteten. Am schwersten wüteten *Carol, Edna* und *Hazel.* Als *Betsy* im September 1965 über Fort Lauderdale in Florida hereinbrach, wurde Lloyd's eine Rechnung von 80 Millionen Dollar präsentiert. Dieses war eines von den drei Jahren seit Kriegsende, in denen die Mitglieder keinen Gewinn erzielten.

Es gab aber noch eine Reihe anderer Schäden, für die Lloyd's aufzukommen hatte. Brandkatastrophen gehören dazu, wie die in Chicago 1967, als McCormick Place vom Feuer vernichtet wurde. Ein Schaden von 49 Millionen Dollar. Im Laufe eines einzigen Jahres mußte Lloyd's 227 Millionen Dollar an Brandschäden zahlen. Auch der teilweise Boykott der Olympischen Spiele in Moskau 1980 kostete Geld: 75 Millionen Dollar. Heutzutage kann es Mitgliedern von Lloyd's sogar passieren, daß sie abends vor dem Fernseher sitzen und mitansehen müssen, wie sich ihre Versicherungsobjekte in Rauch und Flammen auflösen. So geschah es, als arabische Terroristen in Dawsons Field drei Flugzeuge in die Luft sprengten und diesen Anschlag filmten. »Die ganze Welt macht Geschäfte bei Lloyd's«, behauptete Paul Dixey in den siebziger Jahren. Dies stimmt aber nur, soweit es sich auf Seetransport-Versicherungsgeschäfte bezieht. Gerade die Versicherungsbranche schottet sich seit jeher national sehr stark ab. Das soll sich erst mit der für 1992 geplanten Verwirklichung des europäischen Binnenmarktes ändern, der einen freien Waren- und Dienstleistungsverkehr anstrebt. »Die ganze Welt blickt auf London und speziell auf Lloyd's«, heißt es bei Dixey weiter. Jetzt blicken aber britische Versicherungen, vor allem Lloyd's of London, auf Europa und besonders auf die Bundesrepublik, wo Lloyd's demnächst in Frankfurt ein Büro eröffnen will. Der europäische Binnenmarkt könnte auch deutschen Versicherungsmaklern gute Chancen bieten.

Ein Haus für die Zukunft mit einer 300jährigen Vergangenheit

Die hohen Gewinne der Nachkriegszeit setzten sich auch während der fünfziger Jahre noch fort. Umso größere Probleme brachte das nächste Jahrzehnt. Lloyd's geriet in eine der schwersten Krisen seiner Geschichte. Es ging um Sein oder Nichtsein. Viele unglückliche Umstände trafen zusammen. Von den schwierigen sechziger Jahren war 1965 das schlimmste. Dazu trugen vor allem auch die hohen Schadensforderungen bei, die durch den Hurrikan *Betsy* entstanden waren. Die Gesamtverluste beliefen sich auf Millionen. Jedes Mitglied war davon durchschnittlich mit 10 000 Pfund betroffen. Von den roten Zahlen irritiert, zogen sich viele von dem Verlustgeschäft zurück. Aber wie schon oft in Krisenzeiten war es gerade diese Herausforderung, die die Gemeinschaft zusammenschweißte und zu neuen Anstrengungen befähigte. Nach und nach wurde das Gleichgewicht wiederhergestellt. Die Zahl der Underwriting Members nahm ständig zu, die Gewinne stiegen.

1969/70 faßte das Komitee den revolutionären Beschluß, auch Frauen als Mitglieder aufzunehmen. Das Fallen dieser Bastion war für die Vereinigung von Lloyd's ein großer Schritt nach vorn, den sie sich aber nur schwer hatte abringen können. 1973 hielten erstmals weibliche Underwriter Einzug in die »heiligen Hallen« der Lime Street, eines der letzten Reservate der Männer.

Bei Lloyd's deutete alles auf eine günstige Entwicklung hin, während Versicherungsgruppen wie *Vehicle* und *General* Bankrott anmelden mußten. Die Finanzberichterstatter waren viel zu sehr damit beschäftigt, ihre Leser über die Zusammenbrüche in der Wirtschaft und die Krise im Bankgeschäft, die 1974 allerdings von geringerer Bedeutung war, zu informieren, als daß sie sich um die Vorgänge in der Lime Street hätten kümmern können.

Es war die Ruhe vor dem Sturm, der für Lloyd's eine schwere Zeit der Prüfung folgen sollte. Sicher war diese mit großen Kalamitäten verbundene Entwicklungsphase notwendig, um ein neues, in sich gefestigtes, professionelles Lloyd's zu schaffen, das auch den Anforderungen des 21. Jahrhunderts noch gewachsen sein würde. Die Probleme der siebziger Jahre hatten weniger mit der Rentabilität zu tun. Die Geldsummen, die in weltweite Versicherungsgeschäfte eingebracht wurden, nahmen ständig zu. Größere Flugzeuge, größere Schiffe und neue Technologien brachten eine »größere Konzentration von Risiken« mit sich, wie die Underwriter es ausdrückten. Der Markt war aber flexibel genug, einen sicheren und gewinnbringenden Kurs zu steuern. Lloyd's Probleme hingen vor allem mit der Geschäftsmoral zusammen. »Uberrema Fides« (im äußersten guten Glauben), auf diesen Normen von Fairneß und Redlichkeit war Lloyd's Ansehen gegründet. Sie galten als überholt in einer Zeit des Existenzkampfes, in der Macht und Geld die Moral bestimmen. Lloyd's hat überall in der Welt den Ruf, ein letzter Ausweg für Versicherungsrisiken zu sein, die sonst nirgendwo unterzubringen sind. Dieses Image förderte aber nicht nur die Abschlußquoten, es zog auch immer neue Underwriter und Broker an. Viele von ihnen verfügten zwar über große Berufserfahrung, waren aber nicht unbedingt als Gentlemen zu bezeichnen. Gauner hatte es auch in früheren Zeiten gegeben. Damals genügte ein Wink oder ein Verweis von den für Anstand und Geschäftsgebaren Verantwortlichen, um unredliches Verhalten gar nicht erst einreißen zu lassen.

Lloyd's Gesetze stammten in der Mehrzahl aus dem vergangenen Jahrhundert, gegen die aggressive Leistungsgesellschaft konnten sie nicht viel ausrichten. Streitereien waren an der Tagesordnung, Rechtsvorschriften wurden gebeugt und manchmal sogar gebrochen, die Entscheidungen des Komitees ignoriert.

Das größte Dilemma entstand durch amerikanische Maklerfirmen. Obgleich sie Lloyd's einen großen Teil ihrer Geschäfte zukommen ließen, untersagten ihnen die Gesetze den direkten Zugang zum Room. Sie waren daher gezwungen, die Geschäfte akkreditierten Lloyd's Maklern zu übertragen und die Provisionen mit ihnen zu teilen. Noch größere Bedeutung mußte allerdings dem Wunsch der Amerikaner beigemessen werden, an die internationalen Geschäftskonten zu gelangen, die Lloyd's Broker in so vielen Teilen der Welt außerhalb der USA verwalteten. Um das zu erreichen, verfielen sie auf die naheliegende Idee, die Maklerfirmen durch Preisangebote an der Effektenbörse zu übernehmen. Sie hatten damit mehrmals Erfolg, sogar bei einer der bekanntesten Firmen, C.T. Bowring. Für den Vorstand von Lloyd's bedeutete dies eine heikle Situation. Einerseits waren Gesetze notwendig, die nicht-anerkannten Gruppen die Abwicklung von Geschäften direkt auf dem Markt untersagten, weil nur so die notwendigen Kontrollmaßnahmen beibehalten werden konnten. Andererseits mußte ein solches Verfahren äußerst beleidigend für die Amerikaner sein, die schließlich einen großen Anteil der Gesamtprämien einbrachten.

Während noch über das Für und Wider debattiert wurde, bahnte sich schon ein neuer Skandal an, die »Sasse-Affäre«. Im Mittelpunkt stand eines der kleineren Underwriting-Syndikate mit 110 Mitgliedern, geleitet von Frederick Sasse. Wie 1977 plötzlich offenbar wurde, hatte das Sasse-Syndikat riesige Schadenssummen zu begleichen, in der Hauptsache Forderungen aus Amerika und Kanada. Dabei handelte es sich in erster Linie um Feuerversicherungen auf Ghetto Immobilien, die von Lloyd's mittels eines »binding authority agreement« eingeführt worden waren. Ein solches Übereinkommen mit »bindender Kraft« ermächtigte Underwriter wie Sasse, Beauftragte zu ernennen, um Geschäfte im Namen des Syndikats abzuschließen, ohne sie im Room unterzeichnet zu haben. In diesem Fall war jedoch offensichtlich etwas übersehen worden. Nicht nur, daß einige Versicherungspolicen äußerst verdächtig erschienen, auch die Höchstgrenze der Prämien war extrem überschritten worden. Als die Machenschaften des Syndikats endlich aufgedeckt wurden, beliefen sich die Verluste bereits auf mehr als 21 Millionen Pfund. Eine Summe, die für einige der Mitglieder den Bankrott bedeutete. Sie wollten aber nicht nur die Führung des Syndikats, sondern auch Lloyd's selbst dafür gerichtlich belangen, mit der Begründung, seiner Kontrollpflicht nicht nachgekommen zu sein. 1980 wurde schließlich ein Kompromiß geschlossen, der die Verluste der Mitglieder des Sasse-Syndikats auf 6 Millionen Pfund begrenzte. Was darüber hinausging, sollte von allen 18500 Mitgliedern von Lloyd's gemeinsam getragen werden.

Eine der vielen Auseinandersetzungen in diesen Jahren zwischen Underwriters und Brokers wurde unter der an die Agrarüberschüsse erinnernden Bezeichnung »Butterberg« bekannt. Der Grund war ein Feuer, das eine Lagerhalle mit Butter in den Niederlanden zerstörte. Endlich entschloß sich das Komitee einzugreifen. 1978 wurde ein Arbeitsausschuß ernannt, der den innerbetrieblichen Geschäftsablauf von Lloyd's genau untersuchen und die Ergebnisse veröffentlichen sollte. Den Vorsitz der siebenköpfigen Kommission übernahm Sir Henry Fisher, ehemaliger Richter am Obersten Zivilgericht und Präsident des Wolfson College in Oxford, der bis dahin keinerlei Verbindungen zu Lloyd's gehabt hatte. Alle Einzelheiten des Geschäftsablaufs wurden unter die Lupe genommen. Nach 18 Monaten und 79 Diskussionsrunden legte die Kommission im Juni 1980 ihren »Änderungs-Entwurf« vor. Es war dem Ausschuß sehr schnell klar geworden, daß Lloyd's ähnliche Veränderungsprozesse durchmachen mußte wie etwa zwei Jahrzehnte zuvor die Londoner Wertpapierbörse. Seine »selbstregulierenden Kräfte« vermochten mit dem modernen Wirtschaftssystem nicht mehr Schritt zu halten. Die Gesetzesvorschriften waren umständlich und die Satzungen, tief verwurzelt im vorigen Jahrhundert, so vage, daß Mitglieder mit betrügerischen Absichten sich leicht über sie hinwegsetzen konnten. Der Fisher-Report stellte fest, daß Lloyd's einen Vorstand benötige, der alle Vollmachten erhalten solle, den veränderten Verhältnissen angepaßte neue Gesetze zu erarbeiten. Diesem Council of Lloyd's sollten neben dem bislang die Geschäfte kontrollierenden 16-Mann-Komitee künftig noch sechs Versicherer, die nicht im Room arbeiten, und drei völlig unabhängige Außenseiter angehören. Kein geringerer als der Präsident der Bank von England würde über ihre Ernennung zu entscheiden haben. Weiterhin schlug der Fisher-Report eine ganze Reihe von Verfahren vor, um die bereits bestehenden Kontrollen auf dem Markt zu verschärfen sowie disziplinarische Maßnahmen, die bis zum vollständigen Ausschluß reichten. Die Veröffentlichung des Fisher-Reports im Jahre 1980 hatte einen aufsehenerregenden Leitartikel der *Times* zur Folge:

> *»Dieser Elite-Club in Lime Street in der City, der als Lloyd's bekannt ist... und dessen Underwriter sich selbst rühmen, Risiken zu übernehmen, die sonst keiner eingehen würde, wird niemals wieder derselbe sein...«*

Das noch amtierende Komitee begann sofort, ein neues Gesetz zu erarbeiten, um die wichtigsten Empfehlungen in die Tat umzusetzen. Dazu gehörte auch die Bildung des neuen Vorstands. Die Änderung der Satzung mußte von mehr als der Hälfte der Mitglieder genehmigt werden. Am 4. November 1980 versammelten sich weit über 4000 Mitglieder in der Royal Albert Hall, um über die Anträge für das neue Gesetz abzustimmen. Es wurde ein historisches Ereignis. Seit dem Brand der Royal Exchange im Jahre 1838 war dies die erste Zusammenkunft, die nicht in Lloyd's eigenen Räumen stattfand. 10 000 weitere Stimmen bevollmächtigten den Chairman Peter Green, die Vorlage des Gesetzentwurfes im Parlament zu unterstützen. Nach einer lebhaften Debatte, bei der fast Party-Atmosphäre herrschte, wie einige von Lloyd's Officials später scherzhaft bemerkten, wurde der Gesetzentwurf mit einer Mehrheit von 99,6 Prozent gebilligt. Das neue Gesetz konnte als Lloyd's Act 1982 am 23. Juli 1982 von beiden Häusern des Parlaments verabschiedet werden.

Ausgerechnet am 26. November 1980, dem Tag, da der Antrag ordnungsgemäß dem Parlament eingereicht worden war, sorgte Lloyd's erneut für einen Eklat. Der Markt gab bekannt, daß die Versicherungsverluste in Computer-Leasing von einer amerikanischen Bank auf 400 Millionen Dollar geschätzt worden seien. In einem Jahrzehnt, in dem Jumbo-Jets kollidierten und Supertanker sanken, sollte Lloyd's ausgerechnet durch die Computertechnik große Verluste erleiden. Computer-Leasing war einer jener klassischen Fälle, bei denen die Versicherer das Risiko falsch eingeschätzt hatten. In den frühen siebziger Jahren machten Computer-Leasing-Firmen in den USA rege Geschäfte, weil viele Unternehmen noch davor zurückschreckten, sich diese neue Technologie auf eigenes Risiko zunutze zu machen. Die Verleiher mußten jedoch ständig damit rechnen, daß ihre Computer infolge neuer technischer Entwicklungen veralten könnten. Ein derartiges Wagnis war nirgendwo anders als bei den Underwriters von Lloyd's unterzubringen. Das Geschäft übertraf bald alle Erwartungen. Inzwischen hatte der international führende Computer-Hersteller IBM aber eine neue Computer-Generation herausgebracht, die nicht nur leistungsfähiger und kleiner, sondern auch wesentlich billiger war. Zu Hunderten begannen die Leasing-Kunden nun ihre Leih-Kontrakte zu kündigen. Über Lloyd's brach eine Flut von Forderungen herein. Insgesamt entstand den Versicherern ein Schaden von 340 Millionen Dollar. »... Lloyd's hat, wie stets seit den Tagen seines Entstehens, alle eingegangenen Verpflichtungen vollständig eingelöst«, äußerte Chairman Peter Green damals gegenüber einem Journalisten. »Das soll so bleiben. Es ist unsere beste Reklame.« Mit der Golf-Krise kam schon wenige Jahre später eine neue Serie von Verlusten auf die Versicherer zu. Selten tauchte der Name Lloyd's of London so oft in deutschen Zeitungen auf wie seit Beginn des Tankerkrieges im Persischen Golf: »Tanker angegriffen«, »Luftangriff auf Tanker«, »Tanker getroffen«, »Erneut Tanker beschossen« lauteten die Überschriften der Meldungen, in denen man sich auf »Angaben der Schiffsversicherer Lloyd's« bezog. Auf ihrem 700 Kilometer langen Kurs von Kuwait nach Hormuz gaben die behäbigen schwimmenden Tankerriesen ideale Zielscheiben für iranische und irakische Geschosse ab. Jede Fahrt ist ein Risiko für Reeder und Besatzungen, die dafür die dreifache Heuer bekamen. Der Persische Golf entwickelte sich immer mehr zu einem Pulverfaß.

Schon seit September 1987 ist die »Fracht im Golf teurer«:

> *London (dpa/vwd). Londoner Versicherungsfirmen haben wegen der Zuspitzung der Lage im Persischen Golf drastische Frachtversicherungsaufschläge für die Schiffahrt im Krisengebiet angekündigt. Frachtraten für Ladungen von und nach Iran sind je nach Bestimmungshafen von bisher 0,125 bzw. 0,375 Prozent auf 0,5 Prozent des Frachtwertes erhöht worden. Die Kriegsrisikoprämien für kuwaitische und saudi-arabische Häfen wurden von 0,375 Prozent auf 0,5 Prozent erhöht.*

Ende 1987 zog Lloyd's Bilanz. 313 Seeleuten hatte der Tankerkrieg bis dahin das Leben gekostet, 421 Tanker wurden beschädigt, mehr als ein Dutzend ging verloren – und lange war kein Ende dieser Terroraktionen abzusehen. Aber selbst diese Verluste sollten schon bald übertroffen werden. Ausgerechnet 1988, im Jahr ihres 300jährigen Bestehens, wurde die Versicherungsbörse durch die Explosion auf der Öl-Plattform »Piper Alpha« mit dem möglicherweise größten Schadensfall in der Versicherungsgeschichte konfrontiert. Die Forderungen, die auf die Versicherer zukommen, werden auf 1,4 Milliarden Mark geschätzt. Eine Verteuerung der Versicherungsprämien dürfte die Folge sein.

Spektakuläre Verluste, Krisen, Skandale, die alles hat es schon immer gegeben. Lloyd's ist damit fertiggeworden, getragen vom Vermächtnis der Vergangenheit, das die Vereinigung stark gemacht hat. Nur für eines schien es keine dauerhafte Lösung zu geben – das Raumproblem. Kaum bezogen, reichten die Gebäude schon alsbald nicht mehr aus, sie konnten mit dem expandierenden Versicherungsimperium einfach nicht Schritt halten. Im Sommer 1978 verlegte Lloyd's die Mehrzahl der Kundendienst-Abteilungen nach Chatham, Kent. Dort in der neuen Hauptverwaltung auf dem Gun Wharf, die am 2. Mai 1979 von Ihrer Majestät Königin Elizabeth, der Königinmutter, feierlich eröffnet wurde, ist ein Stab von über 900 Mitarbeitern beschäftigt. Der Platz in der Lime Street reichte dennoch nicht aus. Besonders seit Einführung der elektronischen Datenverarbeitung erwies sich der Room als viel zu rückständig und beengt.

Eine außerordentliche Hauptversammlung genehmigte 1978 den Vorschlag, das 1928 auf dem Grundstück der East India Company erbaute Gebäude abzureißen und neu zu errichten. Bereits Ende 1977 hatte ein erstes Gespräch mit dem englischen Architekten Richard Rogers stattgefunden. Als Schöpfer der Pariser Kulturmaschine, des Centre Pompidou, zählte Rogers zur architektonischen Avantgarde. Den Architektenbüros, die miteinander um das Projekt konkurrierten, hatte das Komitee nur einige sehr weit gesteckte Bedingungen gestellt: Der Neubau sollte »die Umwelt in der City bereichern« und Lloyd's als »Zentrum internationaler Assekuranz« symbolisieren. Wichtigste Voraussetzung aber war, daß der »Room allen Eventualitäten« während der nächsten 50 Jahre genügen müsse. Es geschah, was Rogers selbst kaum für möglich gehalten hatte, da er Lloyd's nicht einmal einen Entwurf, sondern nur ein Konzept präsentieren konnte – er bekam den Auftrag.

Zum feierlichen Baubeginn am 5. November 1981 und zum Richtfest am 12. Juli 1984 erschien die Königinmutter persönlich. Je weiter sich die gewagte Konstruktion ihrer Vollendung näherte, um so mehr geriet sie jedoch ins Kreuzfeuer der öffentlichen Meinung. All die Innereien wie Trag- und Röhrenwerk, Lifts, Sanitäranlagen, die gewöhnlich möglichst unauffällig installiert werden, stellte Rogers offen zur Schau. Als dann sogar die großen blauen Kräne auf den Treppentürmen und Maschinenhäusern nach der Fertigstellung nicht verschwanden, sparten die Londoner nicht mit zum Teil wenig schmeichelhaften Vergleichen. »Containerstapel«, »Raketen-Abschußrampe« oder »Kathedrale des 20. Jahrhunderts« waren nur einige der Bezeichnungen, die die Öffentlichkeit für Lloyd's umstrittenes neues Hauptquartier erfand.

Das 163-Millionen Pfund Objekt wurde so flexibel konstruiert, daß es Lloyd's eine Erweiterung bis ins nächste Jahrhundert ermöglicht. Ein Optimismus, der bislang immer wieder enttäuscht wurde. Sollte er diesmal berechtigt sein? Die Abrißmöglichkeiten sind in Rogers Stabilbau jedenfalls schon eingeplant. Betonsäulen tragen die von sechs bis auf zwölf Geschosse gestaffelte Konstruktion. An riesige Schraubengewinde erinnernde Treppentürme, gläserne Außenfahrstühle, »Lichtwände«, die nachts wie ein Kristall nach außen strahlen - bei Lloyd's hat das dritte Jahrtausend schon begonnen. Kaum ein größerer Kontrast ist dazu denkbar als der hundert Jahre alte viktorianische Leadenhall Market in unmittelbarer Nachbarschaft.

Das Innere der futuristischen Konstruktion beweist jedoch, daß es trotz der nach Meinung vieler schockierenden Außenansicht möglich war, Tradition und Fortschritt unter einem Dach miteinander zu vereinen. Es ist das erste Gebäude dieser Größe im Vereinigten Königreich, das rund um ein zentrales Atrium, den Room, errichtet wurde. Eine gläserne Kuppel wölbt sich in 76,5 Meter Höhe über diesem Herzstück des Versicherungsmarktes. Die rundherum laufenden Galerien sind durch beleuchtete Rolltreppen miteinander verbunden. Das überall verwendete Glas verhilft dem Markt zu einer neuen Transparenz. Ausgestattet mit der modernsten Nachrichtentechnologie, sowie mit Leuchten der Firma Siemens, die im Notfall Wasser so gleichmäßig verteilen können wie Licht, ist in diesem gläsernen Roboter die 300jährige Vergangenheit dennoch zweckmäßig einbezogen und allgegenwärtig. Die bereits erwähnten neuen Boxen sind lediglich eine Weiterentwicklung der Original Kaffeehausbänke und -Tische von Edward Lloyd. Waiter in ihren roten Roben mit schwarzen Kragen und Zylinder bilden einen auffallenden Kontrast zu den korrekt gekleideten Underwriters und Brokers. Die Krawatte ist hier Muß.

Das Casualty oder Loss Book hat seinen üblichen Platz auf einem Pult mitten im Room. Wie es seit dem Jahre 1774 Brauch ist, trägt der *Casualty Liaison Officer* auch heute noch, angesichts von Texten, die über die Bildschirme flimmern, jeden Totalverlust mit einem Federkiel in das Schadensregister ein. Auf der anderen Seite des Pults liegt das Verlustbuch aus dem vorigen Jahrhundert, in dem jeden Tag die entsprechende Seite mit den Eintragungen von vor hundert Jahren aufgeschlagen wird. Unweit davon, an den *Casualty Boards,* sind die neusten Verlustmeldungen angeschlagen. Gelbe Zettel betreffen Schäden an Schiffen oder deren Fracht, blaue zeigen Luftfahrtunfälle an und pinkfarbene alle übrigen Verluste. Die an einem Arbeitstag anfallenden Schadenssummen belaufen sich durchschnittlich auf mehr als 8 Millionen Pfund Sterling.

Den auffälligsten Gegensatz zu dem supermodernen Room bildet die Glocke der LUTINE. Wie früher hängt dieses Relikt einer Schiffskatastrophe nun wieder zu Häupten des Caller im Glockenstuhl des restaurierten Rostrums aus dem Jahre 1928. Am 27. Mai 1986 gab Head Caller Michael Crowley im Beisein von Chairman Peter Miller und der internationalen Presse mit dem Läuten der LUTINE-Glocke das Signal zur Eröffnung des Geschäftsbetriebes in Lloyd's neuem Hauptquartier.

Im November 1986 fiel eine weitere Bastion bei Lloyd's. Im vierten Stock wurde eine besondere Galerie für das Publikum eröffnet: »A view with a room«. Der »Blick auf den Room« gestattet dem bis dahin ausgeschlossenen »Volk«, das Geschehen in der größten Versicherungsbörse der Welt aus der Vogelperspektive zu verfolgen. Die Öffnung nach außen geht sogar noch weiter. In einer wahrhaft spektakulären Ausstellung kann das Publikum Lloyd's 300jährige Geschichte nachvollziehen. Gleich zu Beginn wird in einem Diorama die dramatische Szene eines Schiffsuntergangs in stürmischer See lebendig. Darüber taucht drohend der Geist des gefürchtetsten Piraten aller Zeiten, Blackbeards, auf. Ein »Teufel in Menschengestalt«. Der Sturm heult, die Luft riecht nach Salz. Aus einer Nachbildung von Edward Lloyd's Coffee-House mit einer handgearbeiteten Fassade aus dem 17. Jahrhundert tönt lautes Stimmengewirr. Der Kaffeeduft ist so verlockend, daß der Ausstellungsbesucher versucht ist einzutreten. Es folgen Ansichten der späteren Häuser, angefangen vom Brand der Royal Exchange, dessen Zeuge der Zuschauer wird, bis zum Modell des neuesten Gebäudes. Neben vielen anderen Exponaten sind auch eine Nachbildung der LUTINE-Glocke und Teile des Nelson-Silbers zu sehen. In dieser Schau wird Lloyd's Vergangenheit geräuschvoll wach. Der Besucher sieht, hört und riecht, daß Versicherungsgeschichte faßbar ist und absolut nicht trocken und langweilig sein muß. Seit seinen Anfängen als Coffee-House ist Kaffee immer ein charakteristisches Merkmal für Lloyd's geblieben. So hat der »Muntermacher« auch im neuen Gebäude seinen »Ehrenplatz« in dem traditionellen Captain's Room beibehalten. Neben dieser Coffee Lounge sorgen ein Restaurant, ein Club-Raum und weitere Konferenzräume für das leibliche Wohl der Mitglieder von Lloyd's und ihrer Gäste. Ein Coffee Shop im Erdgeschoß bietet der Öffentlichkeit einen Hauch Kaffeehaus-Atmosphäre aus den Tagen Edward Lloyds. Als der »Coffee-man« im Jahr 1688 in der Tower Street seinen primitiven Kaffeeausschank eröffnete, hätte er es wohl selbst in seinen kühnsten Träumen nicht für möglich gehalten, daß fast 300 Jahre später, am 18. November 1986, die britische Königin persönlich Lloyd's achten Sitz einweihen würde – ein Haus, das in die Zukunft weist.

Nachbemerkung

DANK schulde ich allen, die mich mit Ratschlägen, Gutachten, Informationen und der Beschaffung von Bildmaterial unterstützt haben.

Ich danke vor allem

Herrn Klaus Arlt, Hamburg, früher LLOYD'S OF LONDON PRESS,
Herrn Peter B. Johnson, Journalist, London,
LLOYD'S OF LONDON, Senior Information Department Terence Atkins,
LLOYD'S REGISTER OF SHIPPING, Senior Ship and Engineer Surveyor Gerd E. Sieck, Kiel,
Herrn Gustav Kolß, Staatsarchiv Hamburg,
Herrn Hans-Georg Stühff, Vorstandsmitglied Norddeutsche Versicherungs-AG, Hamburg,
und den Mitarbeitern der Zentralbücherei Westküste in Husum.

Ganz besonders habe ich meinem Mann, Hans-Joachim Lehmann, zu danken, der meine Arbeit mit getragen und mir stets helfend und beratend zur Seite gestanden hat.

Literatur

Angelucci, Enzo, und Paolo Matricardi: *FLUGZEUGE – von den Anfängen bis zum Ersten Weltkrieg.* Wiesbaden 1976

Botting, Douglas: *LUFTSCHIFFE.* Reinbek 1976

Bradford, Ernle: *NELSON – Admiral und Diplomat.* Berlin

Brinitzer, Carl: *DAS ZEITALTER DES DR. JOHNSON.* Merian 3/XX. Jahrg. Hamburg 1967

Cameron, Alan, and Roy Farndon: *LLOYD'S LIST 1734–1984, Scenes from Sea and City.* London 1984

Conway, Barbara: *SEERAUB HEUTE.* Oldenburg/Oldb. 1981

Costello, John, und Terry Hughes: *ATLANTIKSCHLACHT.* Bergisch Gladbach

Eckert, Anneliese und Gerhard: *KAFFEE-BREVIER.* Münster 1979

Exquemelin, Alexandre Olivier: *DAS PIRATENBUCH VON 1678.* Stuttgart

Falcon-Barker: *DES TEUFELS GOLD.* Bielefeld, Berlin 1969

Flower, Raymond, and Michael Wynn Jones: *LLOYD'S OF LONDON, An Illustrated History.* Repr., London 1983

Frankenberg, Richard von: *DAS GROSSE AUTOBUCH.* München 1966

Friedenthal, Richard: *LONDON ZWISCHEN GESTERN UND MORGEN.* München, Wien 1960

Gibb, D. E. W.: *LLOYD'S OF LONDON, A Study in Individualism.* London 1957

Harris, John: *AUF LETZTER FAHRT.* Düsseldorf 1983

Höpfl, Heinz: *GESCHICHTE ENGLANDS UND DES COMMONWEALTH.* Frankfurt 1973

Klemm, Dr. Friedrich: *TECHNIK – Eine Geschichte ihrer Probleme.* Freiburg, München 1954

Klinckowstroem, Carl Graf von: *KNAURS GESCHICHTE DER TECHNIK.* München, Zürich 1959

Kluxen, Kurt: *GESCHICHTE ENGLANDS.* Stuttgart 1985

Kolbeck, Robert: *ZUKUNFT DER SCHIFFHART.* Berlin

Lächler, Paul, und Hans Wirtz: *DIE SCHIFFE DER VÖLKER.* Olten und Freiburg

Leip, Hans: *BORDBUCH DES SATANS – Geschichte der Piraterie.* Herford 1977

Leithäuser, Joachim: *WELTWEITE SEEFAHRT.* Berlin 1975

Lütgen, Kurt: *AUF GEHEIMKURS.* Würzburg

Maronde, Curt: *RUND UM DEN KAFFEE.* Frankfurt am Main 1976

Marriott, John: *DISASTER AT SEA.* Shepperton, Surrey 1987

Martin, Peter N.: *DIE GROSSEN SPEKULATIONEN DER GESCHICHTE.* München

Menzel, Roderich: *STÄRKER ALS 1000 PFERDE, Der Siegeszug des Automobils.* Düsseldorf 1972

Metzler, Rudolf: *LOEWES WELTRAUM-LEXIKON.* Bindlach 1986

Minney, R. J.: *DOWNING STREET 10.* München 1965

Mordal, Jacques: *25 JAHRHUNDERTE SEEKRIEG.* München

Peugler, Hanns: *SIE FORMTEN DAS ANTLITZ DER ERDE.* Kempten/Allgäu 1961

Potter, E. B., Ch. W. Nimitz, J. Rohwer: *SEEMACHT VON DER ANTIKE BIS ZUR GEGENWART.* Herrsching

Roberti, Vero: *DAS GEHEIMNIS DER MARY CELESTE.* Oldenburg/Oldb. 1974

Roden, Hans: *SCHATZSUCHER.* Jugenheim 1963

Rudolph, Jochen: *LANGENSCHEIDTS HANDBUCH DER ENGLISCHEN WIRTSCHAFTS-SPRACHE.* Berlin und München 1986

Samhaber, Ernst: *KAUFLEUTE WANDELN DIE WELT.* Frankfurt am Main

Schreiber, Hermann: *WELTGESCHICHTE DER SEEFAHRT.* Würzburg

Stever, Guyford, and James J. Haggerty: *DER FLUG.* Amsterdam 1970

Treue, Wilhelm: *WIRTSCHAFTSGESCHICHTE DER NEUZEIT, 18. u. 19. Jh.* Stuttgart

Villiers, Alan: *VERSCHOLLEN AUF SEE.* Bielefeld 1965

Völger, Gisela, und Karin Welck (Hrsg.): *RAUSCH UND REALITÄT – Drogen im Kulturvergleich, Band II.* Reinbek 1982

Walker, Bryce: *ERDBEBEN.* Amsterdam 1982

Weiher, Sigfrid von: *TAGEBUCH DER NACHRICHTENTECHNIK von 1600 bis zur Gegenwart.* Berlin 1980

Wocker, Karl Heinz: *KÖNIGIN VICTORIA.* Düsseldorf

Wolter, Gustav Adolf: *SEE UND SEEFAHRT.* Herford

Wolter, Gustav Adolf: *SEESCHLACHTEN ALS WENDEPUNKTE DER GESCHICHTE.* Herford

Bildquellenverzeichnis

Seite 214: Firma Hagenuk (vormals Neufeldt & Kuhnke), Kiel

Seite 224, 226 oben und unten: Photo Deutsches Museum München

Seite 42, 72, 113, 114, 133, 147, 157, 185 und 249: Ullstein Bilderdienst, Berlin

Alle übrigen Abbildungen entstammen dem Archiv von Lloyd's of London, London (Großbritannien)

Namen- und Sachregister

Adams, Samuel 101
ADMIRAL KARPFANGER 201
ADVENTURE 204
Albert, Prinz von Sachsen-Coburg-Gotha 134, 137, 140, 145, 188
Alcock, Sir John William 232
Alexander der Große, König von Makedonien 247
ALEXANDER UND MARGRET 66,
Papst Alexander VI. 71
Alliance British and Foreign Fire and Life Assurance 125
Amicable or Perpetual Assurance 42
Amundsen, Roald 80
Angerstein, John Julius, Chairman of Lloyd's 93, 97, 112, 118 f., 122, 168
ANGLIA 216
Anne, Königin von England 17
Apollo 39, 235
Armstrong, Neil 235
ARTIGLIO I und II 213
Avicenna (Ibn Sina) 9

Bacon, Francis 11
Bacon, Roger 142
Bacqueville, Marquis de 223
Baker, Richard 58, 60, 88
Ballard, Robert D. 180
Ballin, Albert 219
Banks, Sir Joseph 73
Baring, Alexander 125
Baring, Sir Francis 122
Bartleman, David, Kapitän 66
Bauer, Wilhelm 247
Bell, Alexander 158
Bell, Henry 143
Bennett jr., John 125, 156, 159
Benz, Karl 193
Berblinger, Ludwig, Schneider von Ulm 223
BERGE ISTRA 165 f.
ABERGE VANGA 171
BIRKENHEAD 147, 177
Blackbeard, Pirat 272
Blanchard, Jean-Pierre 225
Blériot, Louis 227, 228
BLERIOT, Eindecker 227 f.
Bollée, Amadée 192
Bonington, Chris 243
Boulton, Sidney, Chairman of Lloyd's 230
Bowrey, Kapitän 34 f.
Braun, Professor Ferdinand 161
Bright, John 183
Brinitzer, Dr. Carl 49
BRITANNIA 145
BRITISH TRIDENT 207
Brunel, Isambard K. 145, 146
Buchanan, James, US-Präsident 49, 155
Bushnell, David 247
Bute, John Stuart Earl of, Premierminister 49
Buxton, Lord Sidney 160
Byron, Jack, Admiral 70

CALIFORNIAN 177
Canopius, Nathanial 10 f.
Carlyle, Thomas 134
Carmichel, engl. Marinemaler 68
Caroline, Königin von England 60
CARPATHIA 177 f.
Caruso, Enrico 184
Cato, Marcus 39
Chamberlain, Neville, Premierminister 170
Charles I., König von England 17, 85
Charles II., König von England 13, 17, 81
Charles, J. A. César 225
CHARLOTTE DUNDAS 142
Chateaubriand, François, René, Vicomte de 122
Christian X., König von Dänemark 200
Churchill, Sir Winston, Premierminister 159, 252
CITY OF GLASGOW 199
CLEOPATRA 216
CLERMONT 142 f.
Codling, Kapitän 204
COMET 143
Compagnie Français des Indes Orientales 84
Cook, James 71, 73 f., 79
Cooper, Sir Edwin 254
Cornwallis, Charles, Lord 104
Crocker, Sir William Charles 198
Cromwell, Oliver 17
Crowley, Michael 272
Cunard, Samuel 145
Daimler, Gottlieb 193
Dampier, William 69
Dana, Richard Henry 78
Darling, Grace 118
DARTMOUTH 101
Dashwood, Sir Francis 50 f.
Davis, Bette 240
DEFENCE 112
Defoe, Daniel 44 f., 69, 94
DEI GRATIA 198
Delagrange, Léon 227
Demosthenes 203
Dickens, Charles 145
Dietrich, Marlene 240
Disraeli, Benjamin, Premierminister 183, 188, 219
Dixey, Neville, Chairman of Lloyd's 187
Dixey, Paul 259, 262 f.
Drake, Sir Francis 46, 64, 68
Drebbel, Cornelius 247
Dundas of Kerse, Thomas, Lord 142

East India Company 17, 21, 84 f., 122, 131, 217, 254, 270
Eckener, Dr. Hugo 231 f.
Edward VII., König von England 188
EGYPT 211 ff.
Elizabeth I., Königin von England 41, 64, 71, 80, 84 f., 134
Elizabeth II., Königin von England 241, 255, 270, 272
Elizabeth, Königin-Mutter 258, 270
EMPRESS OF IRELAND 173, 175
ENDEAVOUR 73
Engels, Friedrich 140
ENTERPRISE 143
EURYALIS 116

Fall, William, Freibeuter 66
Far East Regional Investigation Team (FERIT) 208
Farr, James 11
Farrant, Walter 153, 170
Ferdinand von Aragonien 71
Ferguson, Ronald 175
Field, Cyrus West 154
Fielden, William 58
Fielding, Thomas 88 f., 91, 94
Fisher, Sir Henry 267 f.
Fisher, Mel 210

FLORENCE 213
Flower, Raymond 254
FLYER, Doppeldecker der Gebrüder Wright 227
Ford, Henry 192
Franklin, Benjamin 102
Freeman, Kapitän 170 f.
French Lloyd's Register of Continental and American Vessels (Bureau Veritas BV) 220
Frobisher, Sir Martin 79
Fulton, Robert 142, 247
FURY 80

Gagarin, Juri 235
Gama, Vasco da 69
Garay, Blasco de 142
GENERAL STEUBEN 252
Georg I., König von England 46 f.
Georg II., König von England 49, 53
Georg III., König von England 49, 101, 103 f.
Georg IV., König von England 188
Georg V., König von England 118, 250, 254
Germanischer Lloyd (GL) 220
Gibb, D. E. W. 119
Giffard, Henry 225
Goethe, Johann Wolfgang von 63
GOLDEN HIND 64
Goya, Francisco de 243
Graham, Sir James 138
Graham-White, Claud 228
Grasse, François Joseph Paul de, Admiral 104
GREAT BRITAIN 145 f.
GREAT EASTERN 146, 156
Greathead, Henry 118
GREAT WESTERN 143
Green, Peter, Chairman of Lloyd's 268 f.
Gurney, Goldworthy 193
Gurney, Samuel 125

Händel, Georg Friedrich 46, 50
Hagenuk GmbH (vormals Neufeldt & Kuhnke GmbH) 212
Haig, Sir Douglas 170
Halley, Edmond 42
Hamilton, Lady Emma 110
Hamilton, Sir William 110
Hammurabi, König von Babylon 39
Hanse 40 f.
Hapag-Lloyd 187
Hardy, Sir Thomas 103, 142
Harrison, Stanley Bruce Knowles 255
Harvey, William 11
Hawkins, John 46, 76
Hawkins, John 46, 76
Heath, Cuthbert Eden 189, 190 f.
HECLA 80
Hedley, William 141
Heinrich III., König von England 40
Heinrich VIII., König von England 76
Heysham, Terence 255, 258
Holland, John P. 247
Hopwood, Harold, Chairman of Lloyd's 262
Hozier, Sir Henry 159 f.
Hudson Bay Company 17, 81, 83
Hudson, Henry 81
Hudson, Rock 258

Ibsen, Henrik 188
International Association of Classification Societies (IACS) 220
International Maritime Bureau (IMB) 208
Isabella von Kastilien 71
Israel Shipping Research Institute 207

Jackson, Dr. Charles T. 154
James I., König von England 17
James II., König von England 17
JAMES GIBB 84
Jameson, Egon 101
Jemson, Thomas 57 ff.
Jenkins, Robert, Kapitän 60 f.
JESUS VON LÜBECK 76
Johnson, Dr. Samuel 13, 49, 78, 119, 141, 225
Jones, John Paul 103
Jones, Michael Wynn 254

Kaffeehäuser:
- Angel 11
- Batson's 13
- Garraways' 13, 23
- Jamaica 132
- Jerusalem 131 f.
- John's 23, 58
- Jonathan's 51
- Rainbow 11
- Tom's 50
- Turk's Head 13
- White's 13, 50 f., 228
- Will's 50

Karl V., röm.-deutscher Kaiser 142
Karoline, Königin, Gemahlin Ferdinands IV. von Neapel 110, 137
Kleopatra, Königin von Ägypten 215 f.
KØBENHAVN 200 f.
Kolumbus, Christoph 74, 80, 209

LADY EVELYN 175
LADY OF THE LAKE 143
Lalande, Joseph Jérome de 223
Lamb, Charles 136
Lambert, Graf G. A. de 227
LA TRINIDAD 142
Laud, William, Erzbischof von Canterbury 10
Lawrence, Thomas 88 f.
Le Blon, Hubert 227
Lenoir, Etienne 192
Leonardo da Vinci 223
Leopold I., König von Belgien 138
Levant Company 84
Leyland, Thomas 76
Lilienthal, Otto 227
Lindbergh, Charles 232
Lloyd, Edward 9, 13, 13, 15, 17 f., 20 f., 23, 25 ff., 29, 31, 33 ff., 44 f., 57 f., 69, 88 f., 94, 105, 170, 199, 217 ff., 261, 271 f.
Lloyd George, David, Premierminister 170
Lloyd's of London Press 208, 218
Lloyd's Register of Shipping (LR) 89, 199 f., 217, 220
Lloyd's Shipping Index 137
Lloyd Triestino 187
Loch Ness-Ungeheuer 242
LONDON 147
London, Jack 186
London and Moscovite Company 84
London Assurance Corporation 47, 125, 131
LORD EXMOUTH 80
L'ORIENT 211
Ludwig XVI., König von Frankreich 223
Luftschiffe:
- GRAF ZEPPELIN 231
- HINDENBURG LZ 129 232
- LEBAUDY 1904 230
- R 34 230 ff.
- R 38 231
- R 101 231
- SHENANDOAH 231

LUSITANIA 248, 255 f.
LUTINE 165, 167 f., 170 f., 173, 178, 215, 235, 258, 272

Macauley, Zachary 122
MacClure, Sir Robert 80
Macky, John 50
Magellan, Fernando 74
MANHATTAN 80
MARAVILLA 211
Marconi, Guglielmo 158 ff., 170
Marcus, Siegfried 192
Maria Stuart, Königin 17
Marie Antoinette, Königin von Frankreich 154
Mary, Königin von England 254
Mary, Königin von England 17
MARY CELESTE 197 ff.
MELANIE SCHULTE 202
Melville, Hermann 197
Merrett, Roy 262
Mierop, Martin K. van 91
Miller, Peter, Chairman of Lloyd's 272
Mohammed Ali, Vizekönig von Ägypten 216
Moisant, John 227
Montefiore, Sir Moses 125

Montgolfier, Jacques Etienne 223, 234
Montgolfier, Joseph-Michel 233
MONTGOLFIÈRE, Warmluftballon 223, 234
Morse, Samuel F. B. 154, 155 f., 158

Napoleon I., Kaiser der Franzosen 53, 106 ff., 110, 112, 123, 211, 230
Nelson, Horatio, Admiral Lord 103, 106, 110, 112, 115 ff., 142, 154, 211, 272
Neufeldt & Kuhnke GmbH (jetzt Hagenuk GmbH) 212
Neumann, Caspar 42
Newton, William 20, 57
NEW YORK 176
NONSUCH 81
NUESTRA SEÑORA DE ATOCHA 210
NUESTRA SEÑORA LA CONCEPTION 210
Nurejew, Rudolf 240

OLYMPIC 178
Otto, Nicolaus August 193

Paderewski, Ignacy 240
Parry, Edward 80
Paterson, William 64
Paulhan, Louis 228
Peace, Charlie 190
Pelham, Henry 47
Pepys, Samuel 25, 41, 44, 89, 203
Philip, Prinz, Herzog von Edinburgh 241
Philipp II., König von Spanien 64
Phips, William 210
PILGRIM 78
Piper Alpha, Ölplattform 270
Pitt d. J., William, Premierminister 109, 179
Plimsoll, Samuel 219 f.
Plutarch 39
Polo, Marco 70, 73
Power, Tyrone 199
PRESIDENT 199
Pulbrook, Sir Eustace, Chairman of Lloyd's 252

Quaglia, Giovanni 212 f.
QUEEN MARY 232, 239

Ramses II. 216
Reagan, Ronald, US-Präsident 236
REDOUTABLE 112, 115
Reis, Philipp 158
RISING SUN 34
Robinson, George Richard, Chairman of Lloyd's 132, 136
Rochambeau, Jean Baptiste Comte de 104
RODDAM 170 f.
Rogers, Richard 270 f.
Romain, Pierre 225
Rosée, Pasqua 11
ROSTRO 213
Rothschild, Meyer Amschel 123, 125
Rothschild, Nathan Meyer 122 f.
Rotterdamsche Lloyd 187
Royal Africa Company 84
ROYAL CHARTER 147
Royal Exchange Assurance 47, 125
Rozier, Pilâtre de 225

SALEM 202, 207 f.
Salvage Association 215
Sandberg, C. P. 211, 215
Santos-Dumont, Alberto 225, 227
Sasse, Frederick 267
Saunders, Samuel 88
SAVANNAH 143
SEINE 212
Shakespeare, William 49
Shaw, George Bernard 76, 188
Sheppard, Samuel 57
SIRIUS 143
Smith, Edward J., Kapitän 176
SOMERS 197
Sorima, Bergungsfirma 211, 213, 215
South Sea Company 46, 132, 136
Spacelab 235
Space Shuttle 234 f.
Spencer, John Canfield 197
SPIRIT OF ST LOUIS, Lindberghs Eindecker 232
SULLY 154
Sun Insurance 42, 189
Surcouf, Eric 107
Surcouf, Robert 107
Svenska Lloyd 187
Symington, William 142
Staël, Madame de 122
Steuben, Friedrich Wilhelm von 104
Stockler, Richard 240
STORSTAD 173
ST PAUL 161
Sturge, Arthur Lloyd, Chairman of Lloyd's 254 f.

Tayler, Thomas 94
Taylor, Elizabeth 241
Thackeray, William Makepeace 148
Thomson, Christopher Birdwood, Lord 231
Thornton, Dicky 239
Thutmosis III. 216
TITANIC 161, 166, 173, 175 ff., 180, 232
Tite, William 137
Trevithick, Richard 193
Trotha, Adolf von, Vizeadmiral 61
Turgot, Anne Robert Jacques, Baron 183
Tutanchamun 243

Ukers, William H. 11

Vansittart, Nicholas 123
Vereenigte Oost-Indische Compagnie 84
Verne, Jules 146, 213
Vernon, Admiral 60
Victoria, Königin von England 85, 132, 134, 137, 152, 154 f., 170, 188
VICTORY 112, 115 f.
Viktoria, deutsche Kaiserin 134
Villeneuve, Pierre Charles de, Admiral 115

Wallace, Kerry 240
Walpole, Horace 51
Walpole, Sir Robert, Premierminister 46, 51, 60 f.
Walter, James 103
WARATAH 199 f.
Warren, Peter 118
Washington, George, US-Präsident 102, 104
Watson, Sir Brook, Chairman of Lloyd's 91, 122
Watt, James 140, 193
Wellesley, Arthur, Herzog von Wellington 123, 137
Weskett, John 95
Whitten-Brown, Arthur 232
Wilberforce, William 76
Wilhelm I., deutscher Kaiser 156, 193
Wilhelm II., deutscher Kaiser 134, 188
Wilhelm der Eroberer, König von England 131
WILHELM GUSTLOFF 252
William III. von Oranien, König von England 45
WILLIAM BLUMER 200
Willis Faber & Dumas 235
Wölfert, Karl 225
Wolff, Heidi-Marie 18
Wright, Orville 104, 227
Wright, Wilbur 225, 227

Zeppelin, Ferdinand Graf von 230 f.

€5,-